U0903831

汉语国际教育研究

（第4辑）

《汉语国际教育研究》编委会

上海交通大学出版社
SHANGHAI JIAO TONG UNIVERSITY PRESS

内容提要

本书以汉语国际教育为主题，主要研究内容包括第二语言习得研究、汉语与汉语教学研究、文学与文化传播研究、社会语言学研究、专业建设与人才培养等。

本书适合高校汉语国际教育、语言学及应用语言学、汉语国际传播等相关专业研究生以及从事汉语国际教育的广大教师、科研机构、语言与文化传播研究人员阅读参考。

图书在版编目（CIP）数据

汉语国际教育研究．第4辑／马洪海主编．-- 上海：上海交通大学出版社，2019

ISBN 978-7-313-22649-5

Ⅰ．①汉… Ⅱ．①马… Ⅲ．①汉语—对外汉语教学—教学研究—文集 Ⅳ．① H195.3-53

中国版本图书馆 CIP 数据核字（2020）第 053082 号

汉语国际教育研究（第4辑）

HANYU GUOJI JIAOYU YANJIU（DI 4 JI）

主　　编：马洪海

出版发行：上海交通大学出版社　　**地　　址**：上海市番禺路951号

邮政编码：200030　　**电　　话**：021-64071208

印　　制：北京虎彩文化传播有限公司　　**经　　销**：全国新华书店

开　　本：710mm × 1000mm　1/16　　**印　　张**：19.75

字　　数：350千字

版　　次：2020年3月第1版　　**印　　次**：2020年3月第1次印刷

书　　号：ISBN 978-7-313-22649-5

定　　价：138.00元

前言
PREFACE

《汉语国际教育研究》既为浙江师范大学国际文化与教育学院的科研阵地，同时也是国内外汉语国际教育界开展学术研究，探讨理论创新的广阔平台。以促进汉语国际教育学科建设的持续发展，提升汉语作为第二语言教学的专业水平为宗旨。综观学界，在本学科领域，同类书籍已有很多。如何在众多研究中，占有一席之地，站稳脚跟，立于学林，获得长足的生长与发展空间，就必须发挥自身的特长与优势，形成自己的研究特色与学术品牌。综观《汉语国际教育研究》出版以来所发研究论文，披览阅读之余，不难发现研究者所关注的研究热点，并从中体味出出版《汉语国际教育研究》的宗旨，以及背后的学术支撑。

《汉语国际教育研究》的研究特色，体现在如下三方面：①注重第二语言习得与汉语作为第二语言的本体研究。②面向非洲，研究非洲国家的语言政策、语言社会生活、汉语教育的历史现状与存在的问题，从中寻求对非洲汉语教育的方略与对策。③发挥师范院校的优势，在培养和培训汉语国际教育师资方面深入探讨，创新模式，颇见成效。三者合为一体，成就与众不同的学术色彩与研究风貌。

汉语国际教育的本质是汉语作为第二语言教学。第二语言习得研究，也就是学习研究。首先要研究学习者语言，所谓之中介语研究；再者要研究学习者的习得过程、习得特点、习得规律；最后还要进行学习者个体研究，诸如学习策略、学习动机、学习者个体因素对学习的影响，等等。简言之，就是要摸清学习者是怎样学习汉语的，力求洞察学习者是如何学会汉语并使用汉语的。只有了解了这一切，教学设计才具有针对性，教学理论、教学模式、教学方法的采用才有了依托，否则将成水上浮萍。从教学中挖掘问题，从学习的角度深入思考，以第二语言习得研究方法获取结论，这既是学界研究的发展方向，也体现了《汉语国际教育研究》的研究特点。

《汉语国际教育研究》所展现的第二个特点，是其所独具的，为他人所无，也是很难得的。这就是浙江师范大学，特别是国际文化与教育学院，与非洲大陆结下的不解之缘。早在1996年，就有教师在非洲执教，20多年来，络绎不绝，至今已在喀麦隆、莫桑比克和坦桑尼亚建立了3所孔子学院。非洲的汉语教学，具有不同于其他地区的汉语教学的特点，由于教学的需要，也为了适应非洲学生的学习需求，就必须对非洲国家语言政策及语言使用状况、语言教育传统、学习者外语学习习惯了如指掌。尤其是如何针对非洲学生进行汉语教学，结合国内外的对非汉语教学实践，寻觅出教学对策与教学方法。几年来孜孜以求，集思广益，多有建树。当今的语言教育研究是跨学科的，与非洲国家的文化往来，拓展了文化领域的研究。浙江师范大学非洲研究院的成立，非洲博物馆的建立，又为汉语教学与研究提供了丰富的资料来源，相得益彰。

第三个特点是有关汉语国际教师的培养与培训的研究。师范院校本就具有培养教师的优势，充分利用这个优势为培养汉语国际教育人才多作研究是本分的事。孔子学院在世界上已星罗棋布，大量汉语教师被派往海外，其中既有汉语国际教育专业硕士学位的在读生，更有数量可观的汉语国际教育志愿者，他们中的大多数责任心强，有使命感，但不少人的汉语教育知识与教学技能都还不够成熟。要提升教师质量，还得从源头做起。特别是培养本土汉语教师，更要尽心设计、精心培养。培养与培训是一门专门的学问，值得深入探讨。前不久，全国唯一一所举全省之力建设的师资选拔、培训机构——“浙江省教育厅孔子学院师资选拔培训中心”由浙江师范大学牵头成立。相信今后随着工作的展开，会有更多更好的汉语国际教育师资培养、培训研究论文问世。

《汉语国际教育研究》作为汉语国际教育研究百花园中艳丽的一支，还有待于精心培育，细心呵护。我们相信，在汉语国际教育研究中，继往开来，立足于自身的优势，以教学与学习需求为导向，以学术创新为驱动力，会不断涌现新的研究成果，本系列书籍也一定会越来越好。

北京语言大学教授 赵金铭

目录
CONTENTS

第二语言习得研究

概念调节对第二语言口语技能习得作用的实验研究

胡伟杰，王建勤，樊梦婕

（浙江师范大学外国语学院；北京语言大学对外汉语研究中心）

摘　要：本研究在社会文化理论调节论框架下，通过实验的方法考查概念调节对第二语言口语技能习得的作用。研究比较在概念调节、样例调节和无调节三种条件下，不同水平学习者获得汉语体标记“了”和“了……了”的知识以及产出汉语体标记“了”和“了……了”的情况。研究结果表明：概念调节能够促进第二语言学习者语言知识与口语技能的获得，而且与样例调节方式相比，效果更好；概念调节对于初级水平和高级水平学习者的知识与技能习得都有显著的促进作用；基于概念调节的外显的学习方式，可以帮助学习者实现语言知识与口语技能的转化。

关键词：概念调节；第二语言；口语技能习得

基金项目：国家社科基金重点项目“汉语口语能力习得与高效率教学模式研究”（编号：12AZD113）成果；浙江省社科规划项目“第二语言口语流利性认知测量模型构建”（编号：18NDJC258YB）成果；教育部人文社科研究青年基金项目“基于认知视角的第二语言口语流利性实证研究”（编号：15YJC74 0030）成果。

作者简介：胡伟杰（1977—），男，浙江师范大学外国语学院副教授，文学博士；
王建勤（1955—），男，北京语言大学对外汉语研究中心教授，博士生导师；
樊梦婕（1989—），女，北京语言大学对外汉语研究中心硕士。

一、引言

在第二语言习得领域中，知识与技能转化的问题一直存在争论。Krashen（1981[1]，1983[2]）认为外显知识和内隐知识是相互独立的，通过外显方式获得的知识无法转化为内隐知识，二者之间无接口，并强调即时的交际表达来源于内隐知识，外显知识只能起到监控和修正的作用。Dekeyser（1998）[3]则认为外显知识和内隐知识之间有接口，外显知识通过学习和操练进行重构和调整后，可以转化为内隐知识。Ellis（2002）[4]提出弱接口理论，承认内隐知识和外显知识之间存在区别，但是外显知识在一定条件下可以转化为内隐知识。社会文化理论也支持接口理论，认为陈述性知识是通过“概念”这一调节工具转化为程序性知识的。Lantolf和Thorne（2006）[5]认为，成熟的个体在学习新的知识和技能时，遵循从“心理间”到“心理内”的方式。新概念的学习（习得）要经过与社会环境、与他人的互动，如专家与新手的互动。

基于概念的调节强调陈述性知识是通过“概念”这一调节工具转化为程序性知识的。目前在社会文化理论框架下的概念调节研究（蒋荣，2009[6]；Swain et al.，2009[7]；Ishikawa，2013[8]），证明了概念和语言作为认知发展的调节工具，对学习者语言知识的学习和概念的内化具有积极的作用。但是，以往的研究并未涉及对学习者语言技能获得的测试，因而难以证明概念调节可以实现知识与技能之间的转化。此外，以往的研究以质性研究方法为主（Negueruela，2008[9]；Lai，2012[10]；Van Compernolle，2013[11]），缺乏定量研究，而且针对汉语习得的研究更是凤毛麟角。

本研究在社会文化理论调节论框架下，将定量研究与质性研究相结合，通过实验的方法比较在概念调节、样例调节和无调节三种条件下，不同水平学习者获得汉语体标记“了”和“了……了”的知识以及产出汉语体标记“了”和“了……了”的情况，考查概念调节和样例调节对获得知识和技能的作用，以及概念调节促进语言知识和口语技能习得、语言知识向技能转化的机制。

二、研究方法

（一）实验设计

本研究采用 3×2×3 三因素混合实验设计。

自变量一为调节方式，为被试间变量，分为概念调节、样例调节和无调节三个水平：概念调节为学习者学习第二语言中某一语法结构或形式的系统的、科学的语法、语义概念，通过大声朗读相关概念，理解和内化概念，并用这些概念调节第二语言的学习和产出活动；样例调节为学习者通过阅读包含某一语法结构或形式的语言实例的短文，接触大量的语言实例，从而获得该语法结构或形式的知识和口语技能；无调节为学习者不接受任何任务训练。

自变量二为汉语水平，为被试间变量，分为初级水平和高级水平两个水平：初级水平为学习汉语 4 ～ 8 个月；高级水平为中国学习汉语 2 年以上，且通过 HSK 五级。

自变量三为测试时点，为被试内变量，分为前测、即时后测和延时后测三个水平。

因变量一为语言知识的正确性，测量指标为语言知识测试分数；因变量二为口语表达的正确性，测量指标为口语技能测试分数。

（二）被试

本实验的被试均来自北京语言大学在校汉语学习者，初级汉语水平和高级汉语水平各 36 人，其中母语背景为英语的初级汉语水平学习者和高级汉语水平学习者各 24 人，母语为其他语言的初级汉语水平学习者和高级汉语水平学习者各 12 名。初级汉语水平学习者学习汉语时间为 4 ～ 8 个月；高级汉语水平学习者在华学习汉语时间为 2 年以上，且通过 HSK 五级。

（三）实验材料

本实验将对不同语言水平的汉语学习者进行基于概念调节和基于样例调节的训练，并进行前测、即时后测和延时后测。因此，实验材料包括训练材料和测试材料两部分。

（1）训练材料。训练材料根据不同的训练任务分为概念调节训练材料和样例调节训练材料两类。（无调节不接受训练，因此没有训练材料）为帮助学习者熟悉训练程序，在正式训练开始前，首先进行热身。因此，每种训练任务各有一组热身材料、一组训练材料。

①概念调节热身材料是关于趋向补语的说明性文本，如：

趋向补语是由趋向动词作补语，放在动词的后面，表示动作的趋势和方向。

②样例调节热身材料是包含趋向补语例句的短文和问题。短文中，动词用加粗标明，趋向补语用下划线标明，如：

昨天下午，我写作业的时候，爸爸回来了。爸爸给我买了我最爱吃的蛋糕。过了一会儿，快递员打电话说，我买的东西已经送来了。于是，我下去把东西拿了上来。

③概念调节训练材料是汉语体标志“了”和“双了”结构的说明性文本，如：

“时”和“体”范畴，是很多语言中都存在的语法范畴。不同的语言使用不同的语法形式来表达这两种语法范畴。汉语中“体”通过在动词后加“着、了、过”来表现。其中，“完成体”通过在动词后加“了”来表现，表示动作、状态或事件已经完成或实现。

④样例调节训练材料为呈现“了”和“双了”结构例句的两段短文和问题。短文中包含使用“了”的句子20个，使用“双了”结构的句子20个。在短文中，用双下划线标明“了”，加粗标明动词，斜体标明时间词或时间短语，如：

这个月，我每天*早上七点*起床，*八点*就去上课。*中午*下了课，我先去食堂吃饭，**吃**了饭就去图书馆看书。这个学期我有很多功课，也有很多考试。*上个星期*，我已经**考**了两门了，*后天*还要**考**西班牙语。

（2）测试材料。实验中，学习者进行前测、即时后测和延时后测3次测试。每次测试包括知识测试和技能测试两部分。

其中，知识测试由120个填空题组成，前测、即时后测和延时后测各40个。其中，填充项包括量词、动词重叠、动词原形共20个，动词加“了”的句子10个，动词加“了……了”结构的句子10个。前测、即时后测和延时后测中的句子类型和结构一致，具体词语不同。测试中句子的顺序使用Excel随机公式进行随机排序。用于技能测试的90组句子的提示词语中，前测、即时后测和延时后测各30组。其中，填充句为“把”字句的10个，使用“了”的句子10个，使用“了……了”结构的句子10个。前测、即时后测和延时后测中的句子类型和结构一致，具体词语不同。测试中句子的顺序使用Excel随机公式进行随机排序。

另外，出现在测试材料例句中的所有词语均选自对外汉语教材《成功之路顺利篇》第一、二册，并请2名汉语学习者（初级、高级各1名）进行辨认，保证被试人员学习过并熟悉测试材料中的词语。

（四）实验任务及实验程序

（1）实验任务。本实验将对不同水平学习者的第二语言语法学习进行概念调节和样例调节，我们分别确定两种不同的训练任务。

①概念调节训练任务。在安静的教室里，请2名同水平学习者一起阅读关于汉语体标志“了”和“了……了”结构的说明文本。说明文本由20张卡片构成。要求2名学习者依次朗读卡片，并讨论卡片的内容。在整个训练过程中，学习者使用母语进行阅读、讨论和解释。

概念调节训练任务的指导语为：请你和你的同学用母语一起阅读讨论20张卡片。同学A阅读第一张卡片，并与同学B进行讨论。接着，同学B阅读第二张卡片，并与同学A进行讨论，依次类推完成卡片的学习。每张卡片阅读、思考，以及讨论的时间不限。

②样例调节训练任务。在安静的教室里，由学习者独立完成。首先学习者阅读2段由“了”和“了……了”结构例句组成的短文。阅读结束后，请学习者大声朗读两段短文，并回答相应的问题，阅读、朗读和回答问题的时间不限。

样例调节训练任务的指导语为：首先，请你仔细阅读这两段短文，然后分别大声朗读两段短文，并回答每段短文相应的问题。阅读短文，以及朗读和回答问题的时间不限。

（2）测试任务。前测、即时后测和延时后测中，每次测试均分为2个部分，即语言知识的测试和语言技能的测试。

①知识测试为40个填空题。测试在一间安静的房间中实施，由被试逐个独立完成。指导语为：

你需要完成40个填空题目。请你用括号中的词的适当形式将句子补充完整，使句子正确。例如：玛丽拿着（拿）一部（一）手机。

②技能测试为30个组句任务，要求被试根据上下文，将给出的词语组成正确的句子。测试在一间安静的房间中实施，由被试逐个独立完成。指导语为：

请你根据上下文,将给出的词语调整顺序,并在每个句子中增加1个词语,组成正确的句子，然后大声说出。例如：

____________，所以今天走着回家。

我　自行车　给大卫　借（我把自行车借给大卫）

（3）实验程序。本实验包括前测、训练、即时后测和延时后测4个阶段。实验步骤如下：

①前测阶段。训练开始前，对被试进行前测，包括2个部分，即语言知识的测试和语言技能的测试。整个前测过程大概进行20至30分钟，技能测试部分录音。

②训练阶段。前测后，对概念调节组和样例调节组的学习者进行概念调节或样例调节的训练。为了让被试熟悉实验任务，保证实验顺利进行，在正式训练前，应进行热身练习。热身练习结束后，开始正式训练。整个训练过程进行录音。

无调节组的被试不进行训练，休息10分钟后，直接进入即时测试。

③即时后测。训练结束后，休息10分钟，对被试进行即时后测。即时后测测试任务和方法与前测一样,大概进行20至30分钟,技能测试部分录音。

④延时后测。训练结束1周后，对被试进行延时后测。延时后测测试任务和方法与前测、即时后测一样，大概进行20至30分钟，技能测试部分录音。

（五）数据统计

实验结束后统计被试的测试成绩。知识测试的成绩为被试使用汉语体标记“了”和“了……了”结构的得分，只要“了”或“了……了”结构的使用正确，即算正确，计1分，错误计0分。对于出现的其他错误，例如汉字书写错误，忽略不计。知识测试的总分为20分。技能测试的成绩同样为被试使用汉语体标记“了”和“双了”结构的得分，只要“了”或“了……了”结构的使用正确，即算正确，计1分，错误计0分。对于其他错误，例如发音、其他成分的语序错误忽略不计。技能测试的总分为20分。

三、实验结果

（一）知识测试分数统计分析结果

3 种调节方式下，不同语言水平的被试在语言知识测试中获得分数的平均值如表 1 所示。

表 1　三种调节方式下被试知识测试成绩平均值

测试时点	概念调节		样例调节		无调节	
	初级水平	高级水平	初级水平	高级水平	初级水平	高级水平
前测	4.92	7.00	4.42	7.50	5.33	6.75
即时后测	16.08	17.50	5.50	10.17	6.17	7.17
延时后测	13.08	17.58	6.25	9.92	5.42	6.83

运用 SPSS18.0 软件对被试语言知识测试获得的分数进行混合多因素方差分析，结果显示：

（1）测试时点主效应显著，$F(2, 66) = 93.539$，$p < 0.001$。多重比较结果显示，前测与即时后测差异显著（$p < 0.001$）；前测与延时后测差异显著（$p < 0.001$）；即时后测与延时后测差异不显著（$p = 0.302$）。被试即时后测和延时后测知识测试的成绩均好于前测。这说明，被试在语言知识学习上，不仅产生了学习效果，而且其学习效果得到了保持。

（2）语言水平主效应显著，$F(1, 66) = 17.405$，$p < 0.001$。高级水平学习者语言知识成绩好于初级水平学习者。

（3）调节方式主效应显著，$F(2, 66) = 41.377$，$p < 0.001$。事后多重比较表明，概念调节方式与样例调节方式差异显著（$p < 0.001$），即概念调节方式好于样例调节；概念调节方式与无调节差异显著（$p < 0.001$）；样例调节方式与无调节差异不显著（$p = 0.186$）。这说明，概念调节方式产生了学习效果，而样例调节没有产生学习效果。

（4）语言水平与调节方式交互作用不显著，$F(2, 66) = 1.393$，$p = 0.255$；测试时点与语言水平的交互作用不显著，$F(2, 66) = 1.151$，$p = 0.320$；测试时点与调节方式的交互作用显著，$F(4, 66) = 49.510$，$p < 0.001$；测试时点、语言水平和调节方式三者的三重交互作用不显著，$F(4,66) = 7.410$，$p = 0.165$。

（5）测试时点与调节方式的交互作用显著，因此需要进一步进行简单效应检验。对调节方式影响下测试时点效应进行简单效应分析，结果表明，概念调节方式下，前测、即时后测和延时后测的语言知识成绩存在显著差异（$p < 0.001$）；样例调节方式下，前测、即时后测和延时后测的语言知识成绩存在显著差异（$p < 0.05$）；无调节时，前测、即时后测和延时后测的语言知识成绩差异不显著（$p = 0.446$）。这说明，概念调节和样例调节下学习者的语言知识成绩都得到了一定提高，无调节时，学习者的语言知识成绩没有显著提高。

对测试时点影响下调节方式效应进行简单效应分析表明，前测中概念调节和样例调节的语言知识成绩差异不显著（$p = 1.000$），概念调节和无调节的语言知识成绩差异不显著（$p = 0.999$），样例调节和无调节的语言知识成绩差异不显著（$p = 0.999$）；即时后测中，概念调节和样例调节语言知识成绩存在显著差异（$p < 0.001$），概念调节和无调节的语言知识成绩差异显著（$p < 0.001$），样例调节和无调节的语言知识成绩差异不显著（$p = 0.459$）；延时后测中，概念调节和样例调节语言知识成绩存在显著差异（$p < 0.001$），概念调节和无调节的语言知识成绩差异显著（$p < 0.001$），样例调节和无调节的语言知识成绩差异不显著（$p = 0.179$）。这说明，前测中，概念调节组、样例调节组和无调节组中的被试，在语言知识测试中不存在显著差异，而在即时后测和延时后测中，概念调节组被试的知识测试成绩显著好于样例调节组和无调节组被试的成绩，样例调节组和无调节组被试的知识测试成绩不存在显著差异（见图1）。也就是说，概念调节方式下，被试的语言知识学习产生了学习效果，且得到了保持，而样例调节方式下，被试没有产生学习效果。

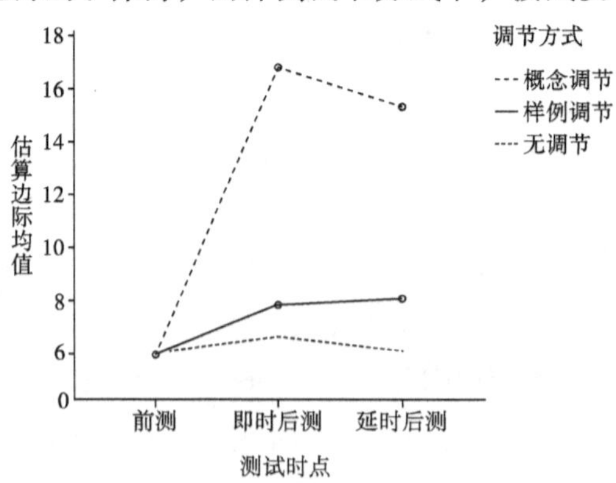

图1　不同调节方式在不同测试时点中语言知识成绩

（二）技能测试分数统计分析结果

3 种调节方式下，不同语言水平的被试在口语技能测试中获得的分数的平均值如表 2 所示。

表 2 三种调节方式下被试技能测试成绩平均值

测试时点	概念调节		样例调节		无调节	
	初级水平	高级水平	初级水平	高级水平	初级水平	高级水平
前测	5.33	6.25	4.08	6.25	6.33	7.08
即时后测	13.83	15.67	4.17	8.75	6.75	7.25
延时后测	12.33	15.50	5.08	9.50	6.42	6.58

运用 SPSS18.0 软件对被试口语技能测试获得的分数进行混合多因素方差分析，结果显示：

（1）测试时点主效应显著，$F(2, 66) = 71.102$，$p < 0.001$。多重比较结果显示，前测与即时后测差异显著（$p < 0.001$）；前测与延时后测差异显著（$p < 0.001$）；即时后测与延时后测差异不显著（$p = 0.914$）。被试即时后测和延时后测的口语技能测试成绩均好于前测。这说明，被试不仅有学习效果，而且学习效果得到了保持。

（2）语言水平主效应显著，$F(1, 66) = 8.755$，$p < 0.05$。高级水平学习者口语技能测试成绩好于初级水平学习者。

（3）调节方式主效应显著，$F(2, 66) = 22.574$，$p < 0.001$。事后多重比较表明，概念调节方式与样例调节方式差异显著（$p < 0.001$），概念调节方式与无调节差异显著（$p < 0.001$），样例调节方式与无调节差异不显著（$p = 0.605$）。这说明，概念调节方式产生了学习效果，而样例调节方式没有产生学习效果。

（4）语言水平与调节方式交互作用不显著，$F(2,66) = 1.781$，$p = 0.176$；测试时点与语言水平的交互作用不显著，$F(2, 66) = 2.059$，$p = 0.132$；测试时点与调节方式的交互作用显著，$F(4,66) = 42.584$，$p < 0.001$；测试时点、语言水平和调节方式三者的三重交互作用不显著，$F(4,66) = 1.412$，$p = 0.233$。

（5）测试时点与调节方式的交互作用显著，因此需要进一步进行简单效应检验。对调节方式影响下测试时点效应进行简单效应分析，结果表明，概念调节方式下，前测、即时后测和延时后测的口语技能测试成绩存在显著差

异（$p < 0.001$）；样例调节方式下，前测、即时后测和延时后测的口语技能测试成绩存在显著差异（$p < 0.05$）；无调节时，前测、即时后测和延时后测的口语技能测试成绩差异不显著（$p = 0.563$）。这说明，概念调节和样例调节下学习者的口语技能测试成绩都得到了一定的提高，无调节时，学习者的口语技能测试成绩没有显著提高。

对测试时点影响下调节方式效应进行简单效应分析表明，前测中概念调节和样例调节的口语技能测试成绩差异不显著（$p = 0.862$），概念调节和无调节的口语技能测试成绩差异不显著（$p = 0.632$），样例调节和无调节的口语技能测试成绩差异不显著（$p = 0.218$）；即时后测中，概念调节和样例调节的口语技能测试成绩存在显著差异（$p < 0.001$），概念调节和无调节的口语技能测试成绩差异显著（$p < 0.001$），样例调节和无调节的口语技能测试成绩差异不显著（$p = 0.993$）；延时后测中，概念调节和样例调节口语技能测试成绩存在显著差异（$p < 0.001$），概念调节和无调节的口语技能测试成绩差异显著（$p < 0.001$），样例调节和无调节的口语技能测试成绩差异不显著（$p = 0.832$）。这说明，前测中，概念调节组、样例调节组和无调节组中的被试，在口语技能测试中不存在显著差异，而在即时后测和延时后测中，概念调节组被试的口语技能测试成绩显著好于样例调节组和无调节组被试的成绩，样例调节组和无调节组被试的口语技能测试成绩不存在显著差异（见图2）。也就是说，概念调节方式下，被试的口语技能产生了学习效果，且得到了保持，而样例调节方式下，被试没有产生学习效果。

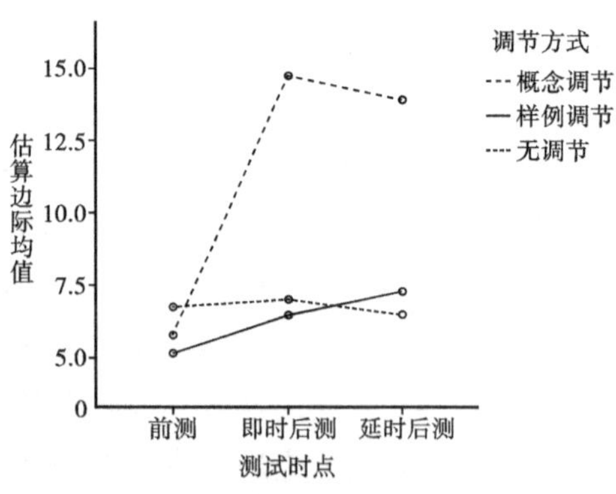

图2　不同调节方式在不同测试时点中口语技能成绩

四、讨论

（一）不同调节方式对学习者语言知识获得的影响

实验结果表明，学习者语言知识成绩在接受了概念调节和样例调节后都有所提高，但在两种调节方式下，学习者语言知识的获得情况有着不同的表现；在概念调节方式下，不同语言水平的学习者的知识获得情况也有着不同的表现。结果表明，无论是初级水平学习者，还是高级水平学习者，概念调节方式下的语言知识即时测试和延时测试的成绩均好于样例调节方式和无调节方式。初级水平学习者和高级水平学习者使用概念调节方式时，学习语言知识能够获得更好的学习效果。概念调节对语言知识的学习有着积极的促进作用，这与以往的基于概念调节的研究结果是一致的（Swain et al.，2009[7]；Lai，2012[10]）。

实验结果还表明，接受样例调节学习者的语言知识成绩也得到了提高，但没有概念调节的效果好。另外，在前测、即时后测和延时后测中，样例调节组学习者与无调节组学习者的知识测试成绩均没有显著差异。这说明，样例调节方式对学习者语言知识的获得有一定程度促进作用，但作用不大。本实验中，样例调节使用的实验材料用粗体和符号凸显了需要学习者注意的部分。这种凸显和强调，使得学习者能够更加容易地觉察到需要学习和掌握的语言知识，因此成绩有了一定的提高。但是，值得我们注意的是，即使凸显了材料中的语言知识，学习者的学习效果依然与无调节方式没有显著差异，并与概念调节的学习效果差异较大。此外，实验结果也表明在样例调节方式下初级水平学习者语言知识的保持效果更好，这说明样例调节这种学习方式，对于初级水平的学习者作用更大。

此外，实验结果也表明，概念调节方式下，无论初级水平学习者，还是高级水平学习者，即时后测和延时后测语言知识的成绩都好于前测的成绩。值得我们注意的是，概念调节方式下，虽然初级水平学习者和高级水平学习者在即时后测中，成绩都得到了显著提高，但是相对于初级水平学习者而言，高级水平学习者在延时后测中的成绩保持得更好。

参考文献：

[1] KRASHEN S D. Second language acquisition and second language learning[M]. Oxford：Oxford University Press，1981.

[2] KRASHEN S D. The din in the head，input，and the language acquisition device[J]. Foreign Language Annals，1983，16（1）:41–44.

[3] DEKEYSER R. Beyond Focus on Form: Cognitive Perspectives on Learning and Practicing Grammar [C] ll C. DOUGHTY C，WILLIAMS J. Focus on Forum in Classroom Second Language Acquisition. New York: Cambridge University Press，1998:42–63.

[4] ELLIS R. Does form–focused instruction affect the acquisition of implicit knowledge? A review of the research[J]. Studies in second language acquisition，2002，24（2）: 223–236.

[5] LANTOLF J P，THORNE S L. Sociocultural theory and the genesis of second language development[M]. Oxford: Oxford University Press，2006.

[6] 蒋荣 . 基于社会文化理论的互动与第二语言学习者词汇习得效应的研究 [D]. 北京：北京语言大学，2009.

[7] SWAIN M，LAPKIN S，KNOUZI I，et al. Languaging: University students learn the grammatical concept of voice in French[J]. The Modern Language Journal，2009，93(1): 5–29.

[8] ISHIKAWA M. Examining the effect of written languaging: the role of metanotes as a mediator of second language learning[J]. Language Awareness，2013，22（3）: 220–233.

[9] NEGUERUELA E. Revolutionary pedagogies: Learning that leads（to）second language development[C]. ll LANTOLF J P，POEHNER M E. Sociocultural theory and the teaching of second languages. London : Equinox，2008: 189–227.

[10] LAI W. Concept–Based Foreign Language Pedagogy: Teaching the Chinese Temporal System[D]. Pennsylvania: The Pennsylvania State University，2012.

[11] COMPERNOLLE V R A. Concept appropriation and the emergence of L2 sociostylistic variation[J]. Language teaching research，2013，17（3）: 343–362.

An Experimental Study on the Effect of Conceptual Mediation on the Acquisition of Second Language Oral Skills

Hu Weijie, Wang Jianqin, Fan Mengjie

(*College of Foreign Languages*, *Zhejiang Normal University; Center of Teaching Chinese as a Second Language*, *Beijing Language and Culture University*)

Abstract: In this study, the effects of conceptual mediation on the acquisition of second language oral skills were investigated experimentally in the framework of sociocultural mediation theory. Under the conditions of conceptual mediation (CM), sample mediation (SM) and non-mediation (NM), learners at different levels were compared in acquiring the Chinese stylistic markers "le (了)" and "le (了) …le (了)" . The results show that: CM can promote the second language learners' acquisition of language knowledge and oral skills, and its effect is better than that of SM ; CM can significantly promote the acquisition of knowledge and skills of learners at both the primary and advanced levels ; Explicit learning mode based on CM can help learners realize the transformation of language knowledge and oral skills.

Key words: conceptual mediation; second language; oral skill acquisition

不同是母语背景造成的，还是调查方法造成的？为了解决这些问题，我们选取"什么"类中"V+什么"这一格式作为研究内容，以英语背景留学生为研究对象，考察英语背景留学生习得"V+什么"格式四种用法的情况。

（二）"V+什么"格式四种用法在教材中的分布

《国际汉语教学通用课程大纲》中疑问代词的疑问用法、任指用法、虚指用法和反问用法均出现在四级语法项目表中。我们对使用广泛的三本教材《博雅汉语》《新实用汉语课本》和《发展汉语》中"V+什么"格式四种用法的分布情况进行考察，将结果绘制成表1、表2。

表1　三本教材中"V+什么"四种用法首次出现情况统计

	表疑问	表否定	表任指	表虚指
《博雅汉语》	第一册 第3课	第一册 第24课	《准中级加速篇Ⅱ》 第7课	《准中级加速篇Ⅱ》 第12课
《新实用汉语课本》	第一册 第4课	第四册第45课	第三册第35课和 第三册第37课	第三册第35课
《发展汉语》	第一册 第3课	中级综合反问句 语法小结	《初级综合Ⅱ》 第11课	《初级综合Ⅱ》 第11课

表2　三本教材中"V+什么"四种用法频率统计

			疑问	任指	虚指	否定
《博雅汉语》	初级 （775千字）	出现次数	34	3	0	13
		频率	4.39	0.39	0	1.68
	准中级+中级 （1339千字）	出现次数	129	22	16	1
		频率	9.63	1.64	1.19	0.07
	合计 （2114千字）	出现次数	163	25	16	14
		频率	7.7	1.2	0.8	0.7
《新实用汉语课本》	初级1+2 （532千字）	出现次数	62	0	0	0
		频率	11.65	0	0	0
	中级3+4 （588千字）	出现次数	31	12	8	1
		频率	5.27	2.04	1.36	0.17
	合计 （1120千字）	出现次数	93	12	8	1
		频率	8.3	1.1	0.7	0.09

（续表）

			疑问	任指	虚指	否定
《发展汉语》	初级：综合＋口语（1550 千字）	出现次数	304	15	2	0
		频率	19.61	0.97	0.13	0
	中级：综合＋口语（1066 千字）	出现次数	256	50	14	26
		频率	24.02	4.69	1.31	2.44
	合计（2666 千字）	出现次数	560	65	16	26
		频率	21	2.4	0.6	1
总计	5900 千字	出现次数	816	102	40	41
		频率	13.83	1.73	0.68	0.69

注：频率以十万分之一计算，下同。

从表 1 可以看出，疑问用法都出现较早，非疑问用法在每套教材中的出现顺序不尽一致。《博雅汉语》中的出现顺序为：否定＞任指＞虚指。《新实用汉语课本》中的出现顺序为：呼应性任指、虚指＞全指性任指＞否定。《发展汉语》中的出现顺序为：任指＞虚指＞否定。四种用法在三本教材中的出现频率高度一致：疑问用法频率最高，其次是任指用法，虚指和否定用法最低且差别不大。教材这样编排是否合理?

（三）研究假设

根据上面的研究提出以下假设。

假设一：疑问代词的四种用法习得顺序“疑问＞任指＞虚指＞否定”具有固定性与普遍性，英语背景留学生在习得“V+ 什么”格式的四种用法时也遵循这一顺序。

假设二：“V+ 什么”中“V”的性质对习得有影响，当“V”由及物动词充当时，留学生对该格式的掌握情况最好，其次是不及物动词，而当“V”由形容词充当时，掌握得最不好。

二、研究方法

关于第二语言习得顺序研究，施家炜（1998）[5]采用“汉语中介语语料库系统”语料的研究、测试及问卷调查、个案跟踪三种语料收集手段和研究

方法，横向规模研究与纵向个案研究相结合，探讨外国留学生习得22类现代汉语句式的顺序，提出外国留学生汉语习得顺序理论假说，认为不同的语料收集手段、语料处理手段或研究方法会得出一致的习得顺序。由于这些方法都具有一致的有效性，因此我们拟选择其中的一种方法——“问卷调查法”来收集数据。

（一）问卷设计

我们设计了《“V+什么”格式习得情况语法测试》的问卷，它由三部分组成：第一部分是被试者的基本信息，第二部分是客观题，第三部分是主观题。共24小题。每小题的测试点及分值如表3、表4所示。

表3　各题型在测试试卷中的分布情况

	第一大题单项选择	第二大题主观填空题	总计
题数	12题	12题	24题
分值	12分	24分	36分

表4　“V+什么”格式四种用法在测试试卷中的分布情况

	疑问	反问	虚指	任指
第一大题	1、6、9	3、8、11	5、7、12	2、4、10
第二大题	14、19、21	13、17、23	16、18、24	15、20、22
分值	9分	9分	9分	9分

为了验证假设二，在设计“V+什么”表否定用法的题目时，每一种类型的“V”都设计了两道小题，第一大题和第二大题各一道，具体如表5所示。

表5　否定用法中“V”的分类情况

	及物动词	不及物动词	形容词
第一大题	11	8	3
第二大题	13	17	23
分值	3分	3分	3分

（二）被试情况

本次测试在浙江师范大学、华侨大学和东华大学同时进行。测试对象来自浙江师范大学语言进修班、商务汉语本科班，东华大学语言进修班、国际贸易本科班以及华侨大学语言进修班。测试时间为2016年9月11日—2016

年9月17日。被试均来自母语为英语的国家或英语作为官方语言及通用语的国家，有英国（17名）、美国（15名）、澳大利亚（10名）、新西兰（6名）、加拿大（4名）、爱尔兰（2名）、印度（11名）、博茨瓦纳（9名）、巴哈马（2名）、加纳（8名）。按汉语水平将其划分为三个组。

初级：学习汉语一年以下，HSK水平在1级到3级之间，共计30人。

中级：学习汉语一年到两年之间，HSK水平在4级到5级之间，共计28人。

高级：学习汉语两年以上，HSK达到5级以上，共计26人。

（三）预测、计分标准及信度效度检验

正式测试前，对7位英语背景留学生进行了预测，根据预测情况对问卷进行了微小修改。正式测试共发放试卷110份，回收92份，回收率83.64%，其中有效试卷84份，占回收总数的91%。

根据王佶旻（2011）[6]提出的对语言测试的评分标准，我们对本次测试的计分统计做如下规定：对于第一大题单项选择题，正确得1分，不正确得0分；对于第二大题主观填空题，完全正确得2分，不完全正确得1分，不正确得0分。完全正确指句子用法正确，符合语境，没有语法错误，且运用规定的句式答题；不完全正确是指运用了规定句式答题，句子符合语境，但有部分语法偏误，不影响交际；不正确是指未运用规定句式答题或答案不符合语境，语法错误，影响交际。

我们对测试统计结果进行了信度和效度检验。第一大题信度系数为0.810，效度系数为0.758；第二大题信度系数为0.868，效度系数为0.829。这说明问卷信度效度良好，结果有效。

三、测试结果

（一）关于习得顺序

冯丽萍、孙红娟（2010）[7]对已有的二语习得研究方法进行总结，指出确定习得顺序的方法主要有正确率标准和初现标准。正确率标准就是将正确率顺

序作为习得顺序。以正确率为标准来确立习得顺序的做法在语言习得研究领域里可以说是主流。20世纪70年代影响较大的英语“语素习得顺序研究”就是通过几种语素在语料中不同的准确率来确定英语语素的习得顺序。近年来为数不多的汉语习得实验性研究（钱旭菁，1997[8]；施家炜，1998[5]）也同样以准确率为准绳，来衡量习得状况或者习得顺序。本文也采用正确率标准确定习得顺序。

我们对测试中四种用法在每个阶段水平的正确率进行统计，并将统计结果绘制成下面的图表。

表6 “V+什么”格式四种用法的正确率

	疑问	任指	虚指	否定
初级	80.37%	28.89%	23.33%	22.22%
中级	88.49%	78.57%	59.52%	75.00%
高级	94.87%	91.88%	69.23%	86.32%
总计	87.17%	65.34%	50.40%	58.60%

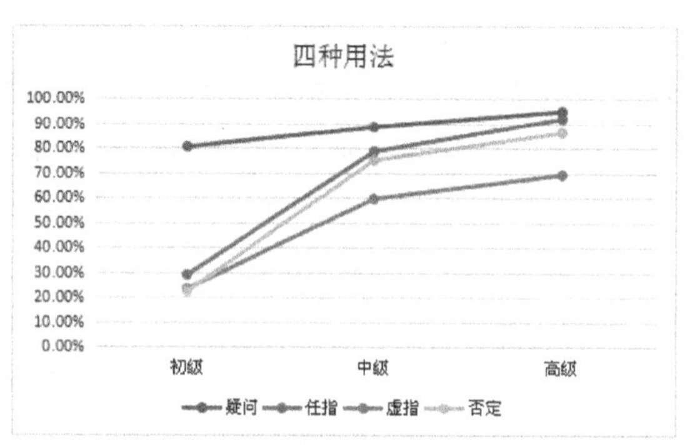

图1 四种用法正确率折线统计图

从表6可以看出，“V+什么”格式四种用法的正确率随汉语水平的提高而提高。初级阶段，留学生疑问用法的正确率最高（80.37%），且远远高于三种非疑问用法（28.89%；23.33%；22.22%），说明初级阶段留学生已经掌握了该格式的疑问用法，还没有掌握非疑问用法。在三种非疑问用法中，任指用法正确率相对较高，虚指用法和否定用法的正确率较低，且两者差异不大。到了中级阶段，任指用法和否定用法的正确率大幅度提高，否定用法的正确率已远远超过虚指用法，且与任指用法接近，而虚指用法的正确率虽有小幅度提升，但相对较缓慢。到了高级阶段，任指用法的正确率已达到91.88%，否定用法正确率也有所提高，达到86.32%，而虚指用法的正确率只有69.23%。这说明高级阶段的留学生对虚指用法仍然没有很好掌握。

从图1可以看出，初级阶段留学生三种非疑问用法的正确率较低，并且在折线图中分布较为集中，无法单从正确率判定它们孰先孰后。方差分析显示F值为57.374，显著性为0.000，即 $p < 0.05$，说明初级阶段各用法之间存在显著差异。多重比较表明：疑问用法与三种非疑问用法之间的显著性均为0.000，说明疑问用法与三种非疑问用法之间都存在显著差异；任指用法与虚指用法之间显著性为0.289，与否定用法的显著性为0.204，虚指用法与否定用法之间显著性为0.832，即三组非疑问用法之间均不存在显著差异。这一结果说明非疑问用法对初级阶段留学生来说难度较大，各用法之间的掌握情况虽有好坏之分，但差异不明显。

中级阶段留学生各用法的得分方差分析的结果：F值为7.723，显著性为0.000，即 $p < 0.05$，说明中级阶段各用法之间存在显著差异。多重比较表明：疑问用法与任指用法的显著性为0.108，不存在显著差异；疑问用法与虚指用法和否定用法的显著性分别为0.000和0.030，均存在显著差异。这说明，留学生到了中级阶段，任指用法习得情况有很大提高，留学生在三种非疑问用法中，最先习得任指用法。否定用法与任指用法之间显著性为0.561，不存在显著差异，而与虚指用法之间显著性为0.013，存在显著差异，虚指用法与其他三种用法之间均存在显著差异。这说明留学生到了中级阶段，否定用法习得也有较大提高，接近任指用法，且否定用法的习得明显好于虚指用法，可以据此判定，“V+ 什么”格式否定用法的习得优先于虚指用法。

高级阶段留学生各种用法正确率方差分析结果：F值为15.464，显著性为0.000，即 $p < 0.05$，说明高级水平留学生四种用法的掌握情况存在显著差异。多重比较的结果：疑问用法与任指用法显著性为0.470，不存在显著差异；任指用法与否定用法显著性为0.181，不存在显著差异，而与疑问用法显著性为0.041，存在显著差异；虚指用法与其他三种用法的显著性均为0.000，存在显著差异。这说明高级阶段疑问用法与任指用法习得情况最好，其次是否定用法，虚指用法习得与其他三种用法均存在较大差异，这进一步说明，留学生虚指用法习得存在很多问题，高级阶段仍然效果不佳。

综上所述，可以判定英语背景留学生习得“V+ 什么”格式四种用法的顺序为：疑问>任指>否定>虚指。假设一一半被证实：疑问用法优先于非疑问用法；任指用法先于否定和虚指用法。一半被证伪：是虚指用法而不是否定用法最后掌握。同时说明，该顺序既有固定、普遍的一面，也有变化性的一面，这再次提醒我们语言习得的复杂性。

（二）“V”的性质对习得的影响

将三类性质的“V”的得分情况进行统计，结果如表7所示。

表7　不同类型“V”的“V+什么”格式否定用法正确率统计表

	及物动词	不及物动词	形容词
初级	33.33%	17.78%	15.56%
中级	79.76%	75%	70.24%
高级	94.87%	88.46%	79.49%
平均正确率	67.86%	58.73%	53.57%

表7表明，不同类型“V”的该格式否定用法的正确率不同。及物动词下正确率最高（67.86%），其次是不及物动词（58.73%），形容词下正确率最低（53.57%）。且初中高三个水平下也都如此。方差分析结果：F值为2.499，显著性为0.084，即 $p > 0.05$，不存在显著差异。多重比较结果：及物动词与不及物动词的显著性为0.160，$p > 0.05$，不存在显著差异；及物动词与形容词的显著性为0.028，$p < 0.05$，存在显著差异；不及物动词与形容词之间的显著性为0.426，$p > 0.05$，不存在显著差异。这表明，英语背景留学生在习得“V+什么”的否定用法时，一定程度上受到“V”的词性的影响，当“V”由及物动词充当时，习得情况最好，其次是不及物动词，但与及物动词差异不显著，当“V”由形容词充当时，掌握得最不好。假设二得到证实。

四、测试结果的讨论

（一）界面转换困难、交际需求、语言教学决定了疑问用法的习得优于非疑问用法

我们的测试结果与其他学者的研究结论有一致的地方，即“V+什么”

格式的疑问用法习得优先于非疑问用法。这一结果可以使用普遍语法的界面假说来解释。关于为什么二语习得者很难达到汉语母语者水平这一问题，一些学者以普遍语法为基础提出了"界面假说"（Interface Hypothesis）（Sorace & Filiaci，2006[9]），认为界面给二语学习者造成习得障碍。界面又分为句法—语义界面和句法—语用界面。句法—语义界面是语法模块之间交互作用形成的，又称为"内界面"（Internal Interface）；句法—语用界面则是语法之外其他认知领域交互作用而形成的，又称"外界面"（External Interface）。界面假说认为，外界面是导致二语学习者无法达到母语者水平的主要因素。袁博平（2012）[10]及史静儿、赵扬（2014）[11]考察了不同母语背景学习者汉语疑问代词虚指用法的习得情况，结果显示汉语二语语法在句法和语义界面的连接方面存在缺陷，因而导致汉语二语语法的不定性和易变性。我们同意这一看法。"V+ 什么"的疑问用法不涉及界面之间的交互作用，而其非疑问用法既涉及内界面也涉及外界面之间的连接，因而远劣于疑问用法的习得。

留学生的使用需求也影响着习得顺序。一般在日常交际中，需求越大的用法也就越早被习得，这符合语言急学先用的认知特点。赵果（2003）[12]通过调查发现，在高疑问句和低疑问句的习得顺序上，留学生和汉语母语儿童有所不同，汉语母语儿童先习得低疑问句，再习得高疑问句，而留学生则相反，先习得高疑问句，再习得低疑问句。产生这种现象的原因是儿童由于面对父母及成人的绝对权威，对自己及周遭事物缺乏自信，因此需要时时使用低疑问句来向大人求证某看法或意见。而作为成年人的留学生，认知能力完善，即使身处陌生的环境，有能力也有迫切的需要通过发展高疑问句来获取信息,因此高疑问句就先于低疑问句被习得。在"V+ 什么"格式的各用法中，疑问用法对留学生来说需求最大，因为疑问用法负载疑问功能，也是疑问代词的原始用法。留学生需要通过使用疑问用法来索取信息，以解决生活中的实际问题。而三种非疑问用法不负载疑问功能，也不能用来索取信息，对留学生来讲，使用需求不高，习得也就较晚。另外，我们发现，留学生在初期没有掌握非疑问用法时，对非疑问用法经常采取回避策略而使用其他的补偿手段，也能完成交际任务。问卷中，针对汉语母语者优先选择"V+ 什么"表示否定的情况，如："你哭什么！""狗不咬人，你怕什么？"我们会看到英语背景留学生优先使用这样的表达："别哭了。""不用怕，狗不咬人。"

语言教学的作用是不可忽视的，它主要体现在先教先掌握、后教后掌握；

一般来说，输入频率越高掌握得越好。无论在教材、课堂语言中，还是在日常生活中，“V+什么”格式的疑问用法的初现时间都早于非疑问用法，其输入量也远高于非疑问用法。表2显示三种教材疑问用法的平均频率为13.83，而任指（1.73）、虚指（0.68）、否定（0.69）均与之有巨大差异。这些也是疑问用法优先于非疑问用法习得的影响因素。

（二）母语迁移造成了非疑问用法的习得顺序

在非疑问用法中，我们的调查结果显示，英语背景留学生“V+什么”格式的习得顺序为：任指>否定>虚指。而周天阳（2011）[4]发现俄罗斯留学生“什么”类疑问代词非疑问用法的习得顺序是：任指>虚指>否定。张奕（2009）[3]发现印尼留学生“什么”类疑问代词非疑问用法的习得顺序为：虚指>任指>否定。何以会出现这种情况呢？我们认为，这主要是由母语迁移造成的，这一结果支持对比分析假说。

Lado（1957）[13]提出，通过对比母语与目的语的异同，以预测学习目的语的难点，从而提高第二语言教学效率。他指出，目的语中与学习者母语相似的成分对学习者来说是简单的，与其母语相异的成分对学习者来讲是困难的。Ellis（1985）[14]根据第一语言与第二语言的差异点和相同点，将难度分为六个等级。①

拿英语来说，任指用法的“什么”相当于英语中的“anything”或“whatever”，例如：

（1）你想买什么就买什么。　　——You can buy whatever you want.

（2）——你喝什么？　　——What do you want to drink?

——喝什么都行。　　——Anything is ok.

可见，任指用法中“什么”在英语和汉语的表达上等值项分布不完全相同，在难度等级中大致为四级。

虚指用法的“什么”情况最为复杂，它与英语中相应的成分对应有三种情况，按照Ellis的难度分级，这种用法有的属于难度等级的四级，有的属于五级。②

“什么”的否定用法在英语中也没有类似的语言项目。例如：

（3）急什么！　　——Don't hurry！

可见否定用法在英语中采用否定词来表示，较为直接；而汉语中用疑问代词表否定的用法同英语有很大差异，并且疑问代词表否定的用法在形式上同疑问句相同，这一点会造成学生区分上的困难。这对应难度等级中的五级。

综合对比“V+什么”格式中“什么”和英语表达上的区别，不难看出，疑问用法和英语的表达方式较为一致，最为容易；其次是任指用法，表虚指的用法和表否定的用法和英语差异较大，具有较大难度。这样，我们也就不难理解为什么英语背景学习者任指用法的习得先于否定用法和虚指用法。

再看俄语的情况。据毛宏燕（2006）[15]介绍，“什么”一词在俄语中的对应形式为“что”,汉语中的“什么”和俄语中的“что”都有任指和某指（虚指）的用法。其中表“某指”的“什么”对应的都是俄语不定代词“что-то”。对于“什么”的否定用法，作者指出俄语同汉语一样，表意非常丰富，可分为三类格式进行对比:离合词中“V什么O”、反诘句中“X什么(X)”“有什么X”“算(是)什么X”以及独立式中“什么（呀）”。其中，离合词中“V什么O”和反诘句中“X什么（X）”在俄语中都没有对应表达式，通常用否定祈使句来表达，比如表否定的“难过什么！”在俄语中表达为“别难过”。由此可见，汉语和俄语在虚指用法上的表达较为接近，对应关系较为简单，而否定用法的对应关系十分复杂，这就是俄罗斯留学生习得“什么”类非疑问用法时，虚指用法的掌握情况要好于否定用法的原因。

对于印尼语中“什么”非疑问用法的表达，我们观察一下汉语句子与其对应的译文③：

（4）他没说什么，就是让你多保重。

Tidak bilang apa-apa，hanyaingin mengucapkan kamu harus jaga kesehatan.

（5）你想不想吃点儿什么？

Apa kamu mau makan sesuatu?

（6）你怕什么，狗又不咬人。

Kamu takut apa，anjing tidak gigit orang.

印尼语中与汉语的“什么”对应的成分是“apa”，将疑问词“apa”重叠即表示非疑问,如“tidak apa-apa”表示“没什么”,相当于汉语中的虚指用法。但是印尼语的“apa”没有否定用法，这与汉语有较大差异。访谈对象也认为汉语疑问代词的否定用法对印尼的汉语学习者更难，因为表否定的用法和印尼语差异更大。

但是母语对二语习得的影响是复杂的，不能简单化、绝对化。正如有些

学者所批评的，对比分析有时对学习难点的预测并不准确。上文指出，在英语中，“V+ 什么”虚指用法在难度等级中是四级和五级，否定用法的难度是五级，但是否定用法的习得优于虚指用法，如何解释？直觉告诉我们这两种用法并不处于一个难度等级。虚指用法的“什么”情况相对复杂，它与英语中相应成分的对应有三种情况。

一是和英语中的“what”对应，例如：

（7）我不知道毕业后要做什么。——I don't know what to do after graduation.

一是与“something”对应，例如：

（8）你想不想吃点儿什么？　　——Do you want to eat something?

汉语中用疑问代词“什么”指代不确定、不具体的事物，且动词多与“点儿”搭配使用，而英语中的“what”没有这一用法，而是用 something 表达。但英语中的“something”并不是疑问代词，这应该属于难度等级中的五级。

还有一种情况是，“什么”在英语中没有准确对应的译文，例如：

（9）——你在想什么？　　——What are you thinking about?

——没想什么。　　——Nothing.

这种用法有“说话人不愿说出”这一语用含义，但是翻译成英语后只体现出了前面的否定词“没”的意义，“什么”所表达的虚指含义没有体现出来。这样会造成学习者理解上的困难，认为“没想什么”就是“什么都没想”。我们认为，这种用法应该不是难度等级中的四级和五级，而是最高级别六级。据此，我们对 Ellis 构拟的难度等级做一点补充：第一语言中一个语言项对应第二语言中多个语言项或第二语言中一个语言项对应第一语言中多个语言项，都为六级。

（三）虚指用法滞后发展也可以从认知难易度得到解释

认知难易度指语言结构深层和表层之间转换的距离与层次。徐杰（2001）[16]曾利用生成语法的理论解释了疑问代词的任指用法和虚指用法。他指出汉语疑问代词在词汇中被规定带有两种标记，疑问标记 [Q] 和焦点标记 [F]。如果两种标记都实现，那么难度最小；如果只有一种标记实现，另一种没有实现，难度增大；如果两种标记都未实现，难度最大。在疑问用法中，这两种标记是重合的，而在另外一些句子中，这两种标记可能部分实现，也可能完全不实现，这就产生了疑问代词的非疑问用法。一种是 [Q] 标记未实现，

而 [F] 标记得到实现，这样的疑问代词必须重读，这就是疑问代词的任指用法。另一种情况是 [Q] 标记和 [F] 标记都未实现，这就是疑问代词的虚指用法。标记理论解释了为何虚指用法要难于任指用法。同样，我们也可以利用标记理论分析否定用法。否定用法不承载疑问信息，即 [Q] 标记未实现，但否定用法对重音、语调以及语气都有一定的要求，即 [F] 标记得到实现，因此，从标记理论角度来看，否定用法要易于虚指用法。

综上所述，界面转换、母语迁移、交际需求、教学中语言点初现时间、输入量、认知难易度共同作用，形成合力，促成了习得顺序。其中，界面转换、母语迁移和认知难易度是影响习得顺序的内在决定因素，教学中语言点初现时间、输入量以及学习者的使用需求是外在因素。除了这些因素外，学习者的性别、年龄、性格、学习风格、学习环境等也会对习得顺序产生一定的影响。

五、结语

通过对英语背景留学生“V+ 什么”格式四种用法的测试以及对结果的分析与讨论，本文得出结论：①英语背景留学生习得“V+ 什么”格式的四种用法存在阶段差异，汉语水平越高，习得情况越好；②英语背景留学生习得“V+ 什么”格式四种用法的顺序为疑问＞任指＞否定＞虚指；③“V”的类型对习得情况有一定影响，动词性的“V”的掌握情况要好于形容词性的“V”；④制约“V+ 什么”格式四种用法习得顺序的内在因素有界面转换、母语迁移和认知难易度，外在因素有该结构的教学中语言点初现时间、输入量和学习者的使用需求。

以此观照三种教材，它们都将疑问代词疑问用法编排在非疑问用法之前，前者的出现频率远高于后者，这样的编排总体上是比较符合习得规律的，但在非疑问用法的编排顺序上则略显随意，缺乏严谨的考量。我们建议，将比较容易的疑问用法和任指用法安排在初级阶段，其中任指用法的两种情况可以分开讲解，但需在名称上统一；将否定用法、虚指用法安排在中级阶段，并且每种用法的编排要循序渐进，不能太过于集中，采取由易到难分阶段教学。同时，应该将虚指用法确立为教学难点。

注释：

①这六个等级为——一级，第一语言和第二语言某个语言项无差异；二级，第一语言两个语言项对应第二语言一个语言项；三级，第一语言某语言项在第二语言中不存在；四级，第一语言某语言项在第二语言中等值项分布不完全相同；五级，第二语言中的某个项目在第一语言中没有；六级，第一语言中一个语言项对应第二语言中多个语言项。

②具体对应情况见下文的分析。虚指用法属于难度等级的四级或五级，这是按照 Ellis 的难度分级得出的结果，在我们看来，虚指用法的“什么”情况最为复杂，应该属于六级难度。

③这些汉语句子的印尼语译文是一位汉语国际教育硕士毕业的印尼留学生提供的，这位留学生学习汉语超过 5 年，其中在中国学习 3 年，且达到 HSK 六级水平。

参考文献：

[1] 周文婷. 留学生对“什么”非疑问用法的习得研究 [D]. 北京：北京语言大学，2007.

[2] 童丽娜. 留学生疑问代词非疑问用法习得顺序研究 [D]. 济南：山东大学，2008.

[3] 张奕. 印尼留学生疑问代词非疑问用法的习得研究 [D]. 广州：暨南大学，2009.

[4] 周天阳. 俄罗斯学生疑问代词非疑问用法的习得研究 [D]. 哈尔滨：黑龙江大学，2011.

[5] 施家炜. 外国留学生 22 类现代汉语句式的习得顺序研究 [J]. 世界汉语教学，1998（4）：77-97.

[6] 王佶旻. 语言测试概论 [M]. 北京：北京语言大学出版社，2011.

[7] 冯丽萍，孙红娟 . 第二语言习得顺序研究方法述评 [J]. 语言教学与研究，2010（1）：9-16.

[8] 钱旭菁 . 日本留学生汉语趋向补语的习得顺序 [J]. 世界汉语教学，1997（1）：95-102.

[9] SORACE A，FILIACI F. Anaphora resolution in near-native speakers of Italian[J]. Second Language Research，2006，22（3）:339-368.

[10] 袁博平 . 从汉语二语习得中的界面问题看影响成人二语习得成功的因素——以习得汉语 wh- 词做不定代词为例 [J]. 外语教学与研究（外国语文双月刊）,2012（6）: 856–874.

[11] 史静儿，赵杨 . 泰语母语者汉语疑问代词虚指用法习得研究 [J]. 世界汉语教学，2014（2）：230–241.

[12] 赵果. 初级阶段美国留学生“吗”字是非问的习得 [J]. 世界汉语教学，2003（1）：68–34.

[13] LADO R. Linguistics Across Culture[M].Ann Arbor : University of Michigan Press，1957.

[14] ELLIS R. Understanding Second Language Acquisition[M]. Oxford University Press，1985.

[15] 毛宏燕 . 汉语“什么”与俄语“что”的对比研究 [D]. 长春：吉林大学，2006.

[16] 徐杰 . 普遍语法原则与汉语语法现象 [M]. 北京：北京大学出版社，2001.

附录：调查问卷（部分）

一、根据上下文，判断句子的意思。在 A、B、C 中选择唯一正确的答案。According to the dialogues，answer questions. Choose the correct answer among A，B，C.

1. 你喝什么？（　　）

A. 我喝了咖啡　　B. 我在喝咖啡　　C. 我喝咖啡

…………

二、下面情况你会怎么说？回答中请用上横线后所给出的“什么”结构。What will you say in the below situations? Your answer should include a rhetorical question with the given structure.

13. 你的同学很害怕你的狗，你想告诉他不用怕，狗不咬（bite）人，可以怎么说？

____？（V+ 什么）

…………

An Investigation into the Acquisition of "V+Shenme（什么）" Sentence Pattern of Native English Speaking Students

Hu Deming，Huang Jialu

(*School of International Education*, *Zhejiang Normal University; Shanghai Luo Xing Middle School*)

Abstract: Based on the previous results, we think that the usage of "V+shenme" sentence pattern can be divided into four categories: interrogative, general denotation, indefiniteness and negation. From the current research on the acquisition order, most scholars think that the development sequence of this four usage of interrogative pronouns is "interrogative–general denotation–indefiniteness–negative", and through the questionnaire survey method, it is found that the order of acquisition of "V + shenme" format by native English speaking students is as follows: "interrogative–general denotation–negative–indefiniteness". The difference is between negative and indefiniteness. What makes this difference? In-depth analysis shows that interface transformation in the universal grammar, mother tongue transfer and cognitive difficulty are the internal determinants of acquisition order, while the emergence time of various usages in teaching, the amount of input and the use needs of foreign students are the external factors affecting acquisition order, thus supplementing Ellis's acquisition difficulty level. The type of "V" has a certain influence on the acquisition: the verbal "V" is better than the adjective "V". Looking at the three textbooks, they arrange interrogative usage of interrogative pronouns before non-interrogative usage. The frequency of interrogative usage of interrogative pronouns is much higher than that of non-interrogative pronouns. Such arrangement generally conforms to the acquisition law, but the arrangement order of non-interrogative usage is slightly random and lacks rigorous consideration. It is suggested that the relatively easy usage of interrogation and general denotation should be arranged in the primary stage, while the usage of negative and general denotation should be arranged in the intermediate stage, from easy to difficult to be taught in stages. At the same time, the use of general denotation should be established as a teaching difficulty.

Key words: "V+shenme（什么）"; non-interrogative usage; order of acquisition; acquisition difficulty level

重铸和明确纠正反馈与汉语量词习得关系研究

鲍　蕊，吕　欣

（浙江师范大学国际文化与教育学院；
北京语言大学国际学生教育政策与评估研究院）

摘　要：本文考察了重铸和明确纠正反馈与汉语量词的习得关系。被试来自浙江某高校30名在校留学生，他们被随机分成三组：重铸组、明确纠正组和控制组。利用选词填空和看图说话两个任务，对被试产生的错误分别给予相应的反馈处理。通过对前后测实验结果的统计分析，我们发现重铸和明确纠正反馈对汉语量词习得都有促进作用。但从持久性来看，重铸的长期效果比明确纠正更好，而明确纠正的短期效果则更明显。此外，汉字文化圈被试的习得效果好于非汉字文化圈的。这些研究结果说明反馈效果不仅受实验环境、实验任务等外在因素的影响，也与学习者母语文化背景有关。本研究对汉语二语教师在课堂上如何进行有效反馈，对提高汉语二语课堂教学质量与效率具有很好的借鉴与启示意义。

关键词：重铸；明确纠正；汉语量词；习得

基金项目：浙江省教育厅一般项目“对外汉语课堂教师话语有效性研究：社会文化理论视角”（编号：Y201738758）成果；浙江师范大学教学改革项目“以任务为中心的体验式对外汉语教学模式研究”成果。

作者简介：鲍蕊（1980—），女，辽宁海城人，浙江师范大学国际文化与教育学院讲师，文学博士；吕欣（1995—），女，吉林长春人，北京语言大学国际学生教育政策与评估研究院硕士研究生。

一、引言

纠正反馈是指学习者错误使用第二语言进行口语或书面语产出时接受他人提示错误的反馈信息[1]，主要有口头和书面纠正反馈两类。本文主要关注前者，即口头纠正反馈。反馈对二语习得作用的理论基础之一就是Long（1996）[2]的“互动假说”，他认为互动过程中的反馈能使学习者注意到自身中介语与目标语之间的差距，并促使学习者进行修正性输出，从而促进第二语言习得。Lyster & Ranta（1997）[3]通过观察法语沉浸课堂4名教师的反馈行为，归纳出六种反馈类型：重铸、明确纠正、引导、重复、请求澄清和元语言提示。其中，重铸以教师直接提供正确的语言形式但不明确指出学习者错误为特点，而明确纠正是教师明确指出学习者的错误并提供正确的语言形式。后四种反馈类型都是通过不同策略引导学习者进行自我修正，Lyster（2004）[4]将其统称为提示（Prompts）。自Lyster & Ranta（1997）对反馈进行系统分类之后，探讨不同反馈类型与第二语言习得关系的研究如雨后春笋[5][6][7]，但就哪种反馈类型更有效这一问题，学界尚未形成统一定论，且目前绝大多数研究集中在以英语为主的印欧语言，而对以汉语作为目的语的相关研究十分少见。鉴于此，本文通过考察重铸和明确纠正对汉语量词习得的影响，旨在为汉语二语教师进行有效课堂反馈提供参考与借鉴，以期优化课堂教学效果，提高学习效率。

二、研究背景

（一）反馈对第二语言习得影响

大量实证研究表明，反馈有助于第二语言习得。早期相关研究大多以描述和量化接受反馈后的学习者反应即“理解回应”（Learner Uptake）为依据来考察反馈的效应，认为回应率越高，反馈越有效。[3][8]然而，一些学者（Mackey & Philp，1998）[9]发现学习者的理解回应，有时只是简单或习惯性重复，并没有真正习得该语言形式;反之，对教师反馈没有回应，也不代表习得没有发生。因此，一些学者开始质疑“理解回应”作为衡量反馈效果这一方法，并开始尝试实验的研究方法。

基于这一方法的研究主要通过比较不同反馈类型来考察其与第二语言习得的关系。比如，Lyster（2004）[4] 考察了提示和重铸两种反馈类型对法语词汇阴阳性习得的影响，发现提示对学习者的作用明显高于重铸，并认为主要原因在于提示迫使学习者自己进行修正性输出的特点。Ellis、Loewen and Erlam（2006）[10] 的研究发现明确纠正对学习者英语过去式隐性知识和显性知识的习得都明显高于重铸。但就反馈效果的持久性而言，Li（2010）[11] 通过对近十年反馈研究的元分析综述，发现明确纠正的短期效果更优于重铸反馈，但后者长期效果比前者更显著。然而，另有一些研究发现不同反馈类型对二语习得的作用并没有显著差异。McDonough（2007）[12] 通过对比重铸和请求澄清两种反馈类型对英语过去式习得的影响，发现两种反馈都有积极作用，且没有明显差异。鉴于这些不一致的研究结论，一些学者开始考察影响反馈效应的相关因素，发现反馈有效性不仅与反馈类型有关，而且还受到诸多内外因素的影响，如教学环境 [8] 以及目的语特点 [5] 等。而且已有反馈研究主要以印欧语言为主。鉴于目的语对反馈效果的影响以及印欧语言与非印欧语言之间的差别，有必要考察反馈对一些非印欧语言如汉语习得的影响。

（二）反馈对汉语二语习得影响研究

已有汉语二语习得研究主要从语言学视角考察学习者对某一种语法形式的习得情况。近年来，受互动学习理论的影响，反馈与习得关系开始受到汉语二语研究者的关注。一些学者 [13][14][15] 主要基于 Lyster & Ranta（1997）[3][8] 的反馈分类，描述汉语二语不同类型课堂教师使用的反馈策略，发现重铸也是汉语二语教师使用频率最高的反馈策略。另有一些研究关注反馈策略与偏误类型的关系，但结论尚未统一。比如，祖晓梅（2008）[15] 和洪芸（2013）[16] 发现语音和语法偏误以重铸反馈为主，词汇偏误以提示为主。而段轶娜、孙琪（2015）[14] 则发现语法错误虽以重铸反馈为主，但反馈方式趋于多样化；而词汇纠误多集中在重铸和重复两种手段。此外，就反馈与汉语二语习得关系而言，陆熙雯、高立群（2015）[17] 通过真实课堂观察和实验设计两种方法，发现重铸对汉语二语学习者的短期作用和长期作用都十分明显，而曹贤文、牟蕾（2013）[18] 通过比较重铸和诱导两种反馈类型，发现诱导对汉语学习者的长期效果比重铸更显著。然而，迄今为止，没有学者关注不同反馈类型对某一种语法形式如汉语名量词习得的影响。

（三）汉语名量词

普遍应用量词是现代汉语的重要语法特征之一，也是汉语习得的一大难点。而名量词在量词中占比大，使用灵活，偏误率也相对较高。李思洋（2016）[19] 把学习者常见名量词偏误汇总为五个方面：①汉语学习者尤其是初级学习者过度使用“个”，如一个狗、一个书；②学习者经常混淆同音异形名量词，如“颗”“课”和“棵”，如我今年春天在公园中种了一课 / 颗树；③学习者不能有效地区分近义名量词，如“根”与“条”，如他发现自己头上有一条白发；④学习者易于将修饰单个物体的名量词和修饰大量相同物体的名量词混淆，如“棵”“行”“排”和“片”，如我昨天买了一行树；⑤部分学习者不能清楚地区分汉语可数名词和不可数名词，如我刚来中国的那个天，天气很热。在对学习者常见偏误了解的基础之上，如何对学习者的偏误进行纠正就成了教学的首要问题。虽然近年来对反馈类型与二语习得效果的研究日益增多，但对以汉语名量词作为反馈内容的研究极为少见。

鉴于以上研究背景，本文通过前后测实验设计，主要探讨以下问题：

一是反馈是否有助于学习者对汉语量词的习得？

二是重铸和明确纠正中哪种反馈方式对汉语量词的习得效果更好？

三是学习者的母语背景是否影响两种反馈方式的效果？

三、研究设计

（一）研究对象

本实验被试是浙江某高校 30 名在校留学生，其中 14 名男生、16 名女生，他们来自不同国家：韩国（5 名）、日本（17 名）、哈萨克斯坦（2 名）、印度（1 名）、坦桑尼亚（1 名）、也门（4 名）。鉴于文化背景的不同，把被试分为汉字文化圈和非汉字文化圈，前者包括韩国和日本，其余国家属后者。所有被试选自该校初级中等水平的两个平行班，随机将他们分为三个小组：重铸组、明确纠正组和控制组。每组各 10 人，接受不同的反馈方式。

（二）实验材料

汉语众多量词中，名量词是最多的。鉴于被试的汉语水平，本实验从《汉语水平词汇与汉字等级大纲》中选取辆、把、封、间、张、道、只、双、条、件共 10 个甲级名量词作为实验材料。因为这 10 个量词：

（1）可替代性低。过往研究表明，二语学习者易以“个”替代特定量词，如“一（ ）刀”中以“个”替代特定量词“把”。但由于实验环境限制和以上 10 个量词的特殊性，这一行为往往不为母语者所接受，母语者通常会注意到这一错误并加以改正。量词的特殊性保证了数据统计的明晰性和研究的必要性。

（2）使用频率高。这 10 个甲级名量词较为基础，被试的各授课教师表明，其中大部分已在课堂中有所讲授。实验前，被试对这些量词已有一定了解。

（3）反馈清晰易懂。对量词的纠正较为明显，不论采用明确纠正还是重铸，都可以让实验对象感受到实验者的修正。即使是采用较隐蔽的重铸，也能让被试感知到使用上的不当。

（三）实验变量

实验变量为两种反馈类型：明确纠正和重铸。以本实验所得数据为例，两种纠正反馈类型实例如下所示。

（1）明确纠正。

主试：请告诉我这幅图上的事物和它的数量。

被试：一条刀。

主试：“条”不对，应该是一“把”刀。

（2）重铸。

主试：请告诉我这幅图上的事物和它的数量。

被试：一条刀。

主试：一把刀。

在实施过程中发现，由于实验对象对量词的掌握不扎实且掌握的量词有限，所以存在试错和沉默这两个问题。①试错。这是被试（二语学习者）普遍存在的行为，由于量词掌握不扎实，所以通常会尝试说出一个量词，意识到不合适后，马上换用其他量词，直到主试给出肯定答复。对于这种情况，主试一方面对被试的猜测不给予正误反馈；另一方面，仅统计首次使用的量词正误情况。②沉默。在纠正反馈后，被试产生依赖心理，等待主试告知应使用的量词。对于该情况，主试通常会鼓励被试进行尝试，如询问“有多少？”被试尝试后再进行纠正反馈；且以首次尝试使用的量词为基准记录正误情况。

（四）实验过程

本实验包括四个环节：实验任务和前测；实验处理；即时后测；延时后测。整个实验为期两周。

（1）实验任务。

任务 1：选词填空。

该任务要求被试以纸笔形式完成，任务内容在一张 A4 纸上呈现，共包括 15 个题目。被试依据各题目，把恰当的量词填写在空格处。在被试遇到汉字认读困难时，主试（本文第二作者，下同）可以提供该词的发音，但对其意义和用法不做具体解释。

任务 2：看图说话。

该任务包括 15 张图片，每张图片展示一个事物，图片右侧附有该事物的中文和英文名称。在被试遇到困难时，主试可以提醒被试图片事物的读音和意义。

每个任务中除了 10 个实验量词，均设置了 5 个干扰量词。“选词填空”任务的干扰量词为块、碗、把（一把伞）、本（一本汉语书）、个;“看图说话”任务的干扰量词为杯、把（一把锁）、支、篇、本（一本书）。

（2）实验处理。

在实施两个任务过程中，主试对被试出现的错误分别进行一对一的互动反馈。重铸组给予重铸反馈，明确纠正组给予明确纠正反馈，控制组不进行任何反馈处理。整个反馈过程用录音笔进行录音。录音由主试进行转写，并对被试的量词使用正误情况进行标注、统计和分析。

（3）前测、即时后测和延时后测。

本实验的前测、即时后测和延时后测都通过“选词填空”和“看图说话”两个任务来实现。鉴于单独实施前测给被试可能带来的“激发效应”，本实

验把未进行反馈之前被试完成两个任务过程中所产生的错误数作为其前测成绩，即时后测是被试接受反馈处理后马上完成同样的两个任务，但题目顺序有所调整，然后统计其正确修正数，并将其作为即时后测成绩，一周以后进行延时后测，其过程与即时后测一样。

（4）数据整理与分析。

实验处理结束以后，对被试量词使用的正误情况进行统计，主要遵循的原则如下：

①仅统计被试首次使用的量词，第二次使用的量词无论正误都不计算在内。在看图说话任务中，如果被试知晓量词如何写但不知如何读，亦算作正确使用。

②仅统计实验量词的使用正误情况，干扰量词不做统计。

③重铸组和明确纠正组皆进行三次测试，即前测、即时后测与延时后测。控制组仅进行两次测试，即前测与延时后测。

④每次测试都是完成看图说话和选词填空这两项任务，每项任务都包括10个实验量词，每个实验量词使用正确计1分，使用错误不计分，每项任务满分10分。

为提高数据分析的信度和效度，本实验中80%数据由本文第一作者进行标注、统计和分析，评估人之间信度达到91%。对于一些有分歧的分析结果，第一作者与主试通过讨论最终达成一致。

四、研究结果

数据分析主要围绕上述三个研究问题，通过Excel表格统计处理，本文每个研究问题的发现分别阐述如下。

（1）反馈是否有助于学习者对汉语量词的习得？对被试前后测成绩描述统计结果显示（见表1），无论是重铸组还是明确纠正组，被试的即时后测和延时后测成绩都明显高于控制组，但从即时后测和延时后测成绩来看，两种反馈方式之间的效果并没有明显差别。

表 1　明确纠正、重铸和控制组三次测试中的错误数及更正率

	测试性质	前测	即时后测	延时后测
重铸	纸笔	51	21（58.82%）	18（64.71%）
	口头	57	24（57.89%）	23（59.65%）
明确纠正	纸笔	61	27（55.74%）	27（55.74%）
	口头	64	35（45.31%）	38（40.63%）
控制	纸笔	59	—	57（3.39%）
	口头	67	—	61（8.96%）

通过表 1，不难看出三个小组在前测中错误数差别较小，说明被试的汉语水平较为相近，但就两次后测成绩而言，重铸组和明确纠正组被试的更正率远远高于控制组。因此，可以说，纠错反馈有助于学习者注意到其量词使用偏误，并进行改正，对汉语量词习得具有积极促进作用，但两种反馈方式的短期效果和长期效果并无显著差别。然而，控制组在未接受任何干预的情况下，仍对个别量词进行了更正。纸笔测试中更正了 2 个错误，偏误更正率为 3.39%；口头测试中更正了 6 个错误，更正率为 8.96%。实验者猜想该情况是由于实验对象记住了部分实验量词，并在实验后进行了自主学习，从而提高了后测结果。但总体来说，实验组的更正率远远高于控制组，从而凸显了反馈对量词习得的有效作用。

（2）重铸和明确纠正哪种反馈方式对汉语量词的习得效果更好？由表 2 可以看出，在纸笔测试中，重铸组的即时后测比明确纠正组高出 3.08%，而延时后测高出 8.97%。同时，在口头测试中，重铸组的即时后测和延时后测成绩也都高于明确纠正组，分别为 12.58% 和 19.02%。因此，从描述统计结果可以看出，无论是短期效果还是长期效果，重铸对汉语量词的习得作用都好于明确纠正。

表 2　重铸与明确纠正更正率差异分析

测试性质（纸笔 / 口头）		反馈方式	偏误更正率	重铸组与明确纠正组更正率差值
纸笔测试	即时后测	重铸	58.82%	3.08%
		明确纠正	55.74%	
	延时后测	重铸	64.71%	8.97%
		明确纠正	55.74%	

（续表）

测试性质（纸笔 / 口头）		反馈方式	偏误更正率	重铸组与明确纠正组更正率差值
口头测试	即时后测	重铸	57.89%	12.58%
		明确纠正	45.31%	
	延时后测	重铸	59.65%	19.02%
		明确纠正	40.63%	

而就两种反馈效果的持久性而言，由表3可以看出，被试在纸笔测试中的即时后测和延时后测成绩相同，而在延时后测中即时后测成绩优于延时后测成绩，由此，可以推断，明确纠正的短期效果更明显。而就重铸组而言，两个任务中的延时后测成绩均高于即时后测成绩，由此，可以说，重铸对习得的长期效果更好。

表3　重铸和明确纠正在即时后测和延时后测中的更正率

	测试性质	即时后测偏误更正率	延时后测偏误更正率	更正率差值
重铸	纸笔	58.82%	64.71%	5.89%
	口头	57.89%	59.65%	1.76%
明确纠正	纸笔	55.74%	55.74%	0%
	口头	45.31%	40.63%	–4.68%

此外，表3统计结果显示，在前测、即时后测和延时后测中，不论重铸组还是明确纠正组，被试纸笔测试成绩都高于口头测试，虽成绩差异较小，但仍是一种有规律的现象。笔者认为，这一现象的出现可能有以下几点原因。首先，纸笔测试采用选词填空的方式，“词”和“空”数量有限，皆为15个，且被试有较多的思考时间，故实验分数会略高于其实际水平。其次，来自韩国、日本的被试，属汉字文化圈，即便不知如何读，却知如何“填”，也在一定程度上使得纸笔测试分数高于口头测试。

（3）学习者的母语背景是否会影响反馈方式的效果？依据上文对被试文化背景的划分，把实验组的20名被试归纳为两组：一组为汉字文化圈，共15人；一组为非汉字文化圈，共5人。两个小组的前测、即时后测和延时后测统计分析结果如表 4 所示。

表 4　汉字文化圈和非汉字文化圈小组实验错误率

	依汉字文化圈划分	前测错误率	差值	即时后测更正率	差值	延时后测更正率	差值
纸笔测试	汉字文化圈	47.33%	34.67%	69.01%	32.42%	77.46%	48.19%
	非汉字文化圈	82%		36.59%		29.27%	
口头测试	汉字文化圈	52.67%	31.33%	54.43%	30.62%	59.49%	28.54%
	非汉字文化圈	84%		23.81%		30.95%	

从表 4 可以看出，汉字文化圈被试的习得效果远远高于非汉字文化圈。在前测成绩上，无论是纸笔测试还是口头测试，汉字文化圈的被试成绩皆好于非汉字文化圈内的被试，纸笔测试中错误率差值为 34.67%，口头测试中错误率差值为 31.33%。就反馈效果而言，不论是短期效果还是长期效果，汉字文化圈被试的偏误更正率都远远高于非汉字文化圈内的被试，特别是纸笔测试，即时纸笔测试差值比口头测试差值大 1.8%，延时纸笔测试差值比口头测试差值大 19.65%。以上两方面的差异，说明学习者母语文化背景在一定程度上对反馈效果有影响。与中国同属汉字文化圈的日本与韩国，曾经长时间借用汉字作为其书面语。这使得汉字与日文、韩文不仅在字形上有诸多相同之处，降低了汉字的学习难度；还有很多词语的读音相同。这些相同相通之处，大大减少了汉字文化圈内被试感知和学习量词的困难，进而在一定程度上促使学习者在书面测试上更快、更好地吸收所学语法现象。

五、讨论

本研究再次证实了反馈对第二语言习得，至少在汉语量词习得方面具有积极作用。就两种反馈方式的效果而言，与 Li（2009）[20] 的研究发现一致，明确纠正的短期效果更加明显。但对重铸反馈的效果来说，不同于以往研究[10]关于重铸反馈更受益于较高水平二语学习者这一结论，本研究结果显示，重铸反馈对水平较低（初级中等）的汉语二语学习者也具有积极影响。结合本研究的实际情况，产生这一结果可能主要有两个原因。一是本实验的两个任务都十分聚焦量词使用，这就使得反馈的纠正功能凸显，辨识度增强。因此，即使水平较低的学习者也能注意到重铸反馈。二是本研究是在非自然课堂环境下主试对被试进行一对一互动反馈，在这样的环境下，被试没有其他干扰，注意力集中，对反馈的敏感度提高，很容易注意和识别。[21] 换句话说，当重铸反馈的形式凸显或易于辨别时，低水平学习者也能从中受益。就反馈效果的持久性而言，本研究再次印证了已往研究发现，即重铸反馈对二语学习者的长期习得效果更好[17]，而明确纠正反馈的短期效果更加显著。[20] 此外，两种反馈方式对汉字文化圈被试的习得效果更好。毋庸置疑，这主要是因为汉字文化圈被试的母语文化背景与汉语有相通和相似之处，进而使他们能够更快更好地掌握汉语量词的用法。这也在一定程度上说明学习者母语文化背景对反馈有效性的影响。

这些研究结果给汉语二语教学带来很好启示。首先，课堂上，教师要加强对学习者目的语错误形式的反馈，以更好地促进学习者二语习得与发展。其次，对于低水平学习者来说，教师在使用重铸反馈时，要使其形式凸显且易于辨别，才能更充分地发挥其反馈功能。最后，鉴于二语课堂学生的多元文化背景，教师要提供有针对性的反馈，以提高教学质量和学习效果。

六、结论

本文考察了重铸与明确纠正反馈对汉语二语量词习得的影响。研究结果再次证实了反馈对第二语言习得的积极作用，但就反馈效果的持久性而言，明确纠正的短期效果更优于重铸反馈，而重铸反馈的长期效果更好。此外，两种反馈方式均对汉字文化圈学习者的习得效果更显著。本研究进一步说明，反馈有效性除了受实验环境、任务类型的影响以外，还与学习者的母语文化背景相关。这些研究发现对汉语二语教师如何进行有效课堂反馈具有较大启示意义。

尽管如此，本研究中还存在着一些不足。第一，本研究是在非自然课堂环境下进行的，对受试的语言形式错误只提供一种反馈，这不同于课堂环境下教师反馈的多样性和复杂性，因此对本研究结果的应用和推广不能一概而论。第二，本研究样本量较小，时间较短，且以相同的测试形式来考察反馈的效果，可能会对实验结果的检验造成一定局限性。因此，未来相关研究需增加样本量，并借助多种测试手段，特别需要聚焦自然环境下的语言产出来全面深度调查反馈对第二语言习得的影响和作用。

参考文献：

[1] SHEEN Y，ELLIS R.（2011）.Corrective feedback in language teaching. In E. Hinkel（ed.）, *Handbook of research in second language teaching and learning*（pp. 593 - 610）. New York: Routledge.

[2] LONG，M.（1996）. The role of the linguistic environment in second language acquisition. In Willima Ritchie &Tej Bhatia（eds.）, *Handbook of language acquisition*（pp. 413 - 468）. New York: Academic Press.

[3] LYSTER R，Ranta L.（1997）. Corrective feedback and learner uptake: Negotiation of form in communicative classrooms. *Studies in Second Language Acquisition*，19，37–66.

[4] LYSTER R.（2004）. Differential effects of prompts and recasts in form–focused instruction. *Studies in Second Language Acquisition*，26，399–432.

[5]Ammar，A.，Spada，N.（2006）. One size fits all? Recasts，prompts，and L2 learning.*Studies in Second Language Acquisition*，28，543–574.

[6] Li，S.F.（2014）. The interface between feedback type，L2 proficiency and the nature of the linguistic target. *Language Teaching Research*，18（3），373–396.

[7] Lyster，R.，Saito，K.，Sato，M.（2013）. Oral corrective feedback in second language classrooms. *Language Teaching*，46（1），1–40.

[8] Sheen，Y.H.（2004）. Corrective feedback and leaner uptake in communicative classrooms across instructional settings. *Language Teaching Research*，8，263–300.

[9] Mackey，A.，Jenefer，P.（1998）. Conversational interaction and second language development: Recasts，responses，and red herrings? *The Modern Language Journal*，82，338 - 356.

[10] Ellis，R.，Loewen，S.，Erlam，R.（2006）. Implicit and explicit corrective feedbackand the acquisition of L2 grammar. *Studies in Second Language Acquisition*，28，339–368.

[11] Li，S. F.（2010）. The effectiveness of corrective feedback in SLA: A meta–analysis. *Language Learning*，60，309–365.

[12] McDonough，K.（2007）. Interactional feedback and the emergence of simple past activity verbs in L2 English[A]. In A. Mackey（ed.），*Conversational Interaction and Second Language Acquisition: A series of Empirical Studies*（pp.323–338）. Oxford: Oxford University Press.

[13] 杜朝晖，元华 . 中级汉语会话课堂教师反馈研究 [J]. 语言文字应用，2007（12）: 43–48.

[14] 段铁娜，孙琪 . 听说课不同偏误类型纠误方式比较研究 [J]. 汉语学习，2015（3）: 89–95.

[15] 祖晓梅 . 汉语课堂更正性反馈的调查与分析 [J]. 汉语学习，2008（1）: 93–100.

[16] 洪芸 . 纠错与理解回应的实证研究 [J]. 汉语学习，2013（6）: 105–112.

[17] 陆熙雯，高立群 . 对外汉语课堂互动中纠正性反馈对习得的影响 [J]. 世界汉语教学，2015（1）: 95–110.

[18] 曹贤文，牟蕾 . 重铸和诱导反馈条件下语言修正与形式学习的关系研究 [J]. 世界汉语教学，2013（1）:86–94.

[19] 李思洋 . 汉语学习者对名量词的习得研究 [J]. 重庆三峡学院学报，2016（5）:62–67.

[20] Li，S.F.（2009）. The differential effects of implicit and explicit feedback on second language（L2）learners at different proficiency levels. *Applied Language Learning*，1，53–79.

[21] Loewen，S.，& Jenefer，P.（2006）. Recasts in the adult English L2 classroom: Characteristics，explicitness，and effectiveness. *The Modern Language Journal*，90，536–556.

附录：

任务 1：

请在下列空格处填上适当量词（Fill in the bracket with the appropriate Chinese measure word）

一（　　）公交车　　一（　　）刀　　一（　　）信

一（　　）房子　　一（　　）纸　　一（　　）彩虹

一（　　）熊猫　　一（　　）筷子　　一（　　）马路

一（　　）大衣　　一（　　）蛋糕　　一（　　）饭

一（　　）伞　　一（　　）汉语书　　一（　　）包

一（　　）电脑　　一（　　）水　　一（　　）笔

任务 2：

请用汉语描述下列图片（Please describe the following pictures in Chinese）

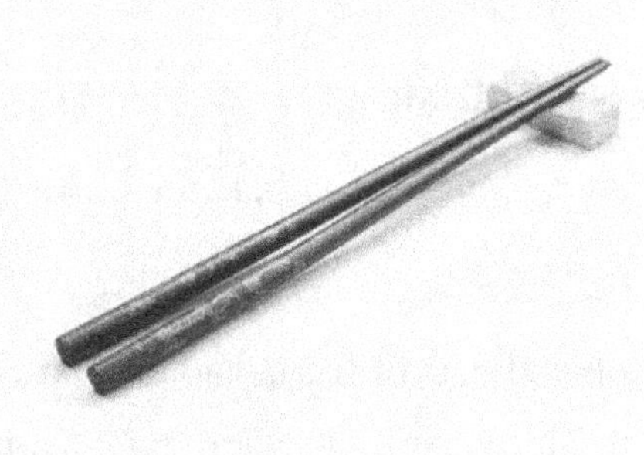

The Effects of Recast and Explicit Correction on Chinese Measures Word Acquisition

Bao Rui, Lü Xin

(*Zhejiang Normal University;Beijing Language and Culture University*)

Abstract: This study examines the effects of recast and explicit correction on Chinese measure word acquisition. Thirty participants are from one university in Zhejiang province. They were randomly divided into recast, explicit correction and control group. During the course of completing two tasks: fill in the blank and picture description, participants in recast and explicit correction groups received corresponding feedback respectively, while no feedback was given to those in control group. By pre-and-posttest design, the results showed that both recast and explicit correction were conducive to Chinese measure word learning, and recasts had a better long-term effect than explicit correction, while the immediate effect of explicit correction was relatively more obvious. In addition, participants from Chinese-culture-related countries are much better in acquiring Chinese measure word. It is suggested that the effects of corrective feedback may be related to various contextual factors such as students' cultural backgrounds, experimental setting and tasks. This study casts some light on how to make feedback effective during classes and is informative for the improvements in the quality and efficacy of second language teaching.

Key words: recast; explicit correction; Chinese measure word; second language acquisition

高级阶段留学生成语学习的认知研究

王美华

（浙江师范大学国际文化与教育学院）

摘　要：本文调查高级阶段留学生成语学习的认知情况，运用问卷调查法、统计分析法进行了归纳总结，了解学生对成语的总体印象、对成语句法语义的理解、对成语练习的认识和对教师的要求等方面情况，据此，提出教师要发挥学生的主观积极性、解释清楚成语的意义、分析成语的语法特征和设计多种练习等策略。

关键词：高级阶段；留学生；成语学习；认知研究

成语是汉语词汇的重要组成部分。它结构定型、意义丰富、来源多样，包含丰富的文化信息，是留学生学习汉语的难点。在留学生学习汉语的中高级阶段，随着课文中成语数量的不断增加，留学生对课文内容的理解受到一定程度的影响，相应地成语教学在高级阶段应引起教师的重视。刘艳平(2013)用调查数据表明，高级阶段留学生接触、运用成语的机会更多。[1] 为了使教学具有针对性，更好地实现教学效果，本文试图调查分析高级阶段留学生对成语学习的总体认知情况，并提出切合实际的教学策略。

作者简介：王美华（1971—），女，江西吉安人，浙江师范大学国际文化与教育学院讲师，硕士。

一、问卷的缘起

笔者曾讲授过“寓言与成语故事”这门课程，通过看视频或读故事让学生了解成语，在教学过程中发现学生喜爱成语，因为成语蕴涵了相当丰富的文化知识，但是做起造句练习来却无从下手。如何解决这一难题？笔者的做法是，每个成语先提供两至三个例句让学生观察分析，然后让他们依葫芦画瓢，这样他们就学会了运用成语造句。此做法进一步激发起笔者对留学生是否还需要深入理解例句中成语的语法成分及句法搭配的探究热情。

汉语言专业大四年级上学期开设的商务汉语阅读课程，所用的教材中成语数量大增，上册有91个成语，下册有48个成语。上下册各有八个单元，成语的数量与单元内容密切相关，如上册的辩论篇一个单元就有28个成语，占了总量的31%。成语练习类型也较为多样化，有成语与释义连线、成语扩展、成语填空等，对于学生是否喜欢这些类型的练习，抑或他们希望还有其他类型的练习，如此这些都可以进行深入的调查。

鉴于以上情况，本人有针对性地设计留学生成语学习的问卷，对自己所在学院高级水平的留学生对成语学习的认知和需求进行调查，以期发现学生学习成语过程中的需求，进而提出一些能提高留学生成语学习的方法，给予汉语教学者一些具体实用的启示。

二、问卷的分析与说明

参加本次调查的留学生为汉语言专业大三、大四的两个班的学生和语言进修系高一班的学生。总共29人，问卷主要从对成语的总体认知、对成语的句法语义特征的认知和对教师的要求三个方面展开。

（一）对成语的总体认知

这一部分主要从留学生看待成语重要与否、认为书中的成语数量如何、是否能够明白课文中出现的成语和自己对成语的使用四个方面展开。

（1）成语重要性。学生认为成语是否重要，从侧面也能反映出他们对待成语的学习态度。

表 1　留学生认为成语的重要性

重要性	人数	百分比
很重要	22	76%
一般	5	17%
不重要	2	7%

从上表可以看出，绝大部分的留学生都认为成语很重要，认为成语不重要的只是个别现象。

（2）阅读及综合课文中的成语数量。阅读课主要是通过阅读书面材料，然后进行理解性练习，自然成语偏多，综合课教材难度更大，成语也出现了不少。调查发现，有 15 人认为多，9 人认为很多，4 人认为一般，1 人认为少。从以上数字看出，认为成语数量多的还是占大多数。

（3）能否明白课文中的成语。对于课文中的成语，能够明白一半的有 14 人，明白少数的有 4 人，一点儿也不明白的有 4 人，大部分能明白的有 7 人。这说明，明白一半及以下的有 22 人，比例也是相当的大，所以要加强对成语的解释。

（4）平常使用成语情况。成语是否适合平常运用呢？调查数据表明，20 人不常使用，4 人根本不用，2 人想用但不会用，只有 3 人会经常使用。可见，有 26 人不大使用成语，约占总人数 90%。由此可以看出，成语数量多而且重要，但是在日常生活中运用很少。然而，文字材料中大量的成语，促使留学生又必须理解和掌握，这是需要处理的一个矛盾。

如果让学生讲成语故事，又会是怎样的现象？调查题 15 “如果让你来给大家讲一个成语故事”，学生中有 21 人表示愿意讲故事，有 4 人非常愿意，3 人不愿意，1 人不会讲。这表明，虽然学生不会主动使用成语，但是他们愿意尝试探究成语。

（二）对成语的句法语义特征的理解

通过观察，我们发现，课文中成语的特征主要体现在成语的解释、成语本身结构、成语的语法特征以及文后的成语练习等方面。调查结果显示，留学生对课文中成语的句法语义特征方面的要求态度明确。

（1）成语的解释。包含两个问题：“你对课文中的成语解释是否满意”

和“像‘画龙点睛’那样表示比喻义的成语是否要解释其来源”。

对第一个问题，基本满意的有 12 人，满意的有 10 人，不满意的有 7 人，持无所谓态度的为 0 人，可知，学生还是在意课文的解释的，解释得恰当与否会影响到学生的学习和理解程度。对第二个问题，选择“有必要，帮助理解比喻义”的有 21 人，选择“没有必要，知道整体义就行”的有 4 人，另外 4 人采取无所谓的态度。这说明，学生还是希望探究成语背后的故事，以帮助他们深入理解成语的。

（2）成语本身的结构。在“是否有必要分析成语的结构”问题上，20 人认为有必要，7 人随便，2 人觉得不用。从成语的结构可以看出成语的性质，确定成语的句子成分，对迅速把握句子的主干有帮助。因此，赞成分析成语内在结构的学生还是占了近七成。

（3）成语的语法特征。针对“学生对成语在句中的句法成分的了解情况”这个问题，仅有 1 人知道成语在句中的句法成分，有的知道，有的不知道的有 17 人，不知道的有 11 人。

对于成语的句法搭配，有“是否要看成语的前后词语”和“成语前后词语的作用”两个问卷题目，赞成看成语前后搭配词语的有 23 人，不赞成的有 2 人，另外 4 人随便。至于成语前后词语的作用，7 人认为可以帮助理解成语，5 人认为可以知道成语在句子中的地位，17 人认为“帮助理解成语”和“知道成语在句子中的地位”兼而有之。

从上面两个问题我们可以推断，超半数的学生还是不清楚成语的句法成分，但他们还是非常重视成语的搭配，也对成语所搭配的词语的作用进行充分的肯定。

（4）成语练习。此内容围绕课文练习量和练习类型展开，练习类型又分书上的练习类型和自己希望增加的练习类型两种。

表 2　课文中的练习量情况

练习量	人数	百分比
多了	6	20.7%
可以	11	38%
少了	10	34.4%
太少	2	6.9%

上表说明，认为可以、少了和太少的共 23 人，超过 80%，从中我们可

以得知成语的练习量可以适量增加。

练习类型方面，设置的问卷是多选题，学生喜欢书上的“成语与释义连线”“给出成语让你解释”和“成语填空”题，选择的人数分别为15人、14人和11人，只有2人喜欢“成语扩展”，这也说明学生掌握的成语有限，让他们找出结构相似的成语确实困难。

（三）对教师讲解成语的要求

对教师讲解成语，主要有四个方面的要求：单独列出成语所在的句子、说明成语在句子中的句法成分、疏通成语中关键字的字义和讲解成语背后的故事。

是否要单独列出句子讲解其中的成语，20人认为有必要，因为成语很难，3人认为没有必要，简单解释整个成语就行，6人觉得都行。

认为老师有必要分析成语在句子中的句法成分的有19人，认为没必要分析成语在句子中的句法成分的有3人，5人觉得随便。

对成语中字义古今差别大的字，是否要疏通字义，选择“先讲字义，再讲整个成语意义”的有14人，选择“讲字义，然后再举这个字义的其他词或成语，最后讲解整个成语意义”的有7人，选择“直接讲成语的意思”的有8人。近半数赞成先解释字义。

像“买椟还珠”这样的包含历史故事的成语，认为应该由教师详细讲述这个故事的有21人，看视频了解历史故事的有7人，愿意自己查资料的有1人。可见，学生还是希望听老师讲述故事，因为观看成语故事视频时还是有速度的要求，一旦在听或看的过程中联系不上对应的词语的意思，就会影响他们对成语的理解。而在教师讲故事的过程中，学生可以随时提出疑问，教师可以及时解答。

总体看来，以上的分析使教师全面了解了学生成语学习中的认知需求，这为更有效的成语教学指明了方向，那么具体该如何实施呢?

三、对留学生成语教学的启发

通过分析高级阶段留学生对成语学习的认知情况，我们发现，留学生还是非常重视成语这一类特殊的词语。加之高级阶段课文中成语数量的大量增加，为了理解文章，必须努力学习课文中的成语。如何来调整成语教学方法？可以从学习主体、教师引导和强化练习等方面进行。以下论述中选择的例句均选自《高级商务汉语阅读教程》课文中的原句[2]，对成语的解释出自《新华成语词典》。[3]

（一）调动学生的主观能动性

在教学活动中，学生是学习的主体。调查题15表明，留学生愿意讲成语故事。教师应充分利用这一点，激发起学生的学习积极性。教师课前需要对要求学生讲述的成语故事做出规定。比如，要求故事要有启发、有深意，同时限定是不同方面的内容，如生活方面、历史方面、寓言方面，如铁杵磨成针、买椟还珠、东山再起、破釜沉舟、守株待兔等就有哲理性，听完故事，也明白了一个道理。时间方面，也要有规定。每堂课的课前五分钟让学生轮流来介绍自己喜欢的成语故事，以达到同学之间共同分享知识的目的。在准备讲故事之前，学生需要认真进行选择，不但要准确读出所讲解成语的语音，而且要深入了解其语义、语用等方面的内容，这对学生来说是一个挑战，有助于发挥学生的主观能动性。 这个方法可以使每个学生均等地得到成段口头表达机会，也能使学生深入体会到成语的短小精悍。

（二）教师有意凸显成语，讲解语义

大部分学生希望教师把含有成语的句子单独列出来。教师在讲解完课文的生词后，可以再把课文成语原句选出来，对成语加粗或以不同颜色进行区分，突出成语，而后进行成语的分析讲解，加大高级阶段成语教学的力度。

（1）疏通字义很关键，有的成语字面义浅显易懂，教师稍加说明，学生就能明白。例如：

这些顾客不一定非得购买当季时尚名牌，即使稍微过季，只要是货真价实的名牌，仍然会成为他们的首选。

成语“货真价实”可以简单扩展为货物是真的，价钱实在，就可以了。其他如“价廉物美”“供不应求”“半信半疑”等成语同理。

（2）有的成语含有难理解的字，一般含有非常用义、比喻义、古义的字词，这时需要解释清楚该字词之后，再整体释义。例如：

①日常生活中，我们每个人都能为保护环境做一些简单而又力所能及的事。

②空留下一笔没有遗嘱的钱财，反叫儿女为此争斗不休，全然不顾手足之情。

“力所能及”中的“及”的意义是“达到”，是非常用义，整个意义“能力所能达到的”就顺理成章了。“手足之情”中的“手足”比喻弟兄，“之”是保留古义的汉字，即现代的“的”，成语指兄弟间的亲密感情就自然理解了。

（3）对于整体表示比喻义的成语，看似与字面义无关联，为便于理解比喻义，也必须先解释字面义，然后找到字面义与比喻义的相通之处，这样，理解成语的比喻义就轻而易举了。例如：

① 20 世纪 90 年代末期，华西大发展面临缺乏资金的瓶颈制约，他们立即瞄准资本市场开放的机遇，集中优势企业进行股份制改造，终于使“中国农村第一股”的华西村在 1999 年成功上市，一次就筹得发展资金 2.9 亿元，集体经济发展如虎添翼。

②“酒香不怕巷子深”的时代已经渐渐远去，好商品离不开好广告的促销，好广告又离不开广告金句的画龙点睛。

“如虎添翼”字面义“像老虎加上了翅膀”，老虎本身很强大，加上翅膀就更不得了了。比喻强者得到了有力的帮助而更加强大。“画龙点睛”意思为“画完龙之后给龙点上眼睛”，有了眼睛，龙就更显出生机活力。比喻艺术创作在关键处着墨或写作、说话时在关键处加上精辟词语，可使内容更加生动传神。

（三）重视成语的句法位置，把握语法特征

对成语字义和整体义的解释是最基本的要求，而把握成语的句法特征是关键，这对语句的理解至关重要。

（1）清楚成语的词性。词性是确定词汇句法成分的一个依据。杨玉玲（2011）指出，和一般词汇一样，成语也有词性的问题，有的表现为体词性，只能作主语、宾语，有时作定语；有的表现为谓词性，可作谓语、定语、状语、补语，能受能愿动词的修饰等，谓词性成语又可分为动词性成语和形容词性成语。[4] 词性弄清楚了，成语的句法成分就能迅速把握。当然，这要在分析

成语的内部结构基础上进行。例如：

①有人通过实验证明，寻求路人的帮助，那些仪表堂堂、有吸引力的人要比那些不修边幅的人有更多的成功可能。

②上医院看病，花钱买回一大堆药，未服几次病就好了，剩下的药当然舍不得丢，便放在那儿以备家中“不时之需”。

例句中“仪表堂堂”为主谓结构，“不修边幅”为动宾结构，两个成语都是谓词性词语，在句中均作定语。“不时之需”是一个偏正结构的成语，为名词性词语，在句中作宾语。

（2）注意与成语固定搭配的词语。

记住成语的前后词语，尤其要记住一些成语的固定搭配词语，这样使用成语的时候一般不会出错。例如：

①它（球形展馆）独特新颖的造型，虽然时隔近半个世纪之久，但仍让人记忆犹新。

②“小时候，溪水原本是清澈的，树木是翠绿的。”他说，“可是，后来被弄得一塌糊涂。尤其下雨天，上游冲下来的塑料袋成群结队。等水退去，它们就散在岩滩上，挂在树枝上，到处花花绿绿、杂乱无章。”

“记忆犹新”一般与“让人”“使人”搭配，处在句子的谓语位置。“一塌糊涂”为形容词性词语，形容事情很糟、很乱，也泛指程度深。在“V得”后面做补语，常见的动词有“弄”“搞”“亏”“哭”等。

（四）加强书面练习，注重练习的多样化

书面练习无非是学完成语之后进行的巩固性练习，这类题目有看拼音写成语、成语与释义连线、成语填空、成语扩展、看故事写成语、成语造句等。

（1）看拼音写成语。表面看似乎简单，但实际上有一点难度。首先学生要准确读出成语，才能将字音与字形对上号。事实证明，学生书写时容易发生同音字错误，这应该是他们没有明白成语的意义。教师在讲成语的时候，注意说明成语中的哪个字表示什么意思。例如“轻而易举”，其中的“轻”不是清楚的“清”，而是东西重量轻，容易举起来，再让学生书写“轻”“举”，这可以减少后面写错字的情况。

（2）成语与释义连线。此种练习较为简单。能够快速准确把握成语意思。课文后有这样的练习可让学生在几分钟内完成。没有的话，教师也可以自己

设置这样的练习。

（3）成语填空。成语填空可以循序渐进地进行。刚开始学习成语，可以给出三个字，让学生填一个字。等熟悉了，再接着填两个字甚至三个字。例如：____所事事—无所________—无________，__所未有—前所________—前________。

（4）成语扩展。尽管喜欢这类练习的学生不多。但这类练习可以使学生触类旁通，迅速有效地掌握成语。如学习了奇山异水，可以拓展汉语“奇____异____”的同类型成语，这样，对“奇花异草”“奇光异彩”“奇珍异宝”等成语一并进行了归类。

（5）看故事写成语。成语必须是事先学过的，为巩固成语，教师提供该成语的故事内容材料，让学生阅读后说出成语。看故事其实也是了解成语背后文化信息的一个途径，同时也能从侧面体现该成语使用的语境。像“买椟还珠”“破釜沉舟”等故事性强的成语即可运用此方法。

（6）成语造句。原则是，要求进行造句练习的成语要么是口语中常用的，要么与学生的生活或学习密切相关，教师可以让学生用这些成语进行造句。例如“小心翼翼”“难以置信”“力所能及”“一心一意”“十全十美”等。

总而言之，本文从高级阶段留学生对成语学习的认知入手，全方位地了解了学生的关注点：成语的意义是首先要解释的，然后是分析语法特征，最后是练习强化。同时留学生也要求教师在这些方面做出相应的教学侧重。今后还需要对留学生成语使用的偏误进行观察，从偏误中去思考哪一方面的教学还要加强，尤其要强调语用，学以致用，这样才可以满足留学生使用成语的愿望，提高成语使用率，这也是展现留学生汉语水平的一个重要方面。

参考文献：

[1] 刘艳平．中、高级对外汉语成语教学的调查与反思 [J]. 汉语学习，2013（5）:90.

[2] 沈庶英．高级商务汉语阅读教程（上、下）[M]. 北京：北京语言大学出版社，2012.

[3] 商务印书馆辞书研究中心．新华成语词典 [M]. 北京：商务印书馆，2002.

[4] 杨玉玲．留学生成语偏误及《留学生多功能成语词典》的编写 [J]. 辞书研究，2011（1）：103.

A Cognitive Study on the Idiom Learning of Foreign Students in the Advanced Stage

Wang Meihua

(*College of International Education , Zhejiang Normal University*)

Abstract: This paper investigates the cognition of idiom learning of foreign students at the advanced stage, and summarizes them by means of questionnaire survey and statistical analysis. The paper aims to understand the students undefined general impression of idioms, their understanding of idiom syntax and semantics, their understanding of idiom exercises and their requirements for teachers, and so on. Therefore, teachers should give full play to the students undefined subjective enthusiasm, explain the meaning of idioms clearly, analyze the grammatical characteristics of idioms and design a variety of exercises and other strategies.

Key words: advanced stage; foreign students; idiom learning; cognitive research

俄语母语者汉语塞擦音/擦音知觉同化实验研究

贾珍妮

（浙江师范大学国际文化与教育学院，澳门科技大学国际学院）

摘　要：本文通过实验考察俄语母语者对汉语塞擦音/擦音（z/c/s、zh/ch/sh/r、j/q/x）的知觉同化现象，实验结果表明对汉语塞擦音/擦音的知觉同化作用主要依据了辅音发音方法（塞擦－摩擦）特征，另外还依据了辅音知觉中“长音”这一特征。学习者区分难度，从难到易依次是送气－不送气塞擦音对比、送气塞擦音－擦音对比（发音部位相同）次之、辅音发音部位对比（发音方法相同）。

关键词：俄语母语者；知觉同化；塞擦音；擦音

一、引言

二语学习者普遍存在“外国口音”是由于L2音段被知觉同化为L1（第一语言）音系范畴（Phonological Categories）[1]。而二语学习者对非母语语音对比的区分也受到了母语音系的影响。专家学者们基于上述问题在跨语言语音方面进行深入探讨，提出了母语磁体模型（Native Language Magnet Model）、知觉同化模型（Perceptual Assimilation Model）、言语学习模型（Speech Learning Model）。知觉同化模型认为，成人区分母语语音与非母语语音时，

基金项目：浙江省教育厅一般课题“汉维齿龈音对比及正音对策研究”（编号：Y201533232）成果。

作者简介：贾珍妮（1983—），女，黑龙江鸡西人，浙江师范大学国际文化与教育学院副教授，澳门科技大学2019级博士研究生。

母语音系所起的作用通常有三种——阻碍、有帮助、不起作用。这取决于二语者对非母语语音的感知，如何将非母语语音与母语语音对比及发生的关系。该模型广泛应用于第二语言习得领域，解释成人 L2 学习初期阶段是如何知觉母语与目的语的语音异同的。

言语学习模型也提出了与知觉同化模型相似的观点，认为 L1 与 L2 语音范畴之间的知觉关系非常重要。二语者通过“等同归类”将与 L1 音相似、实际并非完全一致的 L2 音知觉同化为 L1 范畴，并且二语者即使在学习多年 L2 后这种“等同归类”仍然存在，造成 L2 音子产出中始终存在“外国口音”，甚至造成 L1 音子的语音实现（Phonetic Realization）发生变化。[2]L2 音由于被“等同”于 L1 音，从而就阻碍了 L2 音形成自己的范畴。L2 与 L1 相似音段之间的知觉语音非相似度（Perceived Phonetic Dissimilarity）越大，学习者就越可能逐渐辨明差异。本文试图在母语磁体模型、知觉同化模型和言语学习模型理论基础上考察俄语母语者习得汉语塞擦音 / 擦音（z/c/s、zh/ch/sh/r、j/q/x）的知觉情况，以期为针对俄语母语者的汉语正音教学提供新视角。

二、汉俄塞擦音 / 擦音比较

有关辅音知觉的特征加工研究表明，特定语言可以通过语言特征来区分辅音。音位的音系表征由多个特征赋值（Feature Specification）构成，这些特征与音位的发音现实相关。关于汉语辅音知觉特征，张家騄等（1981）采用心理物理试验，通过多维标度（Multidimensional Scaling）统计方法，对汉语辅音的知觉混淆矩阵进行分析，建立起了汉语辅音知觉结构，表征汉语辅音的四个特征：清 – 浊，送气 – 不送气，摩擦 – 非摩擦，部位（前、中、后）。[3]

（一）汉俄塞擦音 / 擦音异同

（1）汉语音节界限分明，俄语音节界限不太分明，一个音节里的声母和韵尾最多可以含四个辅音，所以音节结构会很复杂。两者共有音节类型是 V、CV、VC、CVC、CVVC。汉语音节的结构类型可以用（C）V（C）表示，俄语音节的结构类型可以用（C）（C）（C）V（C）（C）（C）表示。

（2）汉语元音占优势，有复元音。俄语一个音节中只有一个元音没有复元音。汉语没有复辅音，俄语辅音占优势，有复辅音音节，一个音节中有辅音连缀的现象，靠近元音前的第一个辅音一般与元音结合紧密，而离元音较远的或者元音后面的辅音则较易保留本音。

（3）汉语有声调，无重音，俄语无声调，有重音。标准俄语基于圣彼得堡方言，有很强的重音和适度的音调变化。重音元音有一点拉长，而非重音元音倾向于变成闭元音或者模糊元音。汉语声调主要用于区别意义，俄语重音通常不区别意义。

（4）汉语普通话有辅音 22 个，均为单辅音。俄语辅音字母有 21 个，还有 2 个无音字母，辅音共计 37 个，有清浊、软硬之分，软辅音和硬辅音的发音动作相同，区别是发软辅音时舌中部向上颚抬起。清浊成对的音有 11 对，只是浊音的有 9 个，只是清音的有 5 个，软硬成对的有 15 对，只是硬辅音的有 3 个，只是软辅音的 3 个。

（5）汉语辅音有送气与否的对立，俄语不明显，但有清浊和软硬的对立。送气与否在俄语母语者音感中区别较弱。

（6）关于汉语 12 个塞擦音 / 擦音 f [f]、z[ts]、c[ts^h]、s[s]、zh[tʂ]、ch[tʂh]、sh[ʂ]、r[ʐ]、j[tɕ]、q[tɕ^h]、x[ɕ]、h[x]，发音部位与发音方法前人已有很多著作论述。对于感知来说，摩擦段的时长是决定性的因素。冉启斌（2007）通过测试汉语塞擦音声母时长，发现舌尖后音声母 zh、ch 往往短于其他塞擦音。[4] 关于俄语塞擦音、擦音分为：普通型和颚音型。传统上叫作硬辅音和软辅音。（硬辅音通常软腭音化，特别是在后元音前面，虽然在一些方言里面颚音化只局限于硬音 /l/。）俄语辅音中有两个塞擦音：硬音 ц э [ts]、软音 ч [tɕ]。有 7 组软硬相对的摩擦音：ф[f]–[f^h]、B[v]–[v^h]、c[s]–[s^h]、з [z]–[z^h]、ш[ʂ]–щ[ɕː]、ж [ʐ]–[ʑː]、x[x]–[x^h]。汉语中除擦音 r 为浊音外，其余塞擦音 / 擦音皆为清音，同部位塞擦音以送气 / 不送气为特征相互对立，起区别意义的作用。俄语的两个塞擦音不成对，一个是硬浊音一个是软清音，7 组摩擦音硬软对立，音与音之间也已清浊对立，但不以送气 / 不送气为特征相互对立。汉语擦音（s）与俄语擦音 c[s] 从发音部位到发音方法都基本一致。

（二）俄语母语者汉语塞擦音 / 擦音偏误分析

调查对象选取浙江师范大学汉语初级班俄语母语发音人 20 人，其中处于汉语初级水平的被试 10 人，处于汉语高级水平的被试 10 人，无华裔，来华前无汉语基础。调查要求被试大声朗读笔者所给试卷上面的与汉语塞擦音 / 擦音相关的标注有拼音的单词、词组以及句子，经测试发现俄语母语者常见的汉语塞擦音 / 擦音的发音偏误集中于以下几方面。

（1）俄语母语者易将俄语的 ш、ж 与汉语的 sh、r 混淆。ш 这个音类似于汉语中的 sh 的发音，但发音方法和发音部位差别很大。ш 发音动作包括舌尖上翘和舌体后缩这两个动作，与汉语 sh 的发音方法和发音部位不同。俄语母语者将 ж 与汉语的 r 混淆。俄语 ж 舌尖上翘，气流通过后舌部和软腭及舌尖与硬腭时摩擦的程度加深，因舌面下凹而硬音特征明显，但汉语 r 无硬音特征。此外，俄语 ш 和 ж 双唇略向前伸，拱成圆形。而汉语 sh、r 双唇无前伸圆撮的动作。

（2）俄语母语者易将 ч 与汉语中的 j/q 混淆，将 ц 与汉语的 z/c 混淆。此六音皆为塞擦音，但是在发音部位差距很大。j/q 是送气舌面前音，而俄语 ч 是舌叶软音，发音时是前面舌叶先成阻，而后有舌面中部抬起的附加动作，舌面前下凹的。此外，二者在发音时双唇的形状不同。俄语 ч 双唇前伸成方状，而汉语 j/q 双唇是自然舒展的。

（3）俄语母语者易将俄语的 щ 与汉语的 x 混淆，这两个音都是擦音，汉语的 x 是舌面音，发此音时单纯把舌面前部靠近硬腭形成缝隙。而俄语 щ 舌中部向上、向前用力，舌尖悬空，舌前部成小小的匙状，声带不振动，发音时音长持续时间长，唇微向前撮，与汉语 x 唇部微张有所不同。

由于学习者将 L2 音段知觉同化为 L1 音系范畴，甚至在使用 L2 多年后仍未辨明 L1 与 L2 相似音段间的差异，这种知觉上的“等同”也就造成了发音上的“等同”，造成学习者始终摆脱不了“外国口音”。下文进一步从知觉的角度来考察俄语母语者对汉俄塞擦音 / 擦音存在何种知觉关联，随着学习者学习时间的增加、汉语水平的提高，知觉关联是否产生变化，对汉语语音的知觉区分是否会有一定程度的进步。

三、塞擦音 / 擦音知觉同化实验分析

俄语塞擦音 ч 与汉语 j/q 接近，俄语的 щ 与汉语的 x 接近，俄语 ш、ж 与汉语 sh、r 相近，ц 与 z/c 有一定差异。而对于没有语音学背景的俄语

母语者而言，汉俄辅音存在什么样的知觉关联？在知觉层面哪些汉语音被认为与俄语音相似、哪些被认为是俄语中不存在的新音？随着学习者在目的语国 L2 学习时间的增长，这种知觉关联是否产生了变化？实验假设：初学汉语的俄国学习者因俄语辅音范畴知觉同化作用将汉语辅音纳入其语音范畴，形成一个包括 L1 音与 L2 音的融合范畴。随着学习者在目的语国 L2 学习时间的增长，融合范畴可能会表现出一定变化。

（一）实验目的

本实验主要考察俄语塞擦音 / 擦音对汉语塞擦音 / 擦音的知觉同化作用。具体考察下列问题：①俄语母语者是如何把汉语的塞擦音 / 擦音知觉同化到俄语音系统中的；②俄语母语者对汉语塞擦音 / 擦音的知觉归类是否受到目的语国 L2 学习时间的影响。

（二）实验方法

（1）被试。俄语母语者 34 人，被试均在浙江师范大学学习汉语，根据汉语水平分为两组，一组为 HSK1–2 级，一组为 HSK4–5 级，每组 17 人。第一组被试在浙江师范大学国际学院语言进修生初级班，第二组在同校进修生高级班和商务汉语专业二年级 1 班 2 班。为避免目的语习得时间不同对实验结果准确性的影响，实验对被试在目的语国家习得时间加以控制，主要选择的被试是在目的语国家零起点学习汉语，在来到目的语国之前几乎没有学习汉语经历的二语者。并将被试年龄控制在 18 ~ 25 岁之间。

（2）实验材料。通过一位普通话标准的发音人的录音得到（发音人普通话水平一级乙等）实验材料。实验材料总共有 40 个汉语单音节作为目标项。实验材料随机排序，发音人口齿清楚，以朗读语速念一遍 40 个项目，电脑录音采样频率为 16khz，分辨率 16bit。实验材料所用的 CV 结构单音节的声韵调搭配情况如下：Z Z á C C ǎ S S ǎ Z Z ǐ C C ǐ S S ǐ j J í j J ú Q Q í Q Q X X í X X ú Zh Zh á Zh Zh í Ch Ch á Ch Ch í Sh Sh á Sh Sh í R R í R R ǐ 。40 个实验刺激，同一个刺激连续播放两次，间隔时间为 1 秒，不同刺激之间间隔 5 秒。

（3）实验程序。被试在浙师大 5 号教学楼语音实验室完成测试。40 个实验刺激随机呈现给被试。同时以纸质的形式提供给被试俄语辅音字母选项。

被试在连续听同一个实验刺激两遍后进行判断，若判定所听单音节中辅音声母与俄语辅音相似，则选择相应俄语字母，并评定所听到辅音与俄语辅音字母的相似度，在候选项“不同、接近、很接近、非常接近、完全相同”中选择其一。

（4）实验结果与分析。俄语母语者对汉语塞擦音 / 擦音知觉同化判断的实验结果见表 1。表中“次数百分比”计算方法如下：听汉语不送气塞擦音 z 相关的 4 个音，被试（34 个）进行判定，共得到 136 次判定。若有 10 次判定为俄语 з，则汉语 z 被俄语母语者判定为俄语 з 的次数百分比为 13.6%（10/136）。

表 1 俄语母语者将汉语辅音判定为俄语辅音的次数所占百分比

单位：%

汉语刺激		判定结果	
	c[s] з[z]	ш[ʂ]щ[ɕː] ж[ʐ]	цэ[ts] ч[tɕ]
Z[ts]	12 56		32
C[tsh]	3 9		88
S[s]	97	3	
J[tɕ]			29 71
Q[tɕh]		13	87
X[ɕ]		3 91 6	
Zh[tʂ]	5 53	2 40	
Ch[tʂh]		45	55
Sh[ʂ]		93 7	
R[ʐ]	8	2 90	

统计分析表明俄语母语者针对 z/c、j/q 的送气 / 不送气这两个范畴的知觉归类准确率很低，这可能是由于俄语塞擦音 / 擦音不以送气 / 不送气作为区别特征，难以区分这两个范畴。其次将汉语塞擦音知觉同化为俄语塞擦音 / 擦音时，主要依据的是辅音发音部位特征。发音部位相同、发音方法不同的汉语辅音被知觉归类为同发音方法的俄语辅音：学习者将汉语不送气清塞擦音 z 和送气塞擦音 c 知觉归类为俄语塞擦音 цэ[ts]；二分之一俄语母语者将汉语 z 直觉归类为俄语擦音 з[z]，将不送气清塞擦音 j 和汉语送气清塞擦音 q 知

觉归类为俄语塞擦音 ч[tɕ]。

另一方面，分析结果表明俄语母语者在进行跨语言知觉归类时还依据了辅音知觉中“长音”这一特征，因此俄语母语者将部分汉语送气塞擦音 ch 纳入了俄语擦音 з[z] 范畴，将部分汉语送气塞擦音 q 纳入了俄语擦音 щ[ɕː] 范畴。

从跨语言匹配的角度考察，汉语的 10 个塞擦音 / 擦音被知觉归类到俄语辅音范畴中出现了两种情况。第一种情况是一个汉语辅音被归类到一个俄语辅音范畴中，如汉语 sh 归类为俄语 ш[ɕː]，汉语 s 归类为俄语 c[s]，将汉语擦音 x 知觉为俄语擦音 щ[ɕː]、汉语 r 被归类为俄语 ж[ʐ] 的比例都达到了 90% 以上。第二种情况是多个汉语辅音被归类到一个俄语辅音范畴中，主要是二对一（z/c/ 对俄语 ц э [ts]、j/q 对俄语 ч [tɕ]）的匹配模式。有些是多个汉语辅音被归类到多个俄语辅音中，如汉语 z/zh 被归类到 цэ[ts]、з[z] 中致使汉俄塞擦音 / 擦音的跨语言匹配就呈现出比较复杂的关系。

四、结语

（一）俄语辅音塞擦音 / 擦音范畴对汉语辅音塞擦音 / 擦音范畴的知觉同化

俄语辅音仅有两个塞擦音（цэ[ts]、ч[tɕ]）和 7 组擦音（7 组软硬相对的摩擦音：ф[f]-[f^h]、B[v]-[v^h]、c[s]-[s^h]、з[z]-[z^h]、ш[ʂ]-щ[ɕː]、ж[ʐ]-[ʑː]、x[x]-[x^h]），而本文讨论汉语的三组塞擦音（z[ts]、c [ts^h]、zh[tʂ]、ch[tʂ^h]、j [tɕ]、q[tɕ^h]）和擦音（s[s] 、sh [ʂ]、r[ʐ]、x[ɕ]），当俄语母语者接触到汉语后，就产生了用母语音位范畴对 L2 辅音进行分类的认知，其结果是汉语辅音范畴被纳入了俄语辅音范畴。

（1）本研究通过跨语言匹配实验对这一认知过程进行了探讨，发现俄语母语者对汉语辅音范畴的知觉同化主要依据的是辅音发音部位特征及发音方法（塞擦 – 摩擦），但是对送气 / 不送气敏感度低，出错率较高。发音部位相近，发音方法都是塞擦音的汉语辅音，被归入同为塞擦音的发音部位相近的俄语辅音范畴中，例如：z/c、j/q 被纳入俄语塞擦音 цэ[ts]、ч[tɕ] 范畴。还可以发现上述例子中两组辅音是送气与不送气对立，但都被归入同一俄语语音范畴，表明了俄语母语者对送气 / 不送气敏感度低。

（2）俄语母语者对汉语辅音范畴的知觉同化还依据了辅音知觉中“长音”这一特征，使俄语母语者将部分汉语送气塞擦音 ch 纳入了俄语擦音 з[z] 范畴，将部分汉语送气塞擦音 q 纳入了俄语擦音 щ[ɕː] 范畴。

（3）俄语母语者对汉语辅音范畴的知觉同化受到目的语国 L2 学习时长、汉语水平影响较小，两个组都呈现了上述范畴归类趋势。成人二语者在接触到 L2 语时，由于母语语音范畴已发展完善，从而会对 L2 语音范畴产生了强大的吸附作用，阻碍 L2 音建立独立的范畴。

（二）对俄语母语者汉语语音教学的启示

（1）充分引导学生知觉到汉俄塞擦音 / 擦音在发音部位、发音方法的差异，尤其是送气 / 不送气的差异，促使二语者形成相对正确的汉俄辅音知觉关系。

（2）针对俄语母语者在知觉区分上的困难，如汉语送气塞擦音与擦音、舌尖齿龈—舌尖硬腭发音部位相混淆，送气音与不送气音难以分化等加强这方面的练习。

参考文献：

[1] Flege，J. E. 1987. The production of "new" and "similar" phones in a foreign language: Evidence for the effect of equivalence classification. Journal of Phonetics:47.

[2]Flege，J. E. 1995. Second language speech learning: theory，findings，and problems. In W. Strange（Ed.），Speech perception and linguistic experience: issues in cross-language research.Timonium，MD:York Press:233-235.

[3] 吕士楠，张家騄，齐士钤 . 汉语辅音知觉混淆研究中的多维标度方法 [J]. 声学学报（中文版），1981（6）.

[4] 冉启斌 . 从音长论普通话舌尖后塞擦音声母的性质 [J]. 汉语学报，2007（3）.

An Experimental Study of Chinese Affricate/ Fricative Perception by Russian Learners

Jia Zhenni

(*College of International Education, Zhejiang Nomal University*)

Abstract: This study examined the perception of Chinese affricate/fricative (z/c/s、zh/ch/sh/r、j/q/x) by Russian learners. The perceptual assimilation of Chinese affricate/fricative by Russian learners is based on the manner of articulation (aspiration or frication) . The perceptual assimilation of Chinese affricate/fricative by Russian learners is affected by the phonetic context (vowel) . Russian learners' perception of affricate is better than prepalatal alveolar affricate.

Key words: Russian learner; perception; Chinese affricate; fricative

汉语称名关系小句
“（被S）称（之）为N_1的N_2”

曹秀玲，王　敏

（上海师范大学对外汉语学院）

摘　要：“（被S）称（之）为N_1的N_2”关系小句通过“称为N_1”对核心名词N_2进行二次称谓，本文称之为“称名关系小句”。它由“N_2（被）称为N_1”降级为内嵌型关系小句，其中N_1多为由专有名词表征的引述语。N_1和N_2的语义所指关系主要包括相同、属种和相似三类，且N_1和N_2的位置不能互换。称名关系小句的存在是语言自反性和元话语功能的体现，它通过明确指称、精准传信实现人际互动功能；通过小句降级和背景化实现句际整合和语篇连贯。由于上述特点和作用，称名关系小句与应用文体、议论文体具有较高的适切度。

关键词：关系小句；称名；称为N_1的N_2；元话语

一、引言

任何事物或现象，无论是物质世界还是精神世界，一旦为人类所认知，都需要用一个名称对其进行称谓，反映到语言世界，便产生了各类名词。有些事物，尽管人们已经对其加以命名，但是从信息传递和接收的角度，有时还需要二次称谓以达到交际的明示。本文所讨论的“（被S）称（之）为N_1

作者简介：曹秀玲（1970—），女，吉林农安人，上海师范大学对外汉语学院教授，博士生导师；
王敏（1981—），女，内蒙古巴彦淖尔人，上海师范大学对外汉语学院博士研究生。

的 N_2” 关系小句①中，“称为 N_1” 便是对核心名词 N_2 的二次称谓，因此称之为“称名关系小句”。

关于“称名”，文化语言学和词汇学等领域关注较多，语法角度的研究相对较少，相关研究可以归纳为两个方面：一是标题语言研究，如尹世超（1995）[1]、刘云（2003a）[2]等认为标题具有不同于一般指称的称名性；二是语言规范研究，如徐颂列（2011）[3]认为“称为”和“称之为”在语言生活中存在大量混用现象，应严格加以规范。上述对于“称名”现象所进行的研究对本文具有重要的启示作用。本文拟在前人时贤研究基础上，考察称名关系小句的变体、构成、功能和形式特点，以及 N_1 和 N_2 间的语义关联，探讨称名关系小句的元话语功能。

二、称名关系小句的形式与功能

称名关系小句在现代汉语中的完全形式为“被 S 称之为 N_1 的 N_2”，由“称（之）为”系联前后两个名词性成分 N_1 和 N_2，论元压缩后形成简缩形式“称为 N_1 的 N_2”。本节在小句变体形式考察基础上讨论称名关系小句的构成、句法功能和独特的形式表现。

（一）称名关系小句的变体形式

称名关系小句具有多种变体形式，其中常量有 4 个，分别为动词“称为”、二次称谓 N_1、称名对象 N_2，以及关系小句标记词“的”。被动标记“被”、称名主体“S”、复指代词“之”根据表达需要或隐或现。在实际语言中，上述成分构成由繁到简多种变体形式：省略一个论元成分（称名主体或复指成分“之”）的“被称之为 N_1 的 N_2”和“被 S 称为 N_1 的 N_2”；省略两个论元成分（称名主体和复指成分“之”）的“被称为 N_1 的 N_2”；进一步省略被动标记的“称（之）为 N_1 的 N_2”。众多变体形式中，最为常见的是“称为 N_1 的 N_2”和“被称为 N_1 的 N_2”。下面看具体用例②：

（1）邪教法轮功同时为信奉者提供了一个虚幻的理想世界，即法轮功教义所描绘的外层空间，也就是被痴迷者称之为天国的地方。（科技文献）③

（2）被马克思称为“百科全书”的恩格斯，高中没有毕业就被迫经商，

他通过刻苦自学，成为出色的哲学家、经济学家、军事家、自然科学家、语言学家和文学家。(《知识分子问题研究》)

（3）实际上，我国在可以称之为印刷品的出版物产生之前，从春秋时期开始已经对这些具备印刷品出版物功能的文字载体加以利用和控制了。（科技文献）

（4）90年代，通过基因工程，用一种称为黑曲霉的微生物发酵淀粉来大量生产柠檬酸。(《中国儿童百科全书》)

上面例（1）为称名关系小句的完全形式,例（2）交代称名主体“马克思”但省略复指成分“之”；例（3）省略称名主体而保留复指成分“之”；例（4）为最为常见的简单称名关系小句。

（二）称名关系小句的N_1和N_2

称名关系小句中的N_1和N_2，以体词性成分为主，或是光杆名词，或是名词性短语。其中核心名词N_2可以是普通名词和专有名词，还可以是同位短语和定中短语；N_1多为专有名词，特别是专业术语和行业用语。例如：

（5）人从幼年开始，肾的精气逐渐充盛，就有“齿更发长”等变化；发育到青春时期，肾的精气充盛，产生了一种称为“天癸”的物质，于是男子就能产生精子，女子就开始按期来月经，性机能逐渐成熟，而有生殖的能力。(《中医学概论》)

（6）“当我的声音因死亡而沉寂时，我的歌仍将在你活泼泼的心中唱着。”这是被不少国家称为“诗圣”的印度诗人泰戈尔的一句名言。(《中国儿童百科全书》)

上面例（5）中N_1为专有名词，N_2为普通名词；例（6）N_1为专有名词，N_2为同位短语。

称名关系小句区别于一般关系小句的一个重要表现是：有时N_1和N_2置于引号之内[④]，即N_1和N_2的书面表征为引述形式。相关用例统计显示，53.4%的用例中N_1和N_2加有引号。相对而言，N_1加引号更为常见，且引号内多数是专有名词，表示强调和引用；N_2是对专有名词的一般称法或属性交代。N_2如果是专有名词，有意强调时也可以用引号形式加以标注，但N_2置于引号之内的用例明显少于N_1，二者比约为1∶9[⑤]。例如：

（7）应该指出的是，被《谷梁传》称为“缓辞”的“之”，不仅是语助，

也包括代词，如《僖公二十八年》“归之于京师”，传云：“缓辞也。”（语言学论文）

（8）画面色彩明快，笔触流畅奔放，具有被人称为“往画布上扔颜色”的豪放画风，达到了形式与内容一致的高度完美。(《中国儿童百科全书》)

（9）《论语》记载，孔子周游列国时遇到一些他称为“隐者”的“避世”的人。(《中国哲学简史》)

上面例(7)中“缓辞”为专业术语，和“之”一样，是需要特别标引的成分；例(8)中“往画布上扔颜色”加引号凸显对这种豪放画风评论的引述；例(9)中“隐者”则是引用孔子对“避世的人”的称谓。

（三）称名关系小句的句法功能

称名关系小句是由“N_2被S称之为N_1”经小句降级而形成的内嵌型关系小句，作为名词短语，句法上不自足，在句子中主要充当主语和宾语。例如：

（10）被称为旋体病毒的细菌，是导致幼儿严重腹泻的主因，研究结果显示，鲜奶能够杀灭这类病菌。(《养生与健美方法100例》)

（11）很早以前的科学家即发现，眼泪中含有一种称为溶解素的酵素，它具有杀菌作用◎[⑥]（《养生与健美方法100例》)

上面例（10）和例（11）中的称名关系小句分别作主语和宾语。此外，称名关系小句有时还充当介词宾语和定语等句法成分。例如：

（12）《载体、信息的载体、信息载体等文字描述的深思》一文中说道：“信息必须由一个称为载体的事物来携带、盛载，这是一个再简单不过的现代常识。”（科技文献）

（13）然而，诚如韦勒克所言，莱奥帕尔迪“他没有看到（也不大可能看到）他本人那种炽盛的希腊精神正是许多在别处被称为浪漫主义的东西的核心内容”。(科技文献)

上面例（12）中，称名关系小句受“一种”修饰后作介词宾语，而例（13）称名关系小句作“核心内容”的定语。

（四）N_1和N_2的内在关联和次序

N_1和N_2语法性质相似，语义上也具有很强的关联度：N_1和N_2本为“称N_2为N_1”兼语结构的组成部分，N_2为指称对象，N_1为称谓语，是对N_2所表事物的二次称谓。下面考察二者之间的关联和位序问题。

1. N_1 和 N_2 的成员数量关系

从称名与被称成员的数量关系看，称名关系小句中，N_1 和 N_2 的对应情况理论上存在一对一、一对多、多对多和多对一这四种可能，但实际语言中以前两种最为常见。例如：

（14）在短短的十多年时间内，被称为“西亚病夫”的土耳其走上了民族复兴的道路，逐渐发展成为一个现代化国家。(《中国儿童百科全书》)

（15）就是这一节进口管子，被人称为“软管大王”的翟炜、黄新奎、陆继荣、刘孟哲等老工人便废寝忘食、夜以继日地进行试制。(《文汇报》1987 年 7 月 21 日）

（16）参加会议的代表有近 30 个国家的 1000 多人，但是整个会议操纵在被称为“三巨头”的英国首相劳合·乔治、法国总理克里孟梭和美国总统威尔逊手中。(《中国儿童百科全书》)

（17）就周口店发现的，被称为“北京人”或“支那人”的化石来说吧，从遗留的化石推究起来，他的额骨向前突出，行走时，头向前俯，面貌和姿态就和今人很不同。(《遗传和变遗》)

上面例（14）中 N_1 和 N_2 所指个体均为一个，是典型的一对一关系；例（15）中 N_1 为统称，N_2 举例说明符合该称谓的个体，为一对多关系；例（16）N_1 含有数量成分，直接表明 N_2 的个体数量；例（17）N_1 包含两种称名，N_2 为统称。

2. N_1 和 N_2 的语义所指关系

N_1 和 N_2 之间的语义所指关系主要包括相同、属种和相似三类。

所谓“相同”，是指 N_1 和 N_2 的外延是等同的。例如：

（18）被称为中国“两弹元勋”的邓稼先，当年为了试制祖国的核武器，毅然告别妻儿，来到位于大戈壁的军事禁区，隐姓埋名达 28 年。(《中国儿童百科全书》)

（19）◎实际上唐末以来所流行的禅宗是由唐中期的被称为六祖的慧（或作“惠”）能（638—713 年）创立的。(《中国古代文化史（三）》)

上面例（18）、例（19）中的 N_1 和 N_2 分别为别称和专名，二者外延相同，但内涵不同：例（18）中“两弹元勋”是别称，“邓稼先”是专名；例（19）中“六祖”是别称，“慧（惠）能”是专名。

所谓“属种”，是指 N_1 的外延小于 N_2，N_1 和 N_2 是上下位关系：N_2 是上位概念，往往是类指的，N_1 是下位概念，往往是专指的。因此，N_1 是 N_2 的一个组成部分或一个类别。例如：

（20）中国古代用的是木、竹或骨子制成的小棍，就是称为算筹的东西。（《中国儿童百科全书》）

（21）为了有助于评估和控制营销活动，有些企业还专门设置一个称为“营销控制员”的岗位。（《哈佛管理培训系列全集》）

上面例（20）、例（21）中核心名词 N_2 为类指名词“东西”和“岗位”，N_1 通过下位概念“算筹”“营销控制员”对上位概念加以限制，从而明确所指。

所谓“相似”，是指经过隐喻表达，N_1 和 N_2 建立语义联系。例如：

（22）被称为“母亲”的伏尔加河，几乎接纳了苏联一半的工业废水，水面布满浮油。（《中国儿童百科全书》）

（23）她就是凤凰卫视北京记者站首席记者，被人们称为“战地玫瑰”的闾丘露薇。（《修炼魅力女人》）

例（22）将“伏尔加河”隐喻为“母亲”，例（23）将“闾丘露薇”隐喻为“战地玫瑰”，二者形成隐喻表达，具有语义相似性。

朱德熙（1999）[4] 指出，“根据定语和中心词之间的意义上的关系，可以把定语分为限制性定语和描写性定语两大类”。称名关系小句⑦的中心语 N2 和定语 N1 之间的语义关系也可以分为限制性和描写性的，二者比例为 6：4。⑧当称名关系小句的核心名词 N_2 是表示类指的“人”“问题”“东西”“地方”“物质”等名词时，因其语义的抽象属性，不能帮助听读者确定其主体，无法达到明确指称的目的。为有效交际和充分表达，交际主体——言者，通过添加一定的修饰语，缩小外延，使指称对象确定化，以此提高指称对象的可别度。例如：

（24）西德营养心理学家帕德尔教授发现，食香蕉可调节人的情绪。这是因为香蕉中含有一种称为5-羟色胺的物质，这种物质在神经的信息传递中起着重要的作用。（《养生与健美方法100例》）

（25）道家复兴和佛教传入之后，人们变得对于形而上学问题，以及我所说的超道德价值，或当时称为性命之学的问题，比较有兴趣。（《中国哲学简史》）

上面例（24）和例（25）中 N_2 分别受到“称为5-羟色胺的”和“称为

性命之学的”限定，使核心名词“物质”和“问题”的语义所指明确而具体。

当称名关系小句的核心名词为专有名词时，其外延虽然具体且唯一，但是专有名词语义内涵丰富，而言者意欲表述的只是众多内涵中的一个方面，此时称名关系小句凸显专有名词某一方面的内涵特点。例如：

（26）一向称为中原霸主的晋国，到了那个时候，国君的权力也衰落了，实权由六家大夫把持。他们各有各的地盘和武装，互相攻打。（《中华上下五千年》）

（27）据上海《青年报》报道：曾被人们称为“神童”的宁铂当了中国科技大学的助教。（《天津日报》1984-05-18）

上面例（26）和例（27）中“晋国”和“宁铂”是内涵丰富的专有名词，通过称名关系小句凸显前者由“中原霸主”到“国君权利的衰落”的沧桑巨变和宁铂由“神童”到中国最年轻助教的传奇故事。

3. N_1 和 N_2 的排序

如前所述，N_1 和 N_2 之间存在密切的语义关联，即便是完全同指的，如例（14）、例（18）、例（19），二者也不可以互换位置。在称名关系小句中，N_2 作为中心成分，当其表达类指的是抽象概念（如东西、方法等）时，“称为 N_1”通过信息追加限定其语义所指；当其为专有名词（如“邓稼先”“伏尔加河”等）时，通过称名 N_1 凸显某一语义内涵。例如：

（28）有的地区在节日第一天的正午，举行隆重的荡秋千仪式；由称为“莫叭”的主持人端一碗三个白团子，三个用黑芝麻裹着的黑团子，先念一番辞旧的话，把黑团子抛在后面地上；接着念一番迎新的话，把白团子抛在前面的地上。（《中国奇风异俗》）

（29）澜沧江一线有称为“孔雀之乡”的橄榄坝、小白塔、仙人洞、大宗河瀑布、虎跳石等景点以及多种野生植物群落。（《中国儿童百科全书》）

上面例（28）中当地人称为“莫叭”的就是大众熟知的“主持人”；例（29）中通过举例的方式使听读者了解“孔雀之乡”的外延。

正是由于称名关系小句所体现的精确指称和内涵凸显的语用特点，称名关系小句经常出现在应用文体和议论文体之中。这些语体的共性特点是准确地反映客观事物、现象及其内在规律。与一般文体相比，专业性更强。因此，为了达到良好的信息传递效果，言者利用语言自反性特点，积极进行自我监控，主动调整与听读者之间的心理距离，积极与听者展开“协商”，称名关系小句“称为 N_1 的 N_2”可在双方共享知识较少的情况下阐明并告知信息。因此，与上述文体具有较高的适切度。

四、称名关系小句的元话语功能

在言谈交际过程中，言者为准确表达以使听读者充分理解，除使用“那些具有指称和命题信息的基本话语”外，还会“选择恰当的语言成分有效地组织话语”，“与听者 / 读者进行人际交流和协商”，这种“关于基本话语的话语”就是元话语（李秀明 2011[5]，曹秀玲 2015[6]）。称名关系小句利用语言的自反性特点，通过元话语手段实现话语的调控和组织，从而实现言谈双方的人际互动和语篇整合建构的目的。

（一）引述信息，精准传信

“称为 N_1”是通过引述某人对某人或某事物的称谓而传递信息。张伯江（1997）[7] 提出，汉语中的传信表达主要有三种：对信息来源的交代、对事实真实性的态度、对事件的确信程度。乐耀（2013）[8] 则根据“说”类引导语的不同形式将信息指称的明确度分为高、中和低三类。称名关系小句“称为 N_1 的 N_2”根据信源的指称形式分为以下三种。

指称度高用具体的人名等语言形式交代具体、详细的信息来源。例如：

（30）被村民王来治称为“大个子”的民警张复春，在王来治的追问下，他曾懊恼地承认◎（《中国农民调查》）

（31）至于那八个被江青称为“样板戏”的作品，其优劣得失各有不同，其中被程度不同地掺入了“四人帮”的文风◎（《进一步革新和发展戏曲艺术》）

指称度中等一般是用不定指的形式来陈述现象相对概括的来源。例如：

（32）这个分厂里，被工人们称为“三山五岳”的废料堆不见了；在车间打扑克、闲聊的没有了◎（《经济日报》1987 年 5 月 12 日）

（33）他们是被顽固势力称为“北方佬”的危险人物，那是一些曾长期生活在北方邻国——美国的人，曾在那边打工，挣下一些钱回家来花◎（《当代世界文学名著鉴赏词典》）

指称度低主要采用“人 / 人们”等相对模糊或信息来源缺省的形式表现。

这类称名关系小句占比是最高的。例如：

（34）临近的土家族人民在该县知县的倡导下，开山修渠，引水灌溉，把被人们称为茅草滩的荒地改造成了良田。(《土家族简史》)

（35）凭着这种求是精神，竺可桢把浙大从一所“流亡大学”建设成为被人称为“东方剑桥”的著名高等学府。(《中国儿童百科全书》)

（36）画面描写了人民群众前赴后继英勇战斗的情景，中心位置突出地画着一位被称为“自由女神”的妇女，她一手握着枪，一手挥舞着象征共和与自由、平等、博爱的三色旗。(《中国儿童百科全书》)

上面各例之所以将信息源做模糊处理，选择指称度低的信息来源形式，是因为信息源并非说话人有意凸显的内容，言者真正想要凸显的是信息内容，即 N_1。

Hyland（2000）[9] 指出，“任何学术论文，甚至最具有原创性的文章也是建立在其他人的思想、概念之上，并在此基础上进行的新发现或理论创见”。学术语篇中引用的重要性在于能够“提供一个用来说服别人的合适语境”。“称为 N_1”是某人、某领域、社会大众对某人或某事物评价的真实引述，强调言而有据和一定的权威性或公信力，通过提升表达的严谨性和可信度，增强文章的说服力。例如：

（37）被鲁迅先生称之为“史家之绝唱，无韵之离骚”的著名史学著作是《史记》。(《中国文学》)

（38）被称为第三次医药革命的“内病外治”法确较口服药、运用注射剂有了进步，但许多问题尚待解决，适应的病种还比较单调◎(《民谣谚语话养生》)

上面例（37）中引述鲁迅先生的评价说明《史记》的历史地位；例（38）通过“第三次医药革命”的高度评价说明“‘内病外治’法确较口服药、运用注射剂有了进步”。

（二）引入话题，构建篇章

称名关系小句“称为 N_1 的 N_2”经常受“一量”短语限定。许余龙（2005）[10]、王红旗（2018）[11] 等学者的研究表明，汉语中用数量结构，特别是“一量名”结构引入新实体进入篇章，其作为话题在随后的话语中回指的频率较高。例如：

（39）含羞草叶柄的基部有一个称为叶褥的薄壁细胞，里面充满水分。

你用手一触，叶子振动了，叶褥下部细胞里的水分立即向上部和两侧流去，于是叶褥下部就像泄了气的皮球瘪下去，上部则像打足了气的皮球鼓起来，叶柄也就下垂合拢了。(《中国儿童百科全书》)

（40）碧玺又名披耶西、碧霞、碧洗、碧，是一种称为电气石的矿物。电气石是一种复杂的含硼硅酸盐，晶体呈柱状，柱面具纵纹，柱体横切面呈凸出的三角形◎电气石不仅像压电水晶那样受压后会产生电流，而且当受热时也会带电，所以人们称它“电气石”。(《中国儿童百科全书》)

上面例（39）中“叶褥”和例（40）中的“电气石”在称名关系小句中作为新信息首次出现,后文将“叶褥”和“电气石”设为话题进而展开追踪描述。“叶褥”和“电气石”从新信息过渡到旧信息，从降级成分转变为主句话题，延续数个小句。

较早前已有学者注意到，定语成分，特别是主语的定语成分，具有较强的话题延续性（陈平1987[12]、方梅2005[13]）。称名关系小句中，N_1作为定语的一部分，具有引入并延续话题的作用，但与一般的定语有所不同：以往讨论的定语主要是领属定语，而领属定语修饰主语居多，但称名定语修饰主语和宾语都很常见。因此，后续小句回指关系小句中的N_1属于一种特殊的语言现象，这种特殊表现在称名关系小句的特殊性：N_1和N_2都可以作为话题展开论述，但是二者却存在不同的表达效果。例如：

（41）平时，男子穿称为“卡因”的裙子，无领、宽袖长身的巴汝。节日中卡因下还要加一条长裤，头戴宋谷帽。女子平时着花卡因，节日时披一条薄如蝉翼的鲜艳头巾。(《中国儿童百科全书》)

（42）最近，美国农业部的研究机构已从西红柿里提炼出一种被称为“番茄素”的抗生素。这种抗生素可以抑制一些细菌的生长，对预防人的某些肿瘤和皮肤病十分有效。(《养生与健美方法100例》)

上面例（41）中后文连续用“卡因”回指N_1，使表达更加专业；例（42）中用“这种抗生素”回指N_2，使表达更加通俗。

（三）小句降级，整合语篇

对于称名，汉语中另有其他与“称为N_1的N_2”关系小句表意相似的表达形式，如兼语句“S称N_2/之为N_1”、被动句“N_2（被S）称为N_1”。

前者为兼语句，“称”和“为”在线性序列中被兼语成分N_2隔开。如果在处置式中，N_2做处置对象提前，后面用“之”复指N_2。例如：

（43）诸城的为民服务热线，从大处着眼、小事入手，及时化解矛盾，避免了一些小事酿成大祸，群众称热线为社会稳定的“安全阀”。（科技文献）

（44）由此看来，所谓企业，不论是公有的，还是私有的，或是公私合有的，都只能是由上述三类要素集结而形成的一个自主经营、自负盈亏的经济实体，我们把这种“实体”称之为企业。（科技文献）

后者称说对象提前，“称”和“为”在线性序列中并列出现，如称说主体不是强调的对象，通常采用泛称形式甚至直接省略。⑨例如：

（45）文化产业被人们称为“无烟工业”“朝阳产业”，一个重要原因即是它具有知识密集、技术含量大、能源损耗少、产品附加值高、生产工艺先进、效益明显等特点。（科技文献）

（46）由于这种产品95%以上的原料为炼铁的工业废渣，产品在混凝土使用中改善了各种性能，又可等量代替42.5R水泥，消解工业废渣，减少水泥生产的环境污染，被称为21世纪绿色建材产品◎（科技文献）

刘云（2003）[14]提出，“被称为”经常用来表达被动，自然而然地浸染了被动用法，虽然没有使用“被”这个标记，人们还是把它当作被动表述来理解。它所在的结构基本框架是“称名对象 + 称为 +N”，一般都可以在“称为”前面添加被动标记，将隐含的被动观念显现出来。例如：

（47）它能产生泪水，通过几根小导管流到眼球与眼皮间（被）称为“结膜囊”的地方。（《中国科学小品选》）

理论上，“N_2称之为N_1”结构没有被动形式，因为“称之为”中的“之”只能指代“称”的受事，而不可能是“称”的施事。事实上，“N_2被称之为N_1”形式仍然大量存在，徐颂列（2011）[3]认为这是“被称为”和“称之为”的杂糅形式。例如：

（48）在我国古代，人被称之为“万物之灵”，许多著名的思想家、哲学家、教育家就曾经明确提出“人为贵”的主张。（科技文献）

尽管称名表达形式多样，但称名关系小句具有不可替代的作用。它通过小句降级为内嵌小句，表达背景信息，实现句际整合和语篇衔接。例如：

（49）（Ⅰ）他们看到原来称为华夏族的百姓行汉朝的礼仪，（Ⅱ）穿戴汉朝的衣帽，（Ⅲ）便称这些百姓为汉人，（Ⅳ）称这些百姓通行的语言为汉语。（《中国儿童百科全书》）

（50）古希腊哲学家柏拉图在他著名的言论集中曾写道，远在古代，直布罗陀海峡以西有个被人称为“亚特兰梯斯”的岛屿，统治这个岛屿的国王叫大西，因此这个岛屿又叫“大西国”，“大西洋”也是后人以这个国王的名字命名的。(《中国儿童百科全书》)

上面例（49）中，共有4个小句，其中3个小句为称名小句，（Ⅰ）中称名小句“称为华夏族”不是言者的交际重点，所以将其处理为降级关系小句，对“百姓”这一信息做简单介绍，（Ⅲ）和（Ⅳ）小句分别介绍“汉人”和“汉语”称谓的来源，这是言者表达的重点和给听读者传递的新信息，所以采用两个兼语句的形式进行表达，并且一句传递一个新信息，符合“单一新信息限制”（方梅，2005[13]）。同样，例（50）中关于某个岛屿有两个称谓，分别为“亚特兰梯斯”和“大西国”。其中“大西国”是语篇表达的主线，因此作为同指的“亚特兰梯斯”就成为次要信息而被降级处理为称名关系小句。如果将降级小句变换为主句，将主句变换为降级小句，则将呈现不同的表达效果。例如：

（49a）他们看到原来称为华夏族的百姓行汉朝的礼仪，这些称为汉人的百姓穿戴汉朝的衣帽，称这些百姓通行的语言为汉语。（自拟）

（49b）他们看到百姓行汉朝的礼仪，那些百姓原来他们称为华夏族，他们穿戴汉朝的衣帽，便称这些百姓为汉人，称这些百姓通行的语言为汉语。（自拟）

上面例（49a）中将兼语形式“称这些百姓为汉人”降级为关系小句“称为汉人的百姓”，“汉人”称谓的来源不再作为凸显信息传递给听者；例（49b）将“称为华夏族的百姓”升格为主谓句“那些百姓原来他们称为华夏族”。上述改写尽管句法没问题，但从语篇表达上看，行文过于拖沓雷同，语篇衔接不自然。由此可见，“通过小句降级实现语篇衔接是‘有意经营’的结果”（曹秀玲，2018[15]）。

五、结语

称名关系小句“（被S）称（之）为N_1的N_2”通过引述元话语形式实现积极的人际互动，通过小句降级和背景化实现语篇整合。现代汉语中，称名关系小句中N_1和N_2以体词性为主，其中N_1以专有名词为主，N_2可以是类名也可以是专名，N_1 和 N_2 有时通过引号形式加以标识；N_1 和 N_2 的语义所指主要有相同、属种和相似三类；N_1 和 N_2 在关系小句中即便所指相同，位置也不可互换。究其原因，N_1 和 N_2 话语属性不同，N_2 是充任中心语的名词，N_1 是引述性元话语成分。称名关系小句是汉语语篇衔接的句法机制之一——小句降级的一种独特表现形式⑩，属于内嵌型关系小句，但又区别于一般的内嵌小句，其中 N_1 和 N_2 有时书面上直接加有引号，即便不加标识，N_1 也是元话语成分，是对 N_2 的二次称名。

称名小句是对所述前景事件的核心名词——N_2 的补充和说明，是篇章主线之外的附加信息，称名小句的核心功能是提供背景性信息，这是信息背景化的表现，也是信息背景化的结果。“功能上的次要性要求句法等级上以次要形式来体现”（陈满华，2010[16]），因此，称名小句在句法上降级为内嵌型关系小句。通过句法手段体现语法的层级，是人类语言的普遍规律。汉语的特点是使用零形主语小句和关系小句的形式对语法范畴较低的单位进行包装，其中，关系小句的句法等级低于零形主语小句。

注释：

①关系小句（Relative Clause），即作定语的主谓短语及部分动词短语，就是从句所修饰的核心名词在从句中也有一个句法位置，包括主语、宾语等，可能是空位，也可能有代词复指。

②由于汉语称名关系小句形式多样，文中举例时如无必要，不严格区分和说明不同的变体形式。

③本文语料取自北京大学中国语言学研究中心现代汉语语料库检索系统网络版（CCL）、北京语言大学语料库（BCC）和语料库在线现代汉语语料库，所有例句均标明出处。

④《标点符号用法》（GBT15834-2011）规定引号共有 6 种用法。其中前 3 种规定引号的使用范围，分别为：第一，标示语段中直接引用的内容；第二，标示需要着重论述或强调的内容；第三，标示语段中具有特殊含义而需要特别指出的成分，如别称、简称、反语等。

⑤在本文检索到的“称为 N_1 的 N_2”174 条有效语料中，N_1 加引号的有 84 例，N_2 加引号的仅有 9 例。

⑥为节省篇幅，文中用“◎”表示引文省略的部分，以区别于原文省略。

⑦关系小句属于一种特殊的定语小句。

⑧在本文检索到的“称为 N_1 的 N_2”174 条有效语料中，限制性关系小句用例为 113 条，描写性关系小句用例为 61 条。

⑨刘云《“被”字结构宾语隐现的制约因素》(2003) 对《人民日报》1995 年到 2002 年共 8 年的语料统计，“被 V 为”结构中省略名词性成分是相当常见的，省略比例高达 64.29%。

⑩另一种关于小句降级为依存小句形成的语篇衔接机制的讨论见曹秀玲(2018)。

参考文献：

[1] 尹世超 . 报道性标题与称名性标题 [J]. 语言教学与研究，1995（2）：53–67.

[2] 刘云 . 篇名的称名性说略 [J]. 云南师范大学学报，2003（3）:73–76.

[3] 徐颂列 . “称为”和“称之为”[J]. 汉语学习，2011（3）：F0003.

[4] 朱德熙 . 朱德熙文集（第一卷）[M]. 北京：商务印书馆，1999：372.

[5] 李秀明 . 汉语元话语标记研究 [M]. 北京：中国社会科学出版社，2011:1.

[6] 曹秀玲 . 从基本话语到元话语——以汉语让转义“X 然”类词语为例 [J]. 语文研究，2015（6）:523–535.

[7] 张伯江 . 认识观的语法表现 [J]. 国外语言学，1997（2）：15–19.

[8] 乐耀 . 汉语引语的传信功能及相关问题 [J]. 语言教学与研究，2013（2）：104–112.

[9]Hyland，Ken. Disciplinary Discourses: Social Interactionsin Academic Writing. Harlow: Pearson Education Limited，2000：115.

[10] 许余龙 . 从回指确认的角度看汉语叙述体篇章中的主题标示 [J]. 当代语言学，2005（2）:122–131.

[11] 王红旗 . 话语实体的引入 – 追踪模式 [J]. 当代语言学，2018（2）:243–265.

[12] 方梅 . 篇章语法与汉语篇章语法研究 [J]. 中国社会科学，2005（6）:165–172.

[13] 刘云 . “被”字结构宾语隐现的制约因素 [D]. 武汉：华中师范大学语言与语言教育研究中心，2003.

[14] 曹秀玲 . 汉语小句降级与语篇整合效应——以“作为 NP（S）VP”为例 [J]. 语文研究，2018（4）:1–6.

[15] 陈满华 . 由背景化触发的非反指零形主语小句 [J]. 中国语文，2010（5）:413–425.

An Analysis of Chinese Relational Clause "（by S） be Named as N_1 de N_2"

Cao Xiuling，Wang Min

(*International College of Chinese Studies*, *Shanghai Normal University Shanghai*)

Abstract: The relational clause "(by S) be called as N_1 de N_2" re-call the core noun N_2 by "named as N_1". This paper names the relational clause as "named relational clause". It is downgraded to an embedded relation clause from "N_2 (by) is called as N_1", in which N_1 is more often a recital represented by a proper noun. The semantic referential relations of N_1 and N_2 mainly include the same, genus and species as well as similarity. Furthermore, the positions of N_1 and N_2 are not interchangeable. The existence of calling relational clauses reflects the reflexivity of language and the functions of meta-discourse. It not only realizes the functions of interpersonal interaction through clear reference and accurate communication, but also realizes the sentence-integration and discourse coherence through clause degradation and contextualization. Due to the above characteristics and functions, calling relational clauses are highly appropriate to the applied style and the argumentative style.

Key words: relational clause; be called as N_1 de N_2; meta-discourse

华网 2018-08-15）

4.“X”为身体部位类名词及身体特征类名词

身体部位类名词及身体特征类名词充当“X”是新兴“X 精”在组配选择过程中最为特殊的一类，主要体现为“X”从身外之物转为人体部位和特征。例如：

（7）强烈建议这位“手精”过来让我牵一下，白皙细长，骨节分明，真的太好看了吧。（新浪微博 2018-06-07）

（8）黑眼圈精、胡子精、痘痘精来了。（新浪微博 2019-04-22）

（二）新兴“X 精”的指称对象

从指称对象上看，新兴的“X 精”出现了指称动物、植物的语言现象。并且，指称人的“X 精”不再局限于原先少数的几个，如“狐狸精”“人精”“马屁精”，而是扩大为表示属性明显的人，如“口红精”“鸽子精”“杠精”“柠檬精”等，以及表示某个身体部位突出或具有某种身体特征的人，如“腰精”“腿精”“褶子精”“黑眼圈精”等。

1. 指称反常态的动物

这类新兴的“X 精”从结构形式上看与动物成精类的“X 精”别无二致，但语义上却截然不同，这类新兴的“X 精”表示的是某个动物做出了反常态的动作，出人意料，语义上仍指动植物本身，并且往往依托于一定的语境。例如：

（9）猫咪撑着脑袋躺在笼子里，网友走近一看，立马大喊：来人，有猫精。（搜狐网 2019-03-14）

（10）小泰迪玩滑板车，还会自己用脚蹬，网友：这不是狗，是狗精。（新浪网 2019-03-21）

可见，上述两例中的“猫精”“狗精”已摆脱妖精的语义，单指做出不同寻常的动作的动物本身。例（9）中的猫不似寻常的猫躺着或趴着，而是像人一样撑着脑袋躺着；例（10）中狗会玩滑板车，还会自己用脚蹬。这两种状态下的猫和狗都有悖于人们认知中猫和狗的行为，这种临界于寻常动物和动物成精状态之间的反常态的动物就是新兴的“X 精”的第一类指称对象。

2. 指称与众不同的植物

这类新兴的“X 精”与植物成精类“X 精”结构相似，但语义上仍指植物本身。通常用于形容长势惊人或形状与众不同的植物。例如：

（11）删微博的时候看到了以前的芦荟精，现在已经子子孙孙无穷尽了。（新浪微博 2019-02-11）

（12）你是土豆堆里的生姜精吗？还是仙人掌精？（新浪微博 2019-05-03）

指称植物的新兴“X 精”又可分为两类：一是指“X”本身，如例（11）中的“芦荟精”指的是长得很快的芦荟；二是以“X”的形状来喻指另一植物，如例（12）中的“生姜精”和“仙人掌精”并不是指生姜、仙人掌，而是指长势像生姜、仙人掌一样，向四方散开的土豆。

3. 指称某种属性明显以及身体部位、身体特征突出的人

指称人的新兴“X 精”有两种情况，一是表示某种属性明显的人。这类新兴的“X 精”与指称动植物的新兴“X 精”相比，结构形式上更为丰富，“X”不仅包含了某些属性明显的动物，还涵盖了各类事物。从语义表达上看，“X 精”主要通过突出“X”的属性来指代整体。例如：

（13）好久没出现希望大家不要忘了我，因为我们蜗牛精打一段话要很久。（新浪微博 2019-04-19）

（14）当代网络哲学家们通过长期观察和实践重新提出了“人类四大本质”：复读机、鸽子精、真香怪、柠檬精。（梅花网 2019-04-15）

（15）是香水精本人没错啦。（新浪微博 2019-05-21）

上述例中，“蜗牛精”既不表示蜗牛成精，也不表示反常态的蜗牛，而表示与蜗牛属性相似、行动缓慢的人；“鸽子精”表示的是不履行承诺、爽约的人；“柠檬精”指的是羡慕嫉妒状态下的人；“香水精”指的是喜欢购买、收集香水或喜欢喷香水的人。除此以外，这类新兴的“X 精”还可以表示喜欢吃某物的人，如“芦荟精”“蛋白精”“醋精”“碳水精”等；表示喜欢或擅长做某事的人，如“舞精”“歌精”“戏精”“杠精”等。

另一种指称人的新兴“X 精”表示的是某个身体部位突出或具有某种身体特征的人。这类新兴的“X 精”结构形式比较特殊，“X”为某个身体部位或某个身体特征。例如：

（16）南韩腰精与腿精两大山脉的会晤。（新浪微博 2018-05-28）

（17）褶子精男星，越褶越帅得有味道。（百度网 2017-10-06）

这类“X 精”的构成更为严格，“X”必须为人体的一部分。其中一部分的“X”

是人们在不出意外的前提下与生俱来的，如腿、腰、脸、手、睫毛、眉毛等，还有一部分“X”是后天生成的，如褶子、痘、胡子、黑眼圈等。由于前者是人们在普遍拥有的，所以构造出的“X 精”的适用条件更为严苛，往往适用于某类人的某个身体部位有显著特征，一般指优于常人的特征，通常是褒义词；而后者是通过后天生成的，缩小了使用范围。由于“X”已经表示了某种特征，所以构成的“X 精”不再强调“X”是优于或异于常人的，既可表褒义，又可用于自嘲。

三、新兴“X 精”的语义特点及其认知阐释

新兴“X 精”的兴起和普及，与其鲜明的语义特点以及人们的认知机制密不可分。

（一）新兴“X 精”的语义特点

新兴“X 精”的语义重点在“精”上。我们认为新兴“X 精”中的“精”并不是“精华”或“妖精”的含义，而是具有多重复杂的意义，从而形成新兴“X 精”丰富、厚重的意蕴。“精”在《说文解字》中解释为：“精，择也。从米，青声。”[2] 段玉裁注：“精，择米也……司马云：‘簡米曰精。’簡即柬，俗作揀者是也。引申為凡冣好之偁。”[3]“精”的本义是经过筛选的上等稻米，后引申为“精华”和“精灵、妖精”。之后，少数的“X 精”开始形容具有某种特征的人，如“狐狸精”“调皮精”，这也为新兴“X 精”的涌现提供了一定的语义基础。总之，“精”指的是一种具有优异或奇异、属性明显或极致等多重意蕴的人或物，这些多重、复杂的意蕴相互交织，构成了“X 精”中“精”的意蕴。

尽管新兴的“X 精”中的语义重点在“精”上，但新兴“X 精”的整体词义取决于“X”。“X”又可分为身外之物和人体部位及特征。具体来看，新兴的“X 精”与“X”的关系大致有以下四种情况：一是“X 精”是“X”本身，如例（9）到例（11）中的“猫精”“狗精”“芦荟精”；二是“X 精”像“X”，如例（12）到例（13）中的“生姜精”“仙人掌精”“蜗牛精”；三是“X 精”的属性与“X”相关，如例（14）到例（15）中的“鸽子精”“柠檬精”“香

水精";四是"X"是"X 精"的一部分,如例(16)到例(17)中的"腰精""腿精""褶子精"。也正是新兴的"X 精"与"X"的关系复杂,才使得"X 精"也具有语义上的多重性,既可指"反常态的动物",又可指"与众不同的植物",还可以指"某种属性明显以及身体特征突出的人"。

从是"精"的"狐精""狐狸精",到像"精"的"狐狸精",再到像"X"的"X 精",如例(12)到例(13)中的"生姜精""仙人掌精""蜗牛精"。我们发现,新兴的"X 精"在语义指向上也发生了变化。妖精义的"狐狸精"是久远的说法,由"狐精"而来,当时的人们认为或相信有鬼怪的存在,"精"在他们的认知中是一个具象的存在,以至于他们把"狐狸精"指称为像"精"的一类人。而随着时代的发展、人们认知水平的提高,人们不再相信怪力乱神之后,"精"的具象性减弱。与此同时,生姜、仙人掌、蜗牛等作为人们生活中常见的一类事物,其具象性高于"精",促成了新兴的"X 精"发生了从像"精"到像"X"的转变。

与传统的"X 精"相比,新兴的"X 精"语义色彩也更为丰富。传统的"X 精"在表精华义时为中性词,表妖怪义时为贬义词,"A 精"结构往往表褒义,"V 精"结构往往表贬义。而新兴的"X 精"无论语义上是形容人还是动植物,都具有丰富的褒贬色彩。极少数的新兴"X 精"在其产生及变化发展过程中,还发生了语义色彩的变化。大多数新兴的"X 精"都表示褒义、赞叹义。形容人的如例(3)中的"筷子精",形容又高又瘦的一类人;例(5)中的"舞精",用于形容跳舞很厉害、喜欢跳舞的一类人;例(7)中的"手精",表示手指又白又细长,手非常好看的一类人。形容动植物的如例(2)中长势喜人的"芦荟精"和"吊兰精",例(9)中会玩滑板车的"狗精"。少数新兴的"X 精"表示贬义、自嘲义,如例(13)中做事拖拉的"蜗牛精",例(14)中不遵守约定的"鸽子精"。除了表单一的语义色彩外,还有极少数的"X 精"发生了语义色彩的变化,如"戏精"原指表演、演戏很厉害的人,后多指生活中给自己加戏、演技浮夸的人,从褒义词转变为贬义词。而"柠檬精"原指嫉妒心极重、见不得别人比自己好、因妒搞事的人,后指处于羡慕状态中的人,从贬义词转变为中性词。

新兴"X 精"最为集中的语义特点,在于它突出了属性的极致。我们对于"X"加上某个名词用于指称人的结构并不陌生,之前流行的"X 族"表示的是具有某种新的生活形式或生活态度的人,"X 奴"指的是为外物所奴役、所拖累的人。[4]此外，还有“X客”“X友”“X党”等。满足这些结构的词语都是形容具有相同特征或属性的一类人。然而，新兴的“X精”之所以能够异军突起，就在于它具有与众不同的性质，即属性极致性。例如：

（18）林忆莲真是歌精本人了，简直像个技术万花筒，各种声音位置的变化繁复到了极致，音色又空灵却又有烟火气，实在不可思议。（新浪微博2017-12-09）

（19）有个醋精男朋友是什么感受？白敬亭不能提，宁泽涛不能看，好看的小哥哥不能夸。（新浪微博2019-05-07）

（20）我想吃碳水化合物！我这个碳水精，不能忍受没有碳水超过两天！（新浪微博2019-03-07）

上述例子中，“歌精”是歌唱技艺高超的人，“醋精”是非常容易嫉妒、吃醋的人，“碳水精”是特别喜欢吃含碳水化合物食物的人。此外，特别喜欢跳舞或跳舞非常厉害的人被称为“舞精”，腿又细又长的人被叫作“腿精”，“碳水精”还可用于称呼特别喜欢喝碳酸饮料的人。这些指称人的新兴“X精”与以往指称人的词语相比较，最大的特点就在于新兴的指称人的“X精”表示的是某类人的某种属性达到了极致。

指称动植物的新兴“X精”也具有这样的特点。比如，人们把体型特别大的蜗牛称为“蜗牛精”，把长得特别快、特别高大的芦荟称为“芦荟精”，把特别大的草莓称作“草莓精”，等等。

（二）新兴“X精”的认知阐释

“X精”用于指称人并不是新鲜用法，从将妖艳、善魅惑的女子形容为“狐狸精”，把整容过度、脸型过于像“V”字形的人称为“蛇精”，到现在新兴“X精”的成几何倍数的增加，其发展过程离不开隐喻、转喻机制等的作用。

1. 新兴“X精”的隐喻认知阐释

隐喻是源域向目标域的映射，在映射的过程中，源域的认知布局被保留[5]，并通过相似性与目标域进行整合。人们的认知发展往往是由旧知向新知的递归扩展，所以人们常以具体、熟悉的认知域映射到抽象、陌生的认知域中。新兴“X精”的大量涌现正是人们隐喻思维的结果。由于动物名词、植物名词等都是人们生活中具体可感的，人们往往通过这些事物来认识人自身的某些特征。

从动物域投射到人体域的新兴"X 精"主要有两类。一是通过动物的外形特征喻指具有相似特征的人；二是通过动物的动作特征来描写具有类似行为特征的人。[6] 例如：

（21）正在给老公介绍"蜈蚣精"的由来，我说人家喜欢买鞋子，所以人送外号"蜈蚣精"。老公马上说他也喜欢买鞋子，是我不让他买，他就是"蜗牛精"——没有脚。（新浪微博 2019-04-26）

（22）半个学期了，一本书还没看完，是蜗牛精没错了。（新浪微博 2019-05-07）

例（21）中的"蜈蚣精"是用来形容爱买鞋子、鞋子很多的人，仿佛像蜈蚣一样有很多双脚。用蜈蚣多脚的外形特征来隐喻特别喜欢买鞋子的人，是从"蜈蚣"这一表示动物的源域向"蜈蚣精"这一表示具有相似属性的人的目标域的投射。而蜗牛除了没有脚的身体特点外，还具有爬行缓慢的动作特征，例（22）中的"蜗牛精"即通过蜗牛动作迟缓的特征来描写做事很拖拉的一类人。

新兴"X 精"的结构还常常通过植物隐喻来完成，主要通过两种方式：用植物的外在形态来喻指具有类似特征的人[7]；用植物的内在属性喻指具有相同状态的人。例如：

（23）答应我剪头发的时候一定要拿图片给发型师让他照着剪，千万不要说什么怎么好看怎么剪，我一个好好的美少女就这么变成了一颗蘑菇精。（新浪微博 2017-09-09）

（24）怎么一过节就出现各种各样的柠檬精？柠檬精已经太多了，建议引进一些草莓精、酸梅精、山楂精、百香果精……（新浪微博 2019-05-20）

例（23）中的"蘑菇精"指的是通过蘑菇的外形来喻指发型非常像蘑菇形状的一类人。例（24）中的"柠檬精"是通过柠檬酸的内在属性来喻指特别容易因为羡慕而心酸的一类人，而草莓、酸梅、山楂、百香果味道酸甜，同样可以指这些心里很容易嫉妒的人。

由此可见，无论是从动物域投射到人体域形成的新兴"X 精"，还是从植物域投射到人体域构造出的新兴"X 精"，都是以相似性为基础的隐喻和通过创造相似性而形成的隐喻。

2. 新兴"X 精"的转喻认知阐释

除了通过"X"与新兴"X 精"的属性相似进行隐喻构词之外，还有一部分新兴“X精”是由部分替代整体的转喻转换而来的。例如：

（25）漂亮又有实力的妹妹不应该被淹没，妹妹唱歌超好听，成都的睫毛精了解下。（新浪微博 2018-05-06）

（26）猜猜我看见了啥，一只拜年胡子精！（新浪微博 2019-01-23）

这些新兴“X精”的构词特点在于，“X”与“X精”之间并不是通过相似性联系起来的，而是“X”都是“X精”中的一部分。这些以部分替代整体所构造出的新兴“X精”又可分为两类：一类中的“X”是人们与生俱来、普遍拥有的；另一类中的“X”是人们后天生成的。第一类新兴“X精”，主要因为“X”格外优异、为了突显“X”的特殊而转指整体，如例（25）中的“睫毛精”，指的就是与一般人相比，睫毛又黑又长的一类人。而第二类新兴“X精”，“X”本身已经缩小了使用范围，如例（26）中的“胡子精”，指的就是胡子格外好看的人。当然，在其他语境中，“胡子精”也可用于形容不打理胡子、胡子拉碴的一类人。

总的来看，这些通过转喻转换而来的新兴“X精”，是属性达到极致的集中表现。以部分指代整体的指称转喻，“精”作为整体指称人的意义弱化，而突显了某类人身上更为重要、易被人感知的一部分，从而激活听者或读者对这类人的认知。

四、新兴“X精”的语用特点

意义的研究始终离不开语境。因此，我们把对新兴“X精”的研究放在了语境这个大背景之下。语境又可分为情景语境和文化语境，情景语境是文化语境的具体体现，文化语境是情景语境的抽象系统。[8]

（一）情景语境中新兴“X精”的语用特点

情景语境主要指文本的即时语境，包括环绕话语即时的所见所闻、表情、姿势、身体活动以及交谈者所处环境。由于新兴的“X精”，尤其是同形异义的新兴“X精”，往往具有一些新的词义，或是词义及指称对象并没有随着人们的不断使用而固定下来。因此，在判定新兴“X精”的词义和指称对象的过程中都特别依赖于语境。

1. 由语境决定词义

由于受到大众传播媒介的影响，新兴的“X 精”的词义并不稳定，其产生和发展都特别依赖于一定的情景语境。例如：

（27）半泽里面是个演员都是戏精上身。（BBC 语料库）

（28）戏精学院之杠精篇：给我一个支点，我就能杠起整个地球。（新浪微博 2018-06-09）

“戏精”一词从产生到流行，历经了由褒义词向贬义词转变的过程。如例（27）中的“戏精”，指的是演戏很厉害的演员，表褒义；而例（28）中的“戏精”与“杠精”同时出现，指的是生活中戏很多的一类人，表贬义。若脱离情景语境去辨析“戏精”的含义，则容易混淆说话者的意图。

2. 由语境确定指称对象

语境也是确定句子中指示词语的具体所指的必要条件。由于新兴的“X 精”既可指动植物，又可指人。因此，我们在判断同形异义的新兴“X 精”的指称对象上更加依赖于语境。例如：

（29）去阳台晒太阳偶然间发现芦荟精已经突破一米大关，直逼我这个柠檬精的身高。（新浪微博 2019-01-20）

（30）其实比起珍珠精我应该是个芦荟精，但是很多饮料店都没有芦荟这个料可以加。（新浪微博 2019-04-12）

可以看出，例（29）中的“我”是“芦荟精”的发现者，“芦荟精”自然不能指“我”，通过语境的推断，句中的“芦荟精”指的是长势喜人的芦荟。而例（15）中出现的“我应该是个芦荟精”，明确了“芦荟精”在指称上是指人的，并且是喜欢吃芦荟的这类人。

3. 由语境定位言语行为

我们根据特定的语境来判断新兴的“X 精”所实施的具体言语行为。例如：

（31）主人吃零食被德牧发现，没吃到“装哭”，真是个戏精。（新浪网 2019-05-24）

（32）今日是晴朗的“假夏天”，明起又换脸，春天你真是个“戏精”。（新蓝网 2019-04-18）

同样一句话，在例（31）中表示肯定，而在例（32）中表示抱怨。

（二）文化语境中新兴“X精”的语用特点

文化语境是指语言交际活动参与者所处的整个文化背景。[8] 新兴“X精”结构的兴起与普及，既跟语言自身发展密切相关，也与社会文化发展有关。

1. 表达经济有效

在快节奏的现代社会中，人们往往寻求更为经济有效的表达方式。新兴的“X精”能很好地满足人们对简练语言的需求。例如：

（33）装疯学猫叫，假装被抢劫……这些“戏精”贪官很会演！（《广州日报》2018-05-25）

（34）政治生态莫让“演技派”官员给毁了。（中国网2017-06-01）

（35）演戏高超的“双面贪官”：演技再高终究是演戏。（新浪网2018-01-10）

对于同一类型的事件，主流媒体有着不同的报道形式。相比于“演技派”和“演戏高超”，“戏精”一词音节数量更少，在新闻标题中显得更为经济，其贬义色彩更为鲜明。除此之外，由于“X精”在发展过程中出现了隐喻性语义泛化，“在保持越来越少的原有语义特征的情况下，不断产生新的使用方式，将越来越多的对象纳入自己的指谓范围”。[9] 新兴“X精”的一词多义、多指称对象，使得表达更为经济有效。

2. 主观情感丰富

主观性是说话人在说出一段话的同时表明自己对这段话的立场、态度和感情，从而在话语中留下自我的印记。[10] 当今社会网络媒体的快速发展，与其能够自主表达个性有关。新兴“X精”的出现，恰好能满足人们表达丰富的主观情感的需求。例如：

（36）是哪几只猪精还说他胖要他减肥的？（新浪微博2018-05-15）

（37）买到了树莓和杨梅，都吃完了，真是猪精女孩本人了。（新浪微博2018-06-01）

（38）要做个精致的猪精女孩。（新浪微博2018-03-08）

当“猪精”以妖精含义出现时，通常表示贬义，缺少说话人对其特有的主观情感。而人们通过新兴的“猪精”一词，便能反映出丰富多样的主观情感。如例（37）中的“猪精”，指的是自己胖却说不胖的一类人，体现了说话人对这类人的鄙夷与不屑；例（38）中的“猪精”，表示的是饭量大的一类人，说话人以“猪精”一词对自己吃完树莓和杨梅的事实进行了自嘲；例(39)中的“猪精”指的是要化妆的一类人，不胖不丑却说自己是“猪精”，表示了说话人的自谦。因此，相比于妖精含义的“猪精”，新兴的“猪精”融入了说话人更为丰富的态度，突显了说话人更为多样的感情。

3. 形式新颖别致

在力求创新的当今社会，人们更热衷于形式新颖的表达方式。新兴的“X精”的结构，形式上有别于以往的“X族”“X奴”“X客”“X友”“X党”等结构，意义上又有别于精华义、妖精义的“X精”，很好地满足了人们求新求异的社会心理。

五、结语

通过搜集新兴“X精”的相关语料，我们发现新兴的“X精”出现了非范畴化的倾向，例如：

（39）一个很狐狸精的妆。（新浪微博 2017-08-22）

（40）周部长真的很醋精。（新浪微博 2018-05-21）

（41）做到这十点，你也可以很腰精。（新浪微博 2016-11-12）

（42）这个瘦脸太蛇精了，但这个学位照眼妆我觉得很不错。（新浪微博 2019-01-05）

根据非范畴化定义，范畴成员在非范畴化后进入新的范畴之前，处于一种不稳定的中间状态。也就是说，在原有范畴和即将产生的新范畴之间会存在模糊的中间范畴。这类中间范畴丧失了原有范畴的某些特征，同时也可能获得新范畴的某些特征。[11] 在句法形态上，范畴的某些典型分布特征消失；在语用上，将获得新的交际功能。“狐狸精”“醋精”“腰精”“蛇精”等名词本是用来形容某些具有明显属性的人，在这里却能与程度副词“很”“太”搭配，从指称实体的名词转为了描述事物性状的形容词。由于概念内容与语言表达式之间是不对称的，在上述各例中，在句法功能中相当于形容词的新兴“X精”替代了语义相当的“妖艳”“嫉妒”“腰细”“下巴尖”等词。这是因为在不同的语境下，新兴的“X精”在隐喻与转喻的过程中会被附加上更多的含义，并且这些含义可以随时被激活。

总的来说，新兴的"X精"的形成与发展并不是一个简单的过程。首先，"精"由单一的"精华""精灵、妖精"引申义，发展至"一种优异或奇异、属性明显或极致的人或物"，形成多重、复杂的意蕴。而后，"X精"与"X"的关系由"X精"是与"X"相关的萃取物、"X精"由"X"变幻而成发展至"X精"是"X"本身、"X精"像"X""X精"的属性与"X"相关以及"X"是"X精"的一部分。新兴"X精"的产生和广泛流行不仅体现了人们对新颖表达的一种追求，也是人们通过隐喻、转喻认知世界的一种方式。新兴的"X精"表达了更为丰富的语义，并且还处于不断的发展之中。往后，或许还会有更多的新兴"X精"非范畴化。

参考文献：

[1] 中国社会科学院语言研究所词典编辑室．现代汉语词典（第7版）[M]. 北京：商务印书馆，2016:688.

[2] 许慎．说文解字 [M]. 北京：中华书局，1963:147.

[3] 许慎撰，段玉裁注．说文解字注 [M]. 南京：凤凰出版社，2007:578.

[4] 刘楚群，龚韶．词语族的构造理据及规范问题分析——基于"X族""X奴"的对比分析 [J]. 语言文字应用，2010（2）:42–48.

[5] 束定芳．认知语义学 [M]. 上海：上海外语教育出版社，2008:163–164.

[6] 苏筱玲．英汉动物词语的隐喻认知与语域投射 [J]. 四川外语学院学报，2008（5）:84–86.

[7] 赵菊．网络新词"X族""X客""X友"比较分析 [D]. 武汉．华中师范大学，2012:38–39.

[8] 肖好章．意义与语境：交互语境模式构建 [J]. 外语与外语教学，2009(1):12–16.

[9] 刘大为．流行语的隐喻性语义泛化 [J]. 汉语学习，1997（4）:33–37.

[10] 沈家煊．语言的"主观性"和"主观化"[J]. 外语教学与研究，2001，33（4）:268–275.

[11] 刘润清，刘正光．名词非范畴化的特征 [J]. 语言教学与研究，2004（3）:1–13.

The Emerging "X–Jing" Structure and Its Cognitive Interpretation

Gong Chen, Chen Qingsong

(*College of Humanities, Zhejiang Normal University; College of International Education, Zhejiang Normal University*)

Abstract: The emerging "X-Jing" which comes from metaphor and metonymy mainly refers to abnormal animals, unusual plants, people with obvious attributes and prominent body parts or body features. It has the characteristics of multiple semantics, rich semantics and expressing extreme attributes. In addition, the emerging "X-Jing" also has the tendency of non-categorization.

Key words: "X-Jing"; cognition; metaphor; metonymy

对外汉字教材编写研究

林　源

（浙江师范大学国际文化与教育学院）

摘　要：目前对外汉字教材编写存在内容不够全面且相互割裂、解释不足、术语不统一等问题。教材编写应做到以下几点：内容完整，应包含所有常用汉字知识专题；各专题相互贯通，反复出现，不断深化；解释充分准确；术语界定清晰明确。

关键词：对外汉字；教材；编写；设计

目前对外汉字教材的编写已经取得很多成绩，但仍存在内容不够全面，各知识点相互独立而缺少联系，解释不够充分，缺少规则应用说明，术语不够科学且未完全统一等问题。我们以为，要解决这些问题，提高汉字教材编写质量，应注意以下几个方面。

一、内容全面完整

内容的实用完整，应包括笔画、笔顺、结构、部首、声符、部件、字源、造字法、汉字文化等多个专题。每一专题包括术语解释、规则说明、字例应用、相关练习等。

作者简介：林源（1970—），女，祖籍福建安溪，安徽淮南人，浙江师范大学国际文化与教育学院教授，博士。

（一）笔画

笔画专题包括笔画名称、笔画形状、笔向、笔画长短、笔画关系、笔画位置、笔画数量等。正如在学习英文单词之前，有必要单独学习字母，在学习汉字之前，同样有必要单独学习笔画。一些教材没有单独的笔画教学，只是在教材最前面列出笔画与笔画名称，缺少笔向说明、笔画关系介绍及相关练习等。应补充笔画练习，如看笔画说笔画名称，看汉字说笔画名称，找出汉字中不一样的笔画（才—寸、刀—刁），比较笔画形状（千—干—于、见—贝—欠）、比较笔画长短（二、三、十、士—土、人—入、己—已），比较笔画轻重（例如撇捺提先重后轻，横竖前后轻重相同），描写笔画，仿写笔画，听笔画名称写笔画，标出单笔笔向，比较笔向异同（撇与提），比较笔画关系（人—八—入、天—夫、午—牛），描述笔画位置（木—本/末、大—太/犬），汉字拆分成笔画，笔画组合成汉字，数汉字笔画数量，比较笔画数量（口—日—目），增减笔画组成新字（一—二—三—王—主、人—大—天、十—干/土/千、日—目/田）等练习。

我们以为，各专题内容不可能截然分开，笔画专题不可能回避笔顺的内容，其中写笔画与笔画组合这两个练习，前者是单笔笔向练习，后者是多笔笔画组合的笔顺练习。

（二）结构

汉字结构专题包括汉字结构类型、各部件常见位置、各部件所占位置大小比例、各结构书写顺序等。熟悉汉字结构，有助于汉字字感与正字意识的建立。有些教材缺少汉字结构的讲解，有些虽有，但仅有简单介绍，缺乏相关练习。应补充汉字拆分，找出结构相同的汉字，看汉字说结构名称，根据结构名称写汉字，找相同部件（载—栽—裁、辨—辫—辩—瓣），部件替换（船—般），归纳某部件的位置（思—想—念、情—怀），部件比例比较（伙—怀—晴—够—颗—都—彰—彬），部件组装，形近汉字结构类型比较（我—找、目—月、朋—丽），结构书写顺序（例如左右结构遵循先左后右的书写顺序）等练习。

（三）笔顺

笔顺指汉字书写顺序。包括单笔笔顺、部件笔顺与汉字笔顺三个层级。

单笔笔顺指笔画方向，每一笔都有规定的方向，且不能回笔。部件笔顺指不能再拆分为更小部件的最基本部件的多个笔画之间的先后书写顺序，遵循“从上到下，从左到右，先中间后两边”的书写规则。汉字笔顺包括独体字与合体字两类。独体字笔顺与部件笔顺相同。合体字需先拆分为部件，按部件逐个书写，遵循“从上到下，从左到右”的书写顺序，先写在上在左的部件，不能同时兼顾左上要求的，先写占用位置较大的部件，其中全包围与三面包围结构的汉字另有补充要求。全包围结构的汉字，遵循“先进门，后封口”的书写顺序。如“国”，最外面的“囗”作为一个部件，被分为两个部分，汉字的书写顺序为先写左上右“冂”，次写中间的部件“玉”，最后是下面的横“一”。三面包围中的上左下三面包围结构汉字，也存在这种部件被拆开分别书写的情况。如“医”，“匚”被拆分为两个部分，先写上面的“一”，再写中间的“矢”，最后写左下的“L”。笔顺不是硬性规定，而是千百年来人们在书写中发现的最方便快捷且兼顾审美的科学书写方式。

从我们目前所掌握的情况来看，各教材一般只是通过例字给出单笔笔向与汉字笔顺，很少介绍笔顺规则，一般都不解释笔顺成因，缺少例字笔顺成因的解释说明。笔顺练习往往只有机械的汉字笔顺模仿，没有分层次的笔顺引导。应补充各类练习。如练习单笔笔向的笔画书写，练习部件笔顺的多笔画组合，练习汉字笔顺的部件先后顺序，练习不同结构汉字的笔顺对比（王—丰）等。

（四）部件

部件包括声符、部首及其他常用笔画组合。树立部件、声符及部首意识，有利于降低汉字的学习难度，增加寻找汉字规律、关系的趣味性。练习包括部件读音（主要指声符与部首，有些部件只是固定的笔画组合，没有读音），部件书写，说明部件意义（主要指部首，有些部件只是固定的笔画组合，没有意义），寻找相同部首，寻找相同声符，找出部首义与字义的关系，找出同一部首的不同部件变体及部件常见位置（都—部、陪—倍），辨析形近部首（环—坏、晴—睛—蜻、裤—社、冷—泠、凉—谅—惊、亻—彳），辨析形近字（历—厉、顺—须、倍—陪、根—跟、衬—讨、饱—抱、蓝—篮、纪—记、值—植、诚—城、脸—验、扔—仍、样—佯—详、如—加），将同声符汉字分类（都—堵—赌、暑—署、煮—著、他—她、池—驰—弛、稍—梢、肖—宵、俏—悄），根据常用字猜生字读音（谈—毯—郯、淡—啖—氮、欧—呕—鸥—瓯—沤）等。

（五）汉字

汉字专题包括汉字历史、字形溯源、造字法、造字理据、同源字、书法、对仗、汉字的文化意义等，讲究汉字的形体之美、声韵之美与意蕴之美。关于汉字形体，可展示历代著名书法作品，列出一些常用字的五种主要字体，通过分析字形说明字义，如“休、看、灭、乌（因为一身黑而令人看不到眼睛的鸟）”。汉字形体之美不仅表现为书写之美，还表现在诗词曲赋对联骈文等文体形式整齐之美，只有方块汉字才可能产生如此精美讲究的文体。字谜与拆字游戏则尽显汉字形体之有趣。关于汉字语音，可以通过歇后语等展示汉字谐音之趣，通过对联律、诗绝句、词曲让学生感受声韵变化之美，通过归纳同源字共同的隐含意义（拳—卷、掌—张、枯—渴—涸、悄—稍—梢—屑、清—精—倩—靓—晴、涨—胀），挖掘字音与字义的关系。关于汉字的意义。一是汉字同义字众多，用法各异，表达精妙，如“看、视、见、望、观、察”等意义不同。二是汉字往往一字多义，言简义丰，且文化意蕴丰富，如“山水、春秋、风月”等。这些内容有助于学生更全面地认识理解汉字。汉字练习如古文字与楷书配对，字形分析，对仗练习（天—地、山—水、春—秋、山清—水秀、青山—碧水、山高—水长、花好—月圆），说出“松竹梅莲牡丹玉”的文化意义，同义字辨析（看—见—望），等等。

二、循环反复

目前的教材编写体例单一，缺少复现。有的按部首编排，一个个部首列下去，既缺少其他专题，也缺少复现。课后练习的数量与种类都很少。有的以文章形式编排汉字，随课释字，失于散乱。有的教材内容丰富，但各专题相对独立，所有内容只集中出现一次，缺少相互贯通与复现。我们以为，一套教材，各专题内容应反复出现，多次循环，逐次加深，相互贯通呼应，共同围绕着理解汉字这一主题展开。笔画、笔顺、结构、部件、部首、声符、造字法等专题，应在各阶段都有所体现，逐渐加深提高。教材应像俄罗斯套娃或者同心圆那样，每一阶段都是相对完整独立的汉字知识，都包括笔画、

却长期共用一名。我们认为，部首命名应尽可能体现部首意义来源与部首位置，意义体现优先。上下的部首，可冠以“头、底”之名，左右的部首，则名为旁。如“灬”，以“四点底”命名为宜。来源不同的月，应分别命名。“期”中的“月”，可以命名为月月旁，中心语是月，表明为月部。而“胸”中的“月”，则应命名为月肉旁，中心语是肉，表明是肉部。“恭”与“慕”的最下部件，应命名为“心字底”，通过名称说明这是“心”的变体，并通过“底“说明其位置。

五、完善附录

附录是教材的重要组成部分。附录可以保证条理明晰与内容完整。对外汉字教材的附录应尽可能包括笔画名称（标注笔画方向轻重），笔画关系（列出三类笔画关系及例字），汉字结构（列出各结构类型及例字），笔顺规则（分单笔画、多笔画、汉字三个层次展示笔顺及例字），常用部首（说明部首意义、变体、位置及例字），常用声符（列出声符及例字），同源字（说明它们共同的隐含意义），著名书法作品（如王羲之的《兰亭集序》），诗歌（如李白的《静夜思》、崔护的《题都城南庄》），重要的汉字文化意义（如玉、月、松、竹、梅、兰、菊、莲、龙、凤等）等内容。

汉语教学必须重视汉字教学，重视汉字本身的特性。汉语与英语不同，汉字与英文不同，英文书写限于拼音，离开语音即无所凭依，无字可教，无形可析，缺少汉字平仄相谐的声律之美、悠远深长的意韵之美、灵动飞扬的形体之美。撇开汉字特色，只看到汉字多可充当单音词，仅仅采用西方科学主义视角下的现代语言学式的词义解释，对于对外汉字教学来说，远远不够。

总之，汉字是一内部相互关联、严谨有序的完整体系，其各层结构都有章可循，有序可遵，汉字教学即是逐步揭示这些规律的过程。

参考文献：

[1] 张静贤 . 汉字教程 [M]. 北京：北京语言大学出版社，2004:40–41.

[2] 易洪川 . 折笔的研究与教学 [J]. 语言文字应用，2001（4）：54–58.

Research on Textbook of Teaching Chinese Characters as a Second Language

Lin Yuan

(*College of International Education*, *Zhejiang Normal University*)

Abstract: There are four questions in the compilation of Textbook.The content is not complete enough. The contents are separated from each other.The explanation is incomplete and inaccurate. The terminology is not uniform enough. The compilation of textbook should accomplish the following four points. The content is complete. It includes all topics of common Chinese character knowledge. These topics are interlinked, recurring and deepening. The explanation is accurate and sufficient. The terminology is clearly defined.

Key words: teaching Chinese characters as a second language ; textbook ; compilation ; design

“动词相连”还是“动作相承”

——从现代汉语教材中连动句的范围说起

杨西彬

（浙江师范大学国际文化与教育学院）

摘　要：通行的现代汉语教材一般都会安排单独的章节对连动句进行描述说明，尽管各教材对其名称和定义差别不大，但对三类结构［形容词短语、“V+ 着”结构以及“有 / 没（有）+N”结构］能不能作为连动句的组成部分以及三类句子（注释句、重动句和兼语句）是否属于连动句的认识存在明显的分歧。教材对“V+ 着”结构、“有 / 没（有）+N”结构、“倒杯茶喝”结构以及注释句等的归属问题说明学界对连动句的核心特征认识很不一致。“相承关系”应该是“连动”的核心特征，明确区分“动词相连”和“动作相承”可以很好地解决以上分歧，并为进一步研究奠定基础。

关键词：连动句范围；现代汉语教材；动词相连；动作相承

一、引言

连动句①在现代汉语法研究中占有比较特殊的地位。赵元任[1]首先明确指出“动词结构连用式是汉语很特别的结构”，此后丁声树等[2]、吕叔湘[3]、

基金项目：本文是教育人文科社科基金项目“论元共享现象及句法理论问题”（编号：17YGC40108）和国家社科基金项目“框架语义理论视角下的对外汉语句式系统研究”（编号：16BYY105）的阶段性研究成果。浙江师范大学国际文化与教育学院 2015 级硕士研究生杨晴在论文修订时协助核对文献，谨致谢忱！

作者简介：杨西彬（1980— ），男，河南新密人，浙江师范大学国际文化与教育学院讲师，文学博士。

朱德熙[4]160-173等在一些影响深远的现代汉语语法著作中都会单列连动句加以分析讨论。

宋玉柱[5]认为“连动句”术语的提出“是汉语语法研究更加重视汉语特点的一种表现”，“使汉语语法研究更加符合汉语的实际”。周国光[6]指出“动词不借助虚词而连续排列构成连谓结构是汉语句法的一大特点”。可以说，将近一个世纪的现代汉语语法研究得到的较为普遍的共识之一就是：连动结构或连动句是现代汉语中的显赫范畴[7]，是区别于印欧系语言的“特有的句法范畴”。[8]

然而，学界对连动句的范围却有不同的认识，本文考察30余套（本）现代汉语教材对连动句的分析，梳理它们对该结构范围的分歧，探讨这些差异存在的症结，以期深化对该结构的认识。

二、教材中连动句范围的分歧

现代汉语教材的语法章一般都会在句式（特殊句式/常见句式）中单列连动句加以分析讨论。②教材对连动句的定义大体是一致的，即“由连动短语做谓语构成的句子叫连动句”[9]418；连动句是“针对统一主语连续使用动词或动词结构的句式”[10]229；“由连谓结构充当谓语或独立成句的句子叫作连谓句”[11]89；连动句指“由连动词组充当谓语的句式”[12]322。然而各教材对于连动句的范围的差异主要体现为两种情况：某些成分或结构是否可以作为该句式的组成部分；某些结构是否应该归入该句式。

（一）形容词（短语）能不能作为连动句的组成部分

我们看如下例句：

（1）他看了很不舒服。（冯志纯 2002）

（2）这花闻起来还挺香。（骆小所 2005）

（3）大家听了很高兴。（黄伯荣、廖序东 2007）

（4）他照顾病人特别细心。（邢福义、汪国胜 2010）

冯志纯[13]200认为后项的形容词（短语）是对前边的动作行为进行评论；骆小所[14]认为连动项之间是“行为－感受”的关系；黄伯荣、廖序东[11]89认为后项性状（即形容词）表示前项动作的结果；邢福义、汪国胜[10]230认为连动项之间表示在某个方面怎么样的意思，“照顾病人特别细心”等于说是在照顾病人方面特别细心。

此外，张静[15]345-355、周一民[16]292-293、唐健雄[17]、马庆株[18]244、北京大学中文系现代汉语教研室[19]337-339、张斌[9]415-422、张谊生[20]313-314、郑尔君[21]等也认为形容词可以作为连动句的组成部分。③但是张静[22]350-361，胡裕树[23]，邵霭吉、冯寿忠[24]，邢福义[25]321-323，邵敬敏[26]191-192，程祥徽、田小琳[27]391-392，钱乃荣[28]等讨论连动句时没有涉及形容词短语。④

（二）“V+ 着”结构能不能作为连动句的组成部分⑤

有很多教材都认为“V+ 着”可以作为前项结构组成连动句，比如：

（5）她们轻轻地挥动着牧鞭歌唱她们的爱情。（黄伯荣 1991）

（6）他每天顶着烈日值勤。（齐沪扬 2007）

（7）连忙划着个小船去赶他们。（北京大学中文系现代汉语教研室 2012）

（8）海潮泛着白沫呼啸着向他扑来。（程祥徽、田小琳 2013）

（9）夏天开着空调吃火锅，别有一番滋味。（张谊生 2013）

黄伯荣[29]559认为连动前项表示连动后项的方式或手段；齐沪扬[30]407指出前项动词（结构）说明是后项动词（结构）的动作方式，而且前项动词（结构）后往往有“着”；北京大学中文系现代汉语教研室[19]337认为后项动词结构表示前项动词结构的目的；程祥徽、田小琳[27]391-392明确指出这类连动句的前项动词结构修饰后项动词结构；张谊生[20]314认为前项动词结构表示持续的状态，后项动作是在前项的背景下进行的，反映了认知的先后顺序。

此外，张静[22]350-361，胡裕树[23]，齐沪扬[30]406-408，黄伯荣、廖序东[11]87-92，张庆翔、刘焱[31]，邵霭吉、冯寿忠[24]，杨文全[32]，周一民[16]292-293，邢福义[25]321-323，陆俭明[33]152-153、张斌[9]415-422等也都认为“V+ 着”结构可以作为连动句的组成部分。

但是,也有部分学者认为“V+ 着”不能与动词短语构成连动句。张静[15]355指出有些结构虽然有两个以上的动词，如“笑着说”“骑着马上山”，“领着孩子逛公园”是有偏有正的修饰关系，应该划入偏正结构中的状中关系⑥；钱乃荣[28]认为连动结构的前后项动词表示有先有后的行为,“笑着说话”中“笑着”是动作行为的方式伴随，跟后项动词不存先后关系，所以“V+ 着”不能作为连动句的组成部分[28]240–241；邵敬敏[26]191认为“笑着说 / 躺着看书”不是“连动”，而只是动词连用构成的多种句法结构中的偏正结构。

（三）“有 / 没（有）+N”结构能不能作为连动句的组成部分

有不少教材认为以下例句是连动句：

（10）你没资格和我这样说话！（兰宾汉、邢向东 2006）

（11）我们有信心完成这项任务。（周一民 2010）

（12）他有能力把好关。（马庆株 2010）

（13）你有办法解决这个问题了。（张静 1988）

兰宾汉、邢向东[34]认为“和我这样说话”是用来说明什么样的“资格”，相互间存在人物与解说的语义关系；周一民[16]293指出这类结构可以变换为“我们有完成这项任务的信心”；马庆株[18]246认为“有 +NP”表示有能力做后面的动作；张静[22]360认为前后项之间表示可能关系。

此外，黄伯荣[29]558–559，张志公[35]，徐阳春、刘纶鑫[36]，刘焱、刘纶鑫等[37]，马庆株[18]244–247，唐健雄[17]，邵敬敏[26]191–192，黄伯荣、李炜[38]75–76，张斌[9]415–422，郑尔君[21]，周国光、练春招等[39]243也认为以上例句是连动句。但是胡裕树[23]，钱乃荣[28]，杨文全[32]，邢福义、汪国胜[10]227–232，邢福义[25]321–323，程祥徽、田小琳[27]391–392，力量、丁烨等[40]159–160，胡吉成[41]165–166等在连动句讨论中没有涉及这类结构。

除了对以上三类结构能否作为连动句的组成部分存在分歧之外，各教材对以下三类句子的归属也存在争议。

（四）注释句算不算连动句

我们看如下例句：

（14）妈妈又闭着嘴不说话。（杨润陆、周一民 2003）

（15）拉着手不放。（邵敬敏 2012）

（16）站着别动！（黄伯荣、李炜 2012）

（17）爸爸板着脸一句话不说。（杨晓宇 2015）

杨润陆、周一民[42]认为这类例句中前后项动词结构的语义相近，是从不同的角度对主语加以陈述；邵敬敏[26]191认为结构中前后项动词结构是从肯定和否定两个方面说明一个动作；黄伯荣、李炜[38]75指出该例句中的后项动词

结构是对前面动作的解说；杨晓宇[43]、马洪海[12]324认为例句中的前后项是互补关系。基于这些解释，我们可以把例（14）至例（17）称为“注释句”。

尽管说不同教材对于以上例句的解释略有差异，但是以上教材都认为这类注释句属于连动句。此外，张静[22]350–361，钱乃荣[28]，刘焱、刘纶鑫等[37]，唐健雄[17]，邢福义、汪国胜[10]227–232，郑尔君[21]，张斌[9]415–422，周国光、练春招等[39]243，力量、丁烨等[40]160认为以上例句是连动句。但是兰宾汉、邢向东[34]，杨文全[32]，邢福义[25]321–323，陆俭明[33]152–153，张谊生[20]313–314，程祥徽、田小琳[27]391–392，胡吉成[41165–166]等的连动句系统中都没有涉及这类句子。

（五）重动句算不算连动句？

我们先看例句：

（18）大家坐车坐累了。（张静 1988）

（19）她洗衣服洗累了。（唐健雄 2007）

（20）他吃火锅吃坏了肚子。（杨文全 2010）

（21）小王熬夜熬红了眼。（张斌 2013）

这类句子一般称为“重动句”。张静[22]360认为前项动词结构（动宾结构）和后项动词结构（动补结构）之间可以算作结果关系；唐健雄[17]认为该结构的前后项之间有因果联系；杨文全[32]312认为结构中的前后项之间是补充关系；张斌[9]421也认为前后项动词结构之间是原因–结果的关系。

尽管以上教材对该结构的解释差异比较大，但是并不妨碍它们一致把重动句归入连动句。此外，骆小所[14]，兰宾汉、邢向东[34]，齐沪扬[30]407，刘焱、刘纶鑫等[37]，邵霭吉、冯寿忠[24]，周一民[16]292，张斌[9]415–422，杨晓宇[43]、马洪海[12]323–324也认为这类句子属于连动句。但是黄伯荣[29]558–559，胡裕树[23]，张登岐[44]210–211，钱乃荣[28]，马庆株[18]244–247，邵敬敏[26]191–192，陆俭明[33]152–153，程祥徽、田小琳[27]391–392，力量、丁烨等[40]159–160在连动句讨论中没有涉及这类句子。

（六）兼语句算不算连动句

绝大部分教材认为兼语句和连动句是不同的结构，把两者分开讨论。但是两种结构也有很多的共同点，关系密切，还经常套叠使用，所以不少教材把两者放在一起分别讨论，比如张登岐[44]210–211、邢福义[25]321–323、力量等[40]159–162。

也有少数教材认为兼语结构是连动结构中的一种，比如钱乃荣[28]指出：兼语短语实际上是连动短语的一种，它们的共同形式是 V_1+N+V_2（P），连动结构的 N 可以是施事（派讲师出国）、受事（找点事儿做）、与事（找人聊天儿）、工具（扛锄头开荒）、处所（去苏州旅游）、时间（等五分钟走）、其他（穿起鞋子就走），只有第一种 N 为施事的情况才是兼语结构。

除了以上分歧之外，连动句中能不能有关联词语，能不能有逻辑关系（比如因果、条件），各教材也都存在或多或少的差异。即便是同一编者，在不同时期，其看法也是有出入的，比如张静[15]的连动句系统中没有涉及重动结构，而张静[22]350–361把重动结构作为表示结果关系的连动句。再比如黄伯荣[29]558–559在连动句系统中没有涉及“重动句”，黄伯荣、廖序东[11]87–92的连动句系统中该结构又包含在连动句中，但是黄伯荣、李炜[38]75–76所列举的连动句例句中又不涉及这类句子。

尽管各家对连动句范围的认识存在这样那样的差异，但是这些教材也有两个共同点：①各教材都把“我上街买菜”作为典型的连动句，虽然其所举的例子不一样，但是都无一例外地认为该结构是连动句，似乎可以说这类结构是典型的“连动句”；②各教材都是采用举例、分析的模式，根据各自所列的例句，依据前后项动词的关系逐一分析其语义类型，比如“后者表示前者的目的”“肯定否定两方面说明一个动作”“前者表示后者方式”“前者表示后者条件”等等。然而这些分析又常常与它们对连动句的界定相抵牾。

三、教材中连动句系统存在的问题

我们考察发现，几乎没有教材对连动句的认识是相同的。如果说以上分歧说明了学界对连动句的认识并不清晰，那么回到各自的连动句系统中就会发现如下问题。

（一）关于“V+ 着”结构

部分教材对“V+ 着”结构的处理存在比较大的问题，因为该结构与后项结构之间并不是只有“先后关系”或“顺序关系”。比如“倚着树干哭鼻子”，钱乃荣[28]用该例句说明连动项中动作行为的先后关系，但是该结构还有其他

理解，即“倚着树干”是“哭鼻子”的状态。（详见第四部分讨论）

程祥徽、田小琳[27]392注意到了“V+着”结构的特殊性，所以明确指出由它组成的连动句中前后项之间是修饰关系，“前一个动作好似说明后一个动作的方式、状态、手段等”。这种折中处理很值得玩味：既遵从通常的看法，把该结构作为连动句的组成部分，又特别标明其特殊关系（修饰），但是又很矛盾，是不得已之举（“好似”）。其实这种处理恰恰说明了学者们在对该结构的认识上所面临的困境。

有教材敏锐注意到了这一问题，比如邢福义[25]321认为连动句的连动项之间是“连发性或并发性的不同行为动作”。这可能是考虑到“V+着”结构的特殊性，所以把“并发性”也作为“连动”的特征。

此外，很多教材所举的例子都是“V+着”结构作为连动句的前项，但是这样处理会带来另一个问题:如果说“V+着”可以作为连动句的组成部分，那么它是不是还可以作为连动句的后项？比如“拆华鹰饭店时，职工们都聚到一边看着”（北京大学CCL语料库）。但是没有教材列举这类结构。

（二）关于“有/没（有）+N”结构

前文已经述及，不少教材认为“有/没（有）+N”结构可以作为连动句的组成部分，黄伯荣、李炜[38]75认为连动句中的“有/没（有）+N”是后项结构的陪衬，后项结构是陪衬下的动作行为，两者存在认知上的先后关系，陪衬部分在前，突出部分在后。但是这并不符合教材对连动句的界定，该教材认为连动项之间有时间或者事理上的先后关系[38]38。有不少教材认为“连动”是具有前后顺序的动作，比如邵敬敏[26]191。

其实“有/没（有）+N”并不表示具体的行为动作，说它与后项动词结构之间有“前后”关系也很牵强。比如说“我们有能力打进决赛”,“打进决赛”是不可知的结果，是一种假设或愿望，所以并不能说“打进决赛”本身就是必然实现的，如果不是必然实现的，那么也就无所谓认知上的先后了。此外，“你做不好别答应”也应该存在认知上的先后，但是一般都不把它作为连动句（而作为紧缩句），所以用认知上的先后等来作为该结构是连动句的解释并不合适。

那么就会有一个疑问：该结构到底能不能作为连动句的组成部分？如果不可以，那么教材中的处理是不妥当的;如果可以，那说明教材所依据的“连动”的核心特征是不合适的，即不应该是先后或者顺序关系。

（三）关于“倒杯茶喝”结构

不少教材把“倒杯茶喝”结构归入连动句，对它的解释也比较一致。比如，邵敬敏[26]191-192，邵霭吉、冯寿忠[24]指出该结构前面动词的受事宾语也是后面动词的受事；张静[22]360、冯志纯[13]198认为该结构的动词都是以中间的名词为对象，同时指出前后项动词之间既有先后关系又有目的关系。

这些解释看似没有问题，但是用“兼语”再来看就会发现其中的矛盾之处。一般说来，所谓的“兼语”是指句中有“兼职成分”，即某成分在语义上同时兼任了两个结构的组成部分。邢福义[25]323指出兼语句的突出特点是包含“兼语”成分。虽然大部分的教材都承认“动宾＋主谓”套叠结构是兼语句，即前项“动宾”结构的“宾”是后项“主谓”结构中的施事主语时，该结构是兼语句。比如说“我请他吃饭”，前项动词的宾语“他”是后项动词“吃”的施事主语，该结构是兼语句；但是教材认为“倒杯茶喝”中的“茶”是后项动词的受事主语而不是施事主语，因此该结构不是兼语句。

很显然这样割裂处理并不合理，因为并不能硬性规定只有施事主语才能做兼职成分。北京大学中文系现代汉语教研室[19]340就把“倒杯水喝”“买份报纸看”这类结构看作递系结构（即本文所说的兼语结构）。不同教材对这一结构归属的分歧恰恰体现了教材对连动句和兼语句的处理也存在问题。

（四）关于注解句

如前文所述，很多教材都把注解式（从正反两方面说明同一动作，陈述同一主语）作为连动句的一种，但是这与各教材中对“连动句”的界定并不一致。钱乃荣[28]认为“连动”的两个或两个以上动词表示有先有后的行为；黄伯荣、李炜[38]38认为连动项之间在时间或事理上有先后关系；周国光、练春招等[39]224认为连动关系可以是时间上的顺序关系，或者逻辑上的条件、因果关系。所以说教材在对连动句的界定中强调的是“先后关系”“顺序关系”等。⑦

但是，在解释该结构时通常的表达是“两个动词从正反两方面说明同一情况”，比如“他躺着不动”，“正面说‘躺着’，反面说‘不动’，意思一样”[22]360；“两个动作从两方面说明一个事实”[28]165；“前一个动词性成分从肯

定的角度说明，后一个动词性成分从否定的角度说明，两者共同陈述说明一个事实”[39]225。很明显，这些分析中并不符合它们对连动句的界定，即“先后关系”等，因为这些句子的前后项很多时候可以换着说，比如“妈妈不说话，又闭着嘴”“别动，站着”“爸爸一句话不说，板着脸”“他不动，躺着”等，这就很难说前后项之间是先后关系或顺序关系。

此外，教材一般把该结构的前后项关系分析为“解说”关系[38]38、“共述”关系[39]225、“互补”关系[43]281等。但是这种关系在复句系统中是有归属的，比如邢福义[25]347认为解注关系是并列复句的一种。需要特别说明的是，黄伯荣、李炜[38]102，周国光、练春招等[39]279也把“解说复句”处理为联合复句。所以教材对注释句的处理并不合适，即同为“解说”关系，单句系统中独立于并列联合关系之外，复句系统中又把该注释结构处理为联合复句。

四、“动词相连”和“动作相承”

以上所论连动句系统的几个问题说明教材不仅对连动句处理的标准或原则不尽一致，其带来的结果是教材之间对连动句范围的认识差异比较大；而且同一标准或原则的执行也存在偏差，其带来的结果是同一本教材的前后论述也有矛盾。

我们认为各教材对连动句范围的分歧以及系统内部存在的问题从表面上看是各教材对“连动”的理解不一样，实质上是因为教材对“连动句”核心特征的认识不一致。

（一）什么是“连动”

在本文的梳理中我们发现，很多教材对“连动”的特征也有比较深刻的论述，比如，张静[22]354-355认为“笑着说”“骑着马上山”的前后项之间“不是连动相承关系”，而是有偏有正的修饰关系。这一论述表明相承关系应该是连动的重要特征。邵敬敏[26]191指出动词连用有可能构成各种句法结构，连动结构只是动词相连的一种类型，它表示的是连续的几个动作。这一论述区分了“动词连用”和“动作连续”，十分有价值。马庆株[18]244更是把连动句翻译为“verb-verb sentence”。钱乃荣[28]认为“连动”的核心特征是前后项的动词之间“有先有后”。邢福义[25]321认为“连动”表示的是“连发性或者并发性”的不同行为动作。胡吉成[41]165指出连动是表示“先后连续发出的动作”。

这些论述很精彩,既涉及了“动词”“动作”,也涉及了“相承”“先后”“连用”“连续”“连发性”等,但是我们认为这些认识还不够明确,或者说它们的区分和表述还不够准确。比如说,“相承”关系往往以“先后”关系为基础,但是后者的范围很大,如“他拿起书包走了出去”,句中的前后动作之间只有先后关系,没有相承关系,所以它不是“连动句”,而只是一般的动词连续结构,是并列结构。

马建忠[45]对汉语的“动字相承”现象进行了详细的论述,杨西彬[46]认为该研究有意区分“动字相承”和“动字相连”,进而提出把“连续动词结构”(“Serial Verb Constructions”)进一步区分为“动词相连”和“动作相承”。所谓的“动词相连”就是指几个动词连在一起使用,意义上是并列关系等,“相连”是其形式特征;“动作相承”是指前后项动词(动作)之间有相承关系,或者说后项的动作承接于前项动作(动词),“相承”突出的是语义特征。

需要说明的是,“动作相承”一定表现为“动词相连”,因为“动作”需要以“动词”的形式来体现,“相承”也需要“相连”来实现;但是“动词相连”却不一定是“动作相承”,所以说“(动作)相承”才是“连动”的核心特征。“相承”的准确理解是后项动作必须相承于前项结构成分。

(二)争议结构的重新审视

按照上述思路我们重新审视各教材对“连动句”的诸多分歧,得出如下认识:形容词短语不能作为连动句的组成部分,连续动词结构不包括形容词;正反注释关系的注释句不算连动句,该结构前后项动词是从不同的方面(正反等)陈述主语,动词之间没有相承关系;重动句不是连动句,因为前后项动词之间没有相承关系。

还有三种结构需要特别说明。

(1)关于“V+着”结构。针对“V+着”结构处理的问题,学者们采用了两种办法规避:①把该结构排除在连动句之外而把它归入偏正结构,如张静[15]355;②调整连动句的定义,加上“并发性”,如邢福义[25]321。但是我们有第三种办法,把“V+着”结构分开对待,修饰关系的归入偏正,相承关系的归入连动。比如“哭着回家”其实有两种意义,其一是“哭着”是“回家”

的伴随状态，其二是“回家”是“哭着”的目的。前者中前后项动作之间没有相承关系，所以只能是偏正关系，后者是“动作相承”，是连动结构。我们认为该结构可以作为连动句的组成部分，但需要分情况。

（2）关于“有/没（有）+N”结构。部分教材没有把该结构作为连动句的组成部分，可能的原因是“有/没有”本身不表示动作行为，或者“有/没（有）+N”与后项动词之间没有明显的先后关系。我们认为是不是具体动作不重要，重要的是前后项之间有相承关系，“动作相承”的核心是后项动作承以前项结构。“有/没（有）+N”结构本身表意不完整，比如说如果单说“他有条件”，似乎没有说完，听话人很难明白说话人要表达什么。所以该结构需要承接一个动作行为完成表达，比如“农民和手工业者的子弟很少有条件入学”（北京大学 CCL）。“有/没（有）+N”结构在句子中表示可能、条件、能力等，其后需要承以具体的行为动作才是完整的表达。这符合“连动”的核心特征，所以该结构可以作为连动句的组成部分。⑨

（3）关于兼语结构。如果按照句法功能来判断，“买（V_1）了一份报纸看（V_2）/找（V_1）点事儿做（V_2）”“买（V_1）把刀切（V_2）菜”中的 N 分别是受事和工具，它们也兼任 V_2 的逻辑宾语，也该是兼语句了，但是这类结构一般都被排除在兼语结构之外。朱德熙[4]162 曾指出不能依据 N 与 V_2 的意义联系为结构定性；仅按照前后项动词共用的是否是施事主语来区分连动结构和兼语结构并不合适。我们认同朱德熙先生的论断，更为重要的是这类结构后项动词相承于前项动词。⑩再比如，“我命令/让他”单说很奇怪，后面必须承以具体的动词（动作）才表达完整，如“我命令/让他停止交易”。所以说兼语句的前后项动词（动作）之间有“相承”关系，所以说这些兼语结构都应该是连动结构的小类。

五、结论及相关思考

（一）结论

连动句在现代汉语语法体系中占有比较特殊的地位。本文考察了 30 余本（套）教材对于连动句的论述，发现大多教材会单列连动句（连动结构）

加以讨论。尽管各教材所采用的名称和定义差别不大，但是对结构的范围和类型却没有两本（套）是一样的，尤其是对形容词（短语）、“V+ 着”结构以及“有 / 没（有）+N”结构这三类结构能否作为连动句的组成部分，以及注释句、重动句和兼语句这三类句子是否属于连动句的认识存在很大的差异。

此外，教材的连动句系统也存在一些问题，各类教材对“V+ 着”结构、“有 / 没（有）+N”结构、“倒杯茶喝”结构以及注释句等的处理多有矛盾之处。这说明教材对连动句核心特征的认识并不一致。我们认为连动句研究有必要明确区分“动词相连”和“动作相承”，“连动”的核心特征是相承关系。

按照这一思路，我们可以把传统所述的“连续动词结构”（即通常所说的连动句）分为两类：动词相连类和动作相承类。后者才是真正的“连动”。这样处理可以很好地解决教材处理的分歧和问题，即形容词（短语）不能作为连动句的组成部分，注释句和重动句不属于连动句，“V+ 着”结构是否构成连动句要视情况确定；兼语句是连动句的小类，因为“兼语结构”中后项动作相承于前项结构，按照上文论述它属于连动句，所以说连动句中前后项动词是不是同一个主语并不重要；“有 / 没（有）+N”结构可以构成连动句，比如“他有钱上学”中，后项动作“上学”必须承以前项结构“有钱”，而且“有钱”还必须有后向动作相承才能表意完整，所以说连动句中前项动词是不是表示具体的动作也不重要。

这些结论有利于深入认识该结构。吕叔湘[3]对连动句的意见是“凡是能从形式上划成别的结构的，就给划出去”。本文的研究正是这一想法的尝试。

（二）相关思考

尽管有学者对连动句有着不同看法，比如张静[47]明确主张取消连动句，但是张静[22]350-361依然会在语法体系中单列“连动句”。这很大程度上是因为学界普遍认为连动句（包括兼语句）是现代汉语中的特殊句式，可见这一认识的深远影响。

张志公在《新编现代汉语·跋语》（张静[15]683）中说：“同一门学科多有几部不同类型的教材，是有益处的。教材的‘花样品种’多一点，是学术兴旺的可喜景象。”因此我们可以说，现代汉语教材的丰富多样反映的正是现代汉语研究的兴旺。现在我们又欣喜地看到，越来越多的研究似乎对一些传统看法提出了新的思考，这就需要我们重新审视这些所谓的特殊结构，并对其

“特殊性”做出合理的解释。⑪

注释：

① 学界对该现象的命名并不一致，有叫“连动”，有叫“连谓”，有叫“连述”；有称之为“式”，有称之为“句“，也有称之为“结构”。为了叙述的一致，本文统称为“连动句”。

② 有的教材虽然没有专门讨论“连动句”,但是也会在相应的章节讨论连动结构，比如在短语的类型中涉及连动短语，或者在谓语的类型中涉及连动谓语。本文对各教材连动句范围分歧的分析也包括以上这些教材中对“连动 / 谓结构”的论述。

③ 这也是有的教材中使用“连谓”而不用“连动”的主要原因，因为“谓”包含了形容词。

④ 或许会有这样一种疑问：教材中没有涉及不一定就否认该结构是连动句，因为教材中类型分析和举例并不是穷尽性的。但是这一疑问并不影响本文的论述，因为类型分析或者举例本身就是教材作者的一种倾向性或取舍,教材没有举例分析某结构，我们确实不能说该教材就没有把该结构处理为连动句，但是至少可以认为该教材没有把该结构作为普通的连动句来看待（更没有是把它作为典型的连动句），或者说明教材对是否把某结构归入连动句有犹豫。

⑤ 本文所论的“V+ 着”主要有两类，即“躺着看书”和“躺着不动”，此处专指前者，后者的讨论见下文。我们并不完全认同这一判断，因为“骑着马上山”“领着孩子逛公园”等实际上有两个意思，详见第四部分讨论。

⑥ 需要说明的是，张静并没有把连动结构作为独立于其他基本结构类型（主谓、动宾、偏正、联合、动补等）的结构关系，而是把它放在联合结构里，详见张静版《新编现代汉语（修订本）》第 345—355 页。我们并不完全认同这一判断，因为“骑着马上山”“领着孩子逛公园”等实际上有两个意思，详见第四部分讨论。

⑦ 唐健雄版《现代汉语》认为连动句表示连续发生的动作行为或并发性的动作行为，或者从不同方面合述某一件行为和事件。见第 364 页。

⑧ 马庆株版《现代汉语》（见 245 页）认为有的连动句中的两个动词之间可以有不止一种语义关系，既可以理解为方式与动作的关系，也可以理解为动作与目的的关系。我们认为从理论上讲，每一种“连续动词结构”都有两种理解，但在实际语言中往往只有一种意义得到凸显。

⑨ 需要说明的是，不是所有的“有 +NP”结构构成的句子都是连动句，比如张

斌版《现代汉语》（见 416 页）等把“村里有个姑娘叫小芳”归入兼语句，陆俭明版《现代汉语》（见 152 页）、张谊生版《现代汉语》（见 314 页）等把“有病不能上学 / 有事儿没有去”归入连动句。其实，这类结构中“有 +NP”本身就是完整的表达，比如“村里有个姑娘 / 他有病 / 他有事儿”都是独立的事件，在表达上不用后承以动词结构，也就是说这类结构中前后项之间没有相承关系。此外，“他有钱”和“他有钱读书”中的“他有钱”表意并不一样，前者就是陈述一个事实，不需要后续成分，而“有 +NP”表示条件等，则需要承以动作行为才能完成对一个事件的完整表达。

⑩ 可能会有疑问说，“他买了一份报纸”也是完整的表达，为什么说它需要后承一个动词短语？其实“他买了一份报纸”不仅是一个完整的表达，更是一个独立事件；“他买了一份报纸看”也是一个完整的表达，而且“买了一份报纸”和“看”两个动词短语构成一个完整的事件。在这个完整的事件内，我们说后者承接于前者。

⑪ 连动句（含兼语句）似乎不是留学生学习的难点，尽管很多教材都有连动句和兼语句语法点的讲解，但是笔者教授留学生初级（一）语法点时并不专门讲授该句式，但是学生在后半学期就已经可以表达“我去图书馆看书”之类的句子。我们有理由相信，“连动”“兼语”是人类认知和表达的共性，并非现代汉语的特点，我们将另文专论。

参考文献：

[1] 赵元任 . 北京口语语法 [M]. 北京：开明书店，1952:21–22.

[2] 丁声树等 . 现代汉语语法讲话 [M]. 北京：商务印书馆，1961 :112–118.

[3] 吕叔湘 . 汉语语法分析问题 [M]. 北京：商务印书馆，1979 :83.

[4] 朱德熙 . 语法讲义 [M]. 北京：商务印书馆，1982.

[5] 宋玉柱 . 也谈“连动式”和“兼语式”——和张静同志商榷 [J]. 郑州大学学报（哲学社会科学版），1978（2）：32–40.

[6] 周国光 . 儿童语言中的连谓结构和相关的句法问题 [J]. 中国语文，1998（3）:181–188.

[7] 刘丹青 . 汉语及亲邻语言连动式的句法地位和显赫度 [J]. 民族语文，2015（3）：3–22.

[8] 杨成凯 . 连动式研究 [A]// 中国语文杂志社 . 语法研究和探索（九）. 北京：商务印书馆，2000: 106–121.

[9] 张斌 . 新编现代汉语（第二版）[M]. 上海：复旦大学出版社，2013.

[10] 邢福义，汪国胜 . 现代汉语 [M]. 北京：高等教育出版社，2010.

[11] 黄伯荣，廖序东 . 现代汉语（下册，增订四版）[M]. 北京：高等教育出版社，2007.

[12] 马洪海 . 现代汉语教程 [M]. 上海：上海交通大学出版社，2017.

[13] 冯志纯 . 现代汉语（下册，增订本）[M]. 重庆：西南师范大学出版社，2002.

[14] 骆小所 . 现代汉语引论（修订版）[M]. 昆明：云南大学出版社，2005:140.

[15] 张静 . 新编现代汉语（修订本）[M]. 上海：上海教育出版社，1986.

[16] 周一民 . 现代汉语（第 3 版）[M]. 北京：北京师范大学出版集团 / 北京师范大学出版社，2010 .

[17] 唐健雄 . 现代汉语 [M]. 石家庄：河北人民出版社，2007:364.

[18] 马庆株 . 现代汉语 [M]. 北京：中国社会科学出版社，2010.

[19] 北京大学中文系现代汉语教研室 . 现代汉语（增订本）[M]. 北京：商务印书馆，2012 .

[20] 张谊生 . 现代汉语 [M]. 北京：中国人民大学出版社，2013.

[21] 郑尔君 . 现代汉语 [M]. 合肥：中国科学技术大学出版社，2013 :211.

[22] 张静 . 现代汉语 [M]. 北京：高等教育出版社，1988.

[23] 胡裕树 . 现代汉语（重订本）[M]. 上海：上海教育出版社，1995 :330–332.

[24] 邵霭吉，冯寿忠 . 现代汉语概论 [M]. 北京：中国社会科学出版社，2009:285–286.

[25] 邢福义 . 现代汉语（修订版）[M]. 北京：高等教育出版社，2011.

[26] 邵敬敏 . 现代汉语通论（第二版）[M]. 上海：上海教育出版社，2012.

[27] 程祥徽，田小琳 . 现代汉语（修订版）[M]. 香港：三联书店（香港）有限公司，2013.

[28] 钱乃荣 . 现代汉语（重订本）[M]. 南京：凤凰出版传媒集团 / 江苏教育出版社，2008:165.

[29] 黄伯荣 . 现代汉语教程（全一册）[M]. 青岛：青岛出版社，1991:559.

[30] 齐沪扬 . 现代汉语 [M]. 北京：商务印书馆，2007.

[31] 张庆翔，刘焱 . 现代汉语（第二版）[M]. 上海：上海大学出版社，2008 :285–286.

[32] 杨文全 . 现代汉语 [M]. 重庆：重庆大学出版社，2010 :311–312.

[33] 陆俭明 . 现代汉语 [M]. 北京：北京师范大学出版集团 / 北京师范大学出版社，

2012.

[34] 兰宾汉，邢向东 . 现代汉语（下册）[M]. 北京：中华书局，2006 :135–136.

[35] 张志公 . 现代汉语（中册，试用本）[M]. 北京：人民教育出版社，1982 :18.

[36] 徐阳春，刘纶鑫 . 现代汉语 [M]. 北京：高等教育出版社，2008:221.

[37] 刘焱，汪如东，周红 . 现代汉语概论（留学生版）[M]. 上海：上海教育出版社，2009:213–214.

[38] 黄伯荣，李炜 . 现代汉语（下册）[M]. 北京：北京大学出版社，2012.

[39] 周国光，练春招，张舸等 . 现代汉语概论 [M]. 广州：广东高等教育出版社，2014 .

[40] 力量，丁烨，肖应平，等 . 现代汉语百题辨异 [M]. 南京：南京大学出版社，2014.

[41] 胡吉成 . 现代汉语基础（第二版）[M]. 北京：北京大学出版社，2015.

[42] 杨润陆，周一民 . 现代汉语 [M]. 北京：北京师范大学出版社，2003:307.

[43] 杨晓宇 . 实用现代汉语 [M]. 银川：黄河出版传媒集团 / 宁夏人民出版社，2015:281.

[44] 张登岐 . 现代汉语 [M]. 北京：高等教育出版社，2005.

[45] 马建忠 . 马氏文通 [M]. 北京：商务印书馆，1898/1998 :208–222.

[46] 杨西彬 . 现代汉语“连动句”的重新审视——从《马氏文通》的相关研究说起 [J]. 浙江师范大学学报（社会科学版），2016（6）：101–107.

[47] 张静 .“连动式”和“兼语式”应该取消 [J]. 郑州大学学报（哲学社会科学版），1977（4）:71–80.

“Verb–linking” or “Action–sequence”: With a Reference to the Scope of SVC in Modern Chinese Textbooks

Yang Xibin

(*College of International Education, Zhejiang Normal University*)

Abstract: Modern Chinese textbooks usually arrange separate sections for Serial Verb Constructions. While the name and definition of SVC are similar in these textbooks, there are lots of differences on its scope, especially whether three kinds of structures { the adjective phrase and the structure of "V + zhe [着] " and the structure of "you/mei（you）[有 / 没（有）] + N" } can be part of SVC or not, and three kinds of sentences（annotation-sentence, double-verbs sentence and bi-constituent sentence）belong to SVC or not. The contradictions of these textbooks indicate that they did not capture the characteristics of SVC. Distinguishing "verb-linking" from "action-sequence" can solve these controversies , and reveal the essence of SVC.

Key words: scope of SVC ; Chinese textbook ; verb-linking ; action-sequence

第二人称敬称的类型学考察

——论汉语“您们”的可接受性

李艳芝，王佳汇

（浙江师范大学国际文化与教育学院）

摘　要：人称代词是人类语言的普遍特征之一，在不同语言中人称代词所承载的功能不同。通过文献检索、访谈调查，本文考察了不同语系41种语言后发现，第二人称敬称在人类语言中呈现三种分布模式，体现了三种蕴含关系。在汉语人称代词的库藏中，第二人称复数敬称“您们”的地位一直未得到正式承认。基于BCC、CCL和人民网三大语料库，通过对“您们”用例的收集、整理和分析，揭示“您们”这一语法现象的使用现状与社会文化属性，并进一步预测汉语“您们”今后的发展走向。

关键词：第二人称；敬称；您们；跨语言

本文主要讨论世界语言第二人称代词所承载“敬称”（Honorifics）功能的类型分布及其特征，并由此讨论汉语第二人称复数敬称形式“您们”的规范化问题。本文主要围绕两个方面展开：首先，通过文献检索、访谈调查等方式，调查汉藏语系、印欧语系、阿尔泰语系、闪含语系与南岛语系，以及非洲、东南亚地区共41种语言中第二人称通称与敬称的不同表达方式，进而总结出人类语言第二人称敬称的三种分布模式与三种蕴含关系；其次，采取基于语料库的研究范式，以北京语言大学大数据与语言教育研究所开发的

作者简介：李艳芝（1981—），女，山东临清人，助理研究员，浙江大学语言学博士、博士后，浙江师范大学国际文化与教育学院副教授；

王佳汇（1997—），女，浙江宁波人，浙江师范大学汉语国际教育专业2015级本科生。

BCC 语料库、北京大学中国语言学研究中心开发的 CCL 语料库以及人民网的在线语料库（http://search.people.com.cn/cnpeople/news/index.html）三大语料库为来源，对其中出现的“您们”用例进行收集、分类、整理和分析，以此来检验“您们”在汉语中的接受度，并由此对“您们”在自然语言中的存活可能做出预测。

一

语言是文化的载体，根据说话人性别、年龄、身份、场合、社会地位等属性的不同，语言必然会打上社会文化烙印，并体现于人类语言的各个层面，语言的礼貌用语就是这方面的典型表现。从社会语言学角度来看，语言中的 T-V 差异（T-V Distinction，拉丁语代词 tu 与 vos），指的就是语言内部说话人与听话人之间使用不同代词进行交际的情况，其中代词的差异涉及不同程度的礼貌（Politeness）、社会距离（Social Distance）、殷勤（Courtesy）、熟悉性（Familiarity）、年龄或对听话人的侮辱等区别性信息（参见 Brown & Gilman，1960[1]；Crystal，2004[2] 等）。

从语言学角度来看，人称代词是人类语言普遍使用的交际手段之一，而人称代词的敬称形式又是礼貌义的传达手段之一。不同语言中人称代词所承载的功能不尽相同，主要表现在：有些语言中人称代词只发挥指代作用，而有些语言中除了指代，还可以承载性、数、人际距离等语法功能（Simon & Wiese，2002[3]；Panagiotidis，2002[4]）。

从语言心理学来看，在语言交际过程中，出于对听话人的敬畏或礼貌，不直接称呼其名，而使用第二人称复数或第三人称代词来表示第二人称代词单数敬称也是语言的常见现象（高名凯，1957[5]133）。

更进一步来看，不同语言第二人称代词编码礼貌义的方式也有所不同，表 1 是 Helmbrecht（2013）[6] 调查的 207 种语言对礼貌义的编码方式分类。

表 1　207 种语言礼貌编码方式的分类情况（转引自 Helmbrecht，2013[6]）

	礼貌编码形式	语言数目	语言总数目
第二人称	无礼貌差异	136	207
	二分礼貌差异	49	
	多分礼貌差异	15	
	由于礼貌原因避免使用第二人称	7	

据此，本文详细考察了汉藏语系、印欧语系、阿尔泰语系、闪含语系与南岛语系，以及非洲、东南亚地区 41 种语言（包括部分语言变体）中的第二人称敬称使用情况。

表 2　41 种语言中第二人称及其敬称的使用情况①

		第二人称			
		单数		复数	
		通称	敬称	通称	敬称
	日语	あんた / きみ / おまえ / きさま / てめえ	あなた	あなたたち / しょくん / みんなのもの	あなたがた
	韩语	너 / 자네	당신	니희 / 자네들 / 너희들	당신들 / 그대들 / 여러분들
非洲语言	本巴语 (Bemba)	iwe	imwe	imwe	imwe
	比同戛语 (Bitonga)	uwe	enu	enu	–
	伊博 (Igbo)	gi	–	unu	–
	斯瓦西里语 (Swahili)[7]	wewe	–	ninyi (nyinyi)	–
	昌戛纳语 (Changana)	wene	–	mwine	–
	年瑞戛语 (Nharinga)	wehano	–	nhuwano	–
	肖普 (Chope)	awu	–	anu	–
印欧语系	西班牙语 [8]	tú	vd./usted	vosotros(阳) vosotras(阴)	vds. /ustedes
	葡萄牙语 [9]	tu /você	vós	vós vocês	–
	意大利语 [10]	tu	voi Lei	voi	Loro voi(口语)

（续表）

		第二人称			
		单数		复数	
		通称	敬称	通称	敬称
印欧语系	乌尔都语	tū	āp	tum	āp
	印地语	tu	ap tum	tu lok	ap lok tum lok
	德语	du deiner (dein) dir dich	Sie Ihrer Ihnen Sie	ihr euer euch euch	Sie Ihrer Ihnen Sie
	法语	tu	vous	vous	–
	俄语	ты	вы	вы	–
	英语	you	–	you	–
闪含语系	阿拉伯语（埃及）	ÃäÊó(阳) ÃäÊö(阴)	ÍÖÑÊóß(阳) ÍÖÑÊöß(阴)	ÃäÊã(阳) ÃäÊä(阴)	ÍÖÑÊßã
	阿拉伯语（伊拉克）	ÃäÊó(阳) ÃäÊö(阴)	ÌóäóÇÈõßó(阳) ÌóäóÇÈõßö(阴)	ÃäÊã(阳) ÃäÊä(阴)	ÌóäóÇÈõßõãú
	阿拉伯语（也门）	ÃäÊó(阳) ÃäÊö(阴)	أنتم مكتدايس	أنتم	ÓíÇÏÊßã
	布坦语 (Bohtan)[11]	owət/ oyət owat/ oyat	–	axtun	–
	豪萨语 (Hausa)	kai(阳) ke(阴)	–	ku	–
阿尔泰语系	哈萨克语[12]	sen	siz	sender	sizder
	塔塔尔语[13]	sin/sen	siz	siz sinlɛr / senlɛr	sizlɛr
	维吾尔语	u	sli	slar	slar
	蒙古语[14]	ʧii	taa	taanăr	–
	鄂伦春语[15]	ʃii	–	ʃuu	–
汉藏语系	松瓦尔语 (Sunwar)	ge	ge.paki	goi	goi.puki
	藏语[16]	chø? ˨ chø? ˨ raŋ˦	che?˨ raŋ˦	chõ˨tsho˨ chø?˨ raŋ˦ts tsho˨	chē˥tsho˨ che?˨raŋ˦tsho˨ che?˨na?˨tsho˨

（续表）

		第二人称			
		单数		复数	
		通称	敬称	通称	敬称
汉藏语系	汉语普通话	你	您	你们	您们
	泰语	คุณ/ เธอ/ มึง / เอง/แก	ท่าน/ คุณ	พวกคุณ	พวกท่าน/ พวกคุณ
	白语	no˩	jĩ˥	na˥	–
	连城客家话	ŋ˥	–	ŋ˥ts^{h}i˥	–
南亚语系	越语	北方：mầy/ cậu/ấy 南方：bạn/ nó	anh/cô/ông/bà/ chị	北方：chúng mầy/ chúng bay / bay / các cậu 南方：các bạn	các ông/các bà/các cô
	柬埔寨语	eng	eng/ nak	boken	bok nak
	佤语	mai^{ʔ}	–	pe^{ʔ1}	–
	布朗语	mi^{ʔ2}	–	pɛ	–
南岛语系	印尼语（雅加达）	kamu	Anda	kalian	–
	马达加斯加语	ianao	–	ianareo	–
	马来语	anda/saudara/ saudari/awak/ kamu/engkau/ kau	–	anda sekalian awak semua	–

由表 2 进一步可看出，第二人称代词的单数与复数形式存在于诸多语言库藏中。然而，第二人称单数与复数的敬称形式却并非存在于所有语言中，其分布模式主要有三种：世界上很多语言都存在既有第二人称单数通称与敬称代词，也有第二人称复数通称与敬称代词的情况，如西班牙语、意大利语、印地语、德语、越语等；有些语言存在第二人称单数通称与敬称代词，也存在第二人称复数通称代词，但不存在第二人称复数敬称代词，如法语、俄语、蒙古语、白语、印尼语等；有些语言存在第二人称单数通称代词，也存在第二人称复数通称代词，却不存在第二人称单数与复数敬称代词，如斯瓦西里语（Swahili）、伊博语（Igbo）、鄂伦春语、英语等。

由表 2 还可以看出，在人类语言第二人称单数与复数及其各自敬称的

分布中，包含第二人称单数与复数通称的语言占100%，包含第二人称单数敬称的语言有27/41 = 65.85%，包含第二人称复数敬称的语言有20/41 = 48.78%。其中还体现了明显的蕴含关系，具体如下：第二人称单数与第二人称复数在人类语言中普遍存在；有第二人称单数敬称的语言未必有第二人称复数敬称；有第二人称复数敬称的语言一定会有第二人称单数敬称。

社会规范或准则是形式语法规则得以运行的重要因素（Premawardhena，2002[17]64），因此，采用有标语言形式对听话人进行指称，进而传达一种社会文化关系或信息是社会文化因素的重要体现。人称代词的敬称形式就是人们得以有效传达社会地位、身份、场合等信息的语言手段。

可见，汉语中第二人称复数敬称“您们”存在其社会学、语言类型学理据以及社会文化需求。随着语言自身的演变、语言接触程度的加强，以及汉语使用者为了表情达意，汉语第二人称复数敬称“您们”的使用也成了语言发展的必然。

二

众所周知，汉语中存在第二人称单数敬称“您”，然而对于复数敬称“您们”的规范化问题，语言学界一直争论不休。张斌（2008）提到，“您”是第二人称的敬称，在古代“您”是“你们”的合音形式，所以，口语中没有“您们”的说法。口语中一般说“您二位”“您几位”，书面上“您们”是可以接受的。[18]318 然而，这一现象并未得到权威语法体系的认可，也无任何一本语法专著或词典将“您们”收入其中。也就是说，在汉语人称代词的库藏中，无论是口语，还是书面语，“您们”的地位尚未得到承认。那么“您们”在自然语言中的使用情况如何？它是否可能被汉语语法体系接受？

喻芳葵（1884）提到，中国最早礼貌式的称呼不用代词，而只用名词。尊称对方用字号、爵位以及诸如“君、公、子、先生、大人、足下、陛下、阁下”等。至于表示第二人称敬称的复数形式，一直到汉代才开始萌芽，称对方为“公等”，且那时还不是词，后来又经过一系列演变。古人在逐步简化第二人称敬称形式的过程中，最终发展出了“您”。[19]314 在与汉语有着紧密联系的日语、韩语、朝鲜语中，第二人称尊称的发展也与此十分相似（周世安，1982[20]169；

陈欢，2017[21]75）。以下首先讨论汉语中“您”的历史与学者们对“您们”的接受度（Acceptability）。

（一）“您”的历史

关于“您”的历史来源主要有“合音说”与“语言接触说”两种，且讨论主要集中在20世纪八九十年代。

（1）合音说。最先对“您”的来历进行讨论的是吕叔湘和高名凯两位先生。吕叔湘（1940/1999）指出，金元俗语中“您”字常用于第二人称复数形式。[22]3 高名凯（1948/1957）认为“您”字是你ni加上一个 -m 收尾，第二人称多数式（即本文的“复数”）也是“你”加上带有m辅音的“们”mən字，即“您”是“你们”的合音。[5]135 王力（1958/2004）也指出，“您”在宋元史料中并不表示尊称，而是起源于“你们”的合音。[23]322-323 吕叔湘（1985）进一步指出，金元时代的人称代词“您”与现代汉语普通话的人称代词“您”是两个不同的语词，前者是“你们”的合音，表复数，没有尊称的意味，后者是“你老（＝你老人家）”的合音，是“你”的尊称形式。[24]36-38

赵敏（1995）对“您”的起源及其发展过程也有一个较为系统全面的阐述。她指出，第二人称代词复数“你们”的说法早在宋代已经出现，当时写作“你瞒，你门”，“瞒，门”就是后来的“们”字；“你（瞒、门）”连读读快了，就合音成了nim，后来演变为nin音，写作“您”，也作“恁”。由此可见，在宋元时代，“您”可用于复数，也可用于单数；从感情色彩上来看，它可用于尊对卑，可用于蔑称，但是并不含尊敬的意思，不用于敬称，可以认为，这时的“您”是个中称。“您”发展为第二人称的敬称大约形成于清代乾隆嘉庆之际，当时写作“儜”，读音近于“您”，用法跟今天的“您”完全相同；到清末，“您”已经发展为第二人称单数尊称了；到了现代，“您”则从京师土语进入到汉民族普通话中，成为运用广泛的礼貌用语了。[25]57-58 类似“合音说”的观点还可参见许光烈（1990）[26]79、陈欢（2017）[21]76 等。

（2）语言接触说。张俊阁（2010）借助语料的收集与分析提出，“您”是由于“你”的用法（含语法位置及单复数）变化而引起词音的变化（即从ni到nin）。他指出，宋金元时期是汉语与阿尔泰语接触融合的时期，其间汉语第二人称代词“你”在领属格的位置上，受阿尔泰语领属格辅音词尾n的影响发生了鼻音音变，即“你”由ni到nin，因而出现了借音字“恁”和新造字“您”。这是“语言接触说”的代表观点。[27]124

（二）对“您们”的接受度

学界对“您”的复数形式众说纷纭，有否定，如许浒（1986）[28]、吴一鸣（1996）[29]等，也有肯定。具体来看，肯定意见主要分以下几类（蒋卫中，1985[30]96；武金峰，1996[31]46，49）。

第一，“您”既可用于单数，又可用于复数，即单复数合二为一，以张斌（1988）[32]为代表。

第二，无论在口语中还是书面语中，用“您”的复数形式“您们”好于“您几位”，以邢福义（1991[33]，1996[34]）为代表。

第三，“您”用于复数时，可以用后附数量词的词组形式，书面上有“您们”的用法，而口语则不能，以吕叔湘（1999）[35]418为代表。

第四，“您”只用于单数，没有复数形式，以黄伯荣、廖序东（1991）[36]为代表；用于复数时不加“们”，只能用“您俩、您仨、您二位、您几位、您诸位”的词组形式来表达，以2010年第6版《辞海》（第1668页）[37]为代表。

可见，吕叔湘（1999）接受书面语的“您们”[35]，邢福义（1991[33]，1996[34]）接受口语与书面语两种语体的“您们”。认同“您们”合法地位的学者还有张寿康（1981）[38]、李庆义（1982）[39]、廖斯级（1982）[40]、周世安（1982）[20]、聆父（1996）[41]、赵贤德（1999）[42]等。

这里尤其要提到的是，邢福义（1996）结合“您”的历史发展指出，过去有的语言学家否定“您们”，主要论据为“您”是“你们”的合音。“您”是否就是“你们”的合音，有不同说法；即使是，也不能说明“您们”不能成立。语言的运用，取决于多方面的因素，并不是1+1＝2的简单算术关系。同时，文章还认为，“你们”的组造，遵循语言形式的类化法则，正是有了“您们”的出现，现代汉语中人称代词的“三身系统”十分匀整，因此，“您们”的使用具有一定的语用价值与理论意义。[32]101-102 我们赞同这种观点。

（三）“您们”的使用情况

为了详细考察“您们”在现代汉语中的具体使用情况，本文对北京语言大学大数据与语言教育研究所开发的BCC语料库以及北京大学中国语言学研究中心开发的CCL语料库进行穷尽式检索（检索日期2018年2月）。其中

BCC 语料库共检索到 7823 条（包括多领域、文学、报刊、微博、科技和古汉语六个板块）用例，排除无效用例（包括重复用例、出处不明用例等）后，有效用例 6932 条；CCL 语料库共检索到 299 条用例，排除无效用例（包括重复用例、出处不明用例等）后，有效用例 243 条。详细数据如下。

表 3　BCC、CCL 语料库中“您们”的使用情况

<table>
<tr><th></th><th></th><th>例数</th><th>总例数</th><th>总计</th></tr>
<tr><td rowspan="5">BCC</td><td>文学</td><td>2149</td><td rowspan="5">6932</td><td rowspan="7">7175</td></tr>
<tr><td>报刊</td><td>1185</td></tr>
<tr><td>微博</td><td>3244</td></tr>
<tr><td>科技</td><td>339</td></tr>
<tr><td>古代汉语</td><td>15</td></tr>
<tr><td rowspan="2">CCL</td><td>现代汉语（文学、报刊等）</td><td>220</td><td rowspan="2">243</td></tr>
<tr><td>古代汉语</td><td>23</td></tr>
</table>

由于 BCC 语料库中，科技与微博两个板块的用例出处无法考察，因此暂且对文学、报刊和古汉语三个板块中“您们”的数据年代进行分类和汇总。据考察，古代汉语仅出现 14 例，其余为现代汉语的文学、报刊语料，具体数据与使用趋势如下图。

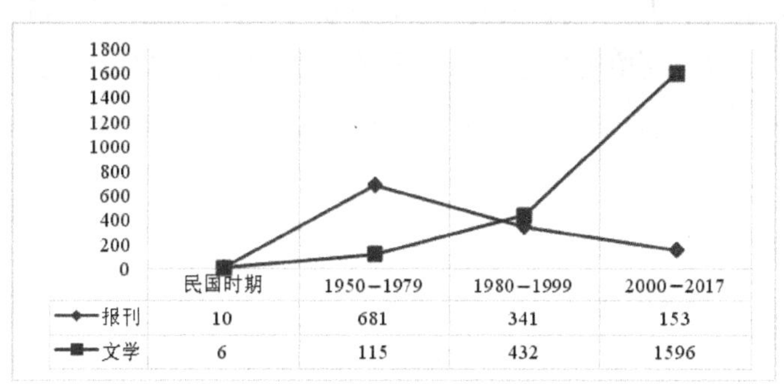

图 1　BCC 语料库中“您们”的使用情况

这里值得一提的是，文学作品虽然属于书面语，但是“您们”经常出现在作品人物的对话中，这种情况所占比例如下表。

表4　BCC语料库文学作品对话文体中“您们”的使用分布情况

时段	民国时期	1950—1979	1980—1999	2000—2017	总计
总用例	6	115	432	1596	2149
对话用例	6	110	396	1512	2024
比例 / %	100	95.65	91.67	94.74	94.18

每个时段代表性用例如下：

（1）“好久不见，您家里人都好吧？直美经常给您们添麻烦。”（川端康成《花的日记》）

（2）江玉帆关切地问：“您们去时昆仑掌门道玄道人怎么说？”（忆文《金斗万艳杯》）

（3）冬冬说：“立场？立场？您说我站在什么立场？您们当然是站在党的立场，您们牺牲，您们从党那里得到的东西并不比您们献给党的少！”（王蒙《蝴蝶》）

（4）上尉问道：“大人，您们这次出去遇到危险了？”（风似刀《大汉骑军》）

由例（1）至例（4）可见，虽然“您们”出现的文本材料确实为书面语（即文学），但实际出现的语境则为口语（对话文体为主）②，这与学者所提“您们”仅用于书面语而不用于口语的情况明显不符。

由图1与表2可知，“您们”这一用例在BCC语料库的文学、报刊、古汉语三大板块中的使用总体均呈上升趋势，且对“您们”仅能用于“书面语”的论断也需重新认识。也就是说，“您们”这一用法，虽然尚未得到语法学界的认可，但经过长期争鸣后这一用法正逐渐被越来越多的人接受。

再看“您们”在CCL语料库（包括“现代汉语”与“古代汉语”）中的使用情况。

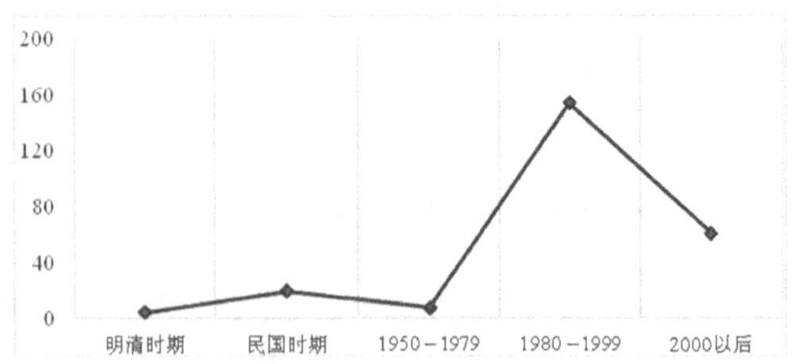

图2　CCL语料库中“您们”的使用情况

由图 2 可见，2000 年以后这一时段“您们”用例趋势出现明显回落，这很可能是由于 CCL 语料库更新较慢，21 世纪后语料数量十分有限造成的。为了弥补 21 世纪语料的缺失，我们又根据人民网在线语料库，进一步搜索跟踪“您们”在 21 世纪的使用情况，2004 年至 2018 年“您们”的语例数目统计如图 3。

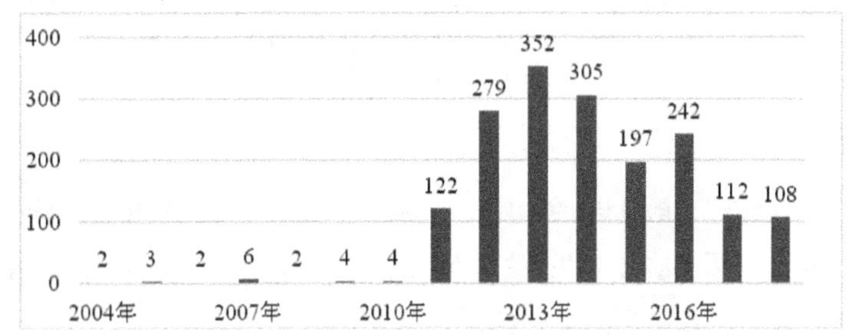

图 3　人民网在线语料库中“您们”的使用情况

通过检索发现，人民网在线语料库的最早用例来自 2004 年，2018 年检索到有效用例 65 条，截止到 2019 年 5 月 31 日，共检索到 1740 条有效用例，涉及教育、国际、时政、法治、财经、房产等新闻板块的正式文体，其中口语会话材料 469 条③，占总数的 26.95%。由上图可见，21 世纪以后，人民网在线语料库中“您们”的使用与 BCC、CCL 两个语料库中“您们”用例的年代分布趋势一致，都总体呈现上升趋势。

综上所述，“您们”在经历了 20 世纪八九十年代及其以后的争鸣后，虽然还没有得到权威语法体系与学术界的一致认可，但是这一用法在自然语言中已经被广大语言使用者接纳。到了 21 世纪，“您们”的用例仍旧呈现上升趋势，被广泛地应用于文学、报刊、微博等多个领域的不同文体语言中，这都也显示了“您们”蓬勃的生命力。

三

本文采用类型学研究视角，通过考察 41 种不同语系语言中第二人称单数敬称与复数敬称的存在与分布模式，论证了“您们”在汉语中存活的可能性；

同时，本文通过采用基于语料库的研究范式，通过统计 BCC、CCL 与人民网三个大型语料库，证明了“您们”已经逐渐为广大汉语使用者所接受。具体来看，本文发现，随着语言的不断演变，无论是书面语，还是口语层面，第二人称复数敬称“您们”正不断得到广大语言使用者的接受；随着语言的进一步发展，“您们”有望正式进入“汉语人称代词库藏”的大家庭中（刘丹青，2011，2012，2018 等）。最后本文提出，第二人称复数敬称“您们”在自然语言中得以存活，是社会文化因素在语言层面发挥效力的典型表现。

注释：

① 表中本巴语、比同戛语、伊博语、昌戛纳 / 隆加语、乌尔都语、肖普语、印地语、阿拉伯语（埃及）、阿拉伯语（伊拉克）、阿拉伯语（也门）、马达加斯加语、维吾尔语、泰语、越语、柬埔寨语、印尼语均为实际调查所得。

② BCC 语料库文学板块非口语的情况大致有三种：文章底部的致谢语言、通告、感谢信。

③ 由于人民网所使用语言多数为书面语，如新闻稿、书信、政府请求信等；然而出现在采访等活动中，明显为会话语言，如直接引用某人话语或被标出某某说之类后的句子，则被视为会话文体，即口语。

参考文献：

[1] BROWN，R，& GILMAN，A. The pronouns of power and solidarity[A]. In T. A. Sebeok（ed.）. Style in Language[C]. MIT Press，1960：253–276.

[2] CRYSTAL，David. The Stories of English[M]. Overlook Press，2004.

[3] SIMON，Horst J. & Heike Wiese（eds.）. Pronouns–Grammar and Representation[C]. Amsterdam: John Benjamins Publishing Company，2002.

[4] PANAGIOTIDIS，PHOEVOS. Pronominal nouns[A]. In Horst J. Simon & Heike Wiese（eds.）. Pronouns–Grammar and Representation[C]. Amsterdam: John Benjamins Publishing Company，2002，pp.183–203.

[5] 高名凯 . 汉语语法论（修订本）[M]. 北京：科学出版社，1957：133–140.

[6] JOHANNES HELMBRECHT. Politeness Distinctions in Pronouns[A]. In: Dryer，Matthew S. & Haspelmath，Martin（eds.）. The World Atlas of Language Structures Online[C]. Leipzig: Max Planck Institute for Evolutionary Anthropology，2013.（Available

online at http://wals.info/chapter/45，Accessed on 2018-08-26.）

[7] THOMPSON，KATRINA DALY & ANTONIA FOLARIN SCHLEICHER. Swahili Learners' reference Grammar[M]. NALRC Press，2001.

[8] 张雄武 . 西班牙语语法 [M]. 北京 ：商务印书馆，1978.

[9] 王锁瑛，鲁晏宾 . 葡萄牙语语法 [M]. 上海 ：上海外语教育出版社，1999.

[10] 王军 . 意大利语语法 [M]. 北京 ：外语教学与研究出版社，2006.

[11] FOX，SAMUEL ETHAN. The Neo-Aramaic Dialect of Bohtan[M]. Gorgias Press，2009.

[12] 耿世民，李增祥 . 哈萨克语简志 [M]. 北京 ：民族出版社，1985.

[13] 陈宗振，伊里千 . 塔塔尔语简志 [M]. 北京 ：民族出版社，1986.

[14] 道布 . 蒙古语简志 [M]. 北京 ：民族出版社，1983.

[15] 胡增益 . 鄂伦春语简志 [M]. 北京 ：民族出版社，1986.

[16] 金鹏 . 藏语简志 [M]. 北京 ：民族出版社，1983.

[17] PREMAWARDHENA，NEELAKSHI CHANDRASENA. Reference devices in Sinhala[A]. In Horst J. Simon & Heike Wiese（eds.）. Pronouns-Grammar and Representation[C]. Amsterdam: John Benjamins Publishing Company，2002 ：63-83.

[18] 张斌 . 新编现代汉语（第二版）[M]. 上海 ：上海复旦大学出版社，2008 ：318.

[19] 喻芳葵 . 谈"您"的复数形式 [J]. 社会科学战线，1884（4）：314-317.

[20] 周世安 . 且说"您们"[J]. 黄石师范学报，1982（2）：167-169.

[21] 陈欢 . 从"您们"的合法性角度看现代汉语敬称词汇体系 [J]. 现代交际，2017（17）：75-76.

[22] 吕叔湘 . 汉语语法论文集 [M]. 北京 ：商务印书馆，1999 ：1-37.

[23] 王力 . 汉语史稿 [M]. 北京 ：中华书局，2004 ：322-323.

[24] 吕叔湘 . 近代汉语指代词 [M]. 上海 ：上海学林出版社，1985 ：36-38.

[25] 赵敏 . 从"您"的历史轨迹看"您们"的使用 [J]. 广西师院学报（哲学社会科学版），1995（1）：57-60.

[26] 许光烈 . 为"您们"正名 [J]. 内蒙古民族师院学报（哲学社会科学汉文版），1990（3）：79-80.

[27] 张俊阁 . 近代汉语第二人称代词"您（恁）"的来源 [J]. 聊城大学学报（社会科学版），2010（1）：124-127.

[28] 许浒 . 这个“您们”用错了 [J]. 语文教学与研究，1986（11）：32–33.

[29] 吴一鸣 .“您”与“您们”[J]. 咬文嚼字，1996（4）：41.

[30] 蒋卫中 . 浅谈“您”的复数形式 [J]. 西华师范大学学报（哲学社会科学版），1985（4）：96–100.

[31] 武金峰 .“您”的复数形式研究概述 [J]. 伊犁师范学院学报（社），1996（1）：46–49.

[32] 张斌 . 现代汉语 [M]. 北京：中央广播电视大学出版社，1988.

[33] 邢福义 . 现代汉语（全一册）[M]. 北京：高等教育出版社，1991.

[34] 邢福义 . 说“您们”[J]. 方言，1996（2）：100–106.

[35] 吕叔湘 . 现代汉语八百词 [M]. 北京：商务印书馆，1999：418.

[36] 黄伯荣，廖序东 . 现代汉语（增订本）下册 [M]. 北京：高等教育出版社，1991.

[37] 夏征农，陈至立 . 辞海（第六版）[M]. 上海：上海辞书出版社，2010：1668.

[38] 张寿康 . 浅谈礼貌语言兼及“您们”的用法 [J]. 语文研究，1981（2）：67–71.

[39] 廖斯级 . 谈“您们”[J]. 汉语学习，1982（5）：36–37.

[40] 聆父 . 为“您们”一辩 [J]. 咬文嚼字，1996（9）：24–25.

[41] 李庆义 . 对“您们”的一点看法 [J]. 语文学习，1982（2）：55.

[42] 赵贤德 . 再说“您们”[J]. 咬文嚼字，1999（7）：28–29.

Typological Study of Second Person Honorifics: On the Acceptability of "Ninmen" in Mandarin Chinese

Li Yanzhi, Wang Jiahui

(*College of International Education, Zhejiang Normal University*)

Abstract: Personal pronoun is one of the universal features in the inventory of human language, whereas they commonly carry various functions in different languages. In the light of the cross-linguistic investigation on fourty-one languages in different families as well as the ones in Africa and East Asia, the article indicates that the honorific form of second person displays three distribution patterns, and implies three inference relations among languages. Due to the fact that the honorific of second-person plural in Mandarin Chinese has not been accepted by any reference grammar or authoritative dictionaries in China, this paper conducts a corpus-based study and proposes that the pragmatic use of "ninmen" in the oral and written languages in Chinese has increasingly been accepted, the extensive use of the second-person plural "ninmen" is essentially determined by social and cultural properties.

Key words: second person; honorific; ninmen; cross-linguistic

消极评价句式“NP动不动就VP”及其教学问题

马洪海，单光素，马思鸣

（浙江师范大学国际文化与教育学院；

国家税务总局池州市贵池区税务局；上海第二工业大学国际交流学院）

摘　要：“NP动不动就VP”是现代汉语里一个常用的句式，具有消极评价的语用功能。根据调查，留学生并不能很好地把握这一句式的消极意义评价的主观色彩，对这一句式的使用常常采用回避的态度。本文从对外汉语教学的角度，将“NP动不动就VP”看作是一种句式，对这一句式的结构特点及语用功能进行描写，并根据功能教学法对该句式提出相应的教学建议。

关键词：句式；动不动就VP；消极评价

一、引言

现代汉语里“NP动不动就VP”是一种使用频率较高的句式，通常用来表示消极意义的评价。《高等学校外国留学生汉语教学大纲》“功能项目表”中所列的“评价”“满意/不满意”“抱怨”等功能项目都与该句式有关[1]48；副词“动不动”被列入中等阶段词汇。[1]192-193 根据我们的调查，中高级阶段

基金项目：国家社科基金项目“框架语义理论视角下的对外汉语句式系统研究”（编号：16BYY105）成果。

作者简介：马洪海（1964—），男，河南正阳人，浙江师范大学国际学院教授，博士生导师；
单光素（1993—），女，安徽马鞍山人，国家税务总局池州市贵池区税务局，硕士；
马思鸣（1988—），女，上海第二工业大学国际交流学院讲师，硕士。

的留学生对“NP 动不动就 VP”这一句式的掌握情况并不是很理想，留学生并不能很好地理解这一句式的主观性色彩，对这一句式的使用常常采用回避的态度。

本文从对外汉语教学的角度，将“NP 动不动就 VP”看作是一种句式，对这一句式的结构特点及语用功能进行描述，通过调查，梳理“NP 动不动就 VP”句式教学中存在的问题，并提出相应的教学建议。

二、评价句式及其类型

（一）关于评价句式

评价是说话者对所谈论的人、事、物的主观看法，是说话者的价值判断。评价具有二元对立的特点，它包含两个对立面，既有对评价对象的褒扬、肯定和支持，也有对评价对象的贬斥、否定和反对。

刘慧（2011）将评价句分为三类：基于句式义的评价句、基于具体词汇义和抽象关系义的评价句、基于语气义的评价句。[2] 从句式的角度来看，汉语表示评价的句子丰富多彩，表现形式多种多样，如“NP 一副 X 的样子”“哪里是 A，简直是 B”“为 X 而 X”“NP 动不动就 VP”等。从功能来看，汉语里的这些句子常常用来表达评价，具有表达评价的语用功能，在句法结构、语用功能上都具有一定的特色，我们可以将其统称为“评价句式”。

（二）评价句式的类型

评价具有不同的情感态度，是评价者的主观价值判断，有的是对评价对象的褒扬和肯定，也有的是对评价对象的贬斥和否定。据此可以把评价句式分为积极意义的评价句式和消极意义的评价句式两大类。表达褒扬肯定的一类评价句式称为积极意义的评价句式，简称“积极评价句式”；表达贬斥否定的一类评价句式称为消极意义的评价句式，简称“消极评价句式”。本文所说的“NP 动不动就 VP”就属于消极评价句式一类。

三、“NP 动不动就 VP”的构成成分

根据框架语义学理论，一个完整的评价语义框架应包括评价主体、评价对象、评价标准和评价结果四个框架元素。评价主体是指发出评价的言说者，在汉语里通常是隐含的，在句法结构上不出现。评价对象是言说者所评价的人、事、物，在汉语句法结构中通常表现为句子的主语，用 NP 表示。评价标准通常是根据动作行为发生的常规条件和频次，在汉语“NP 动不动就 VP”句式中通常也是隐含的。评价结果是言说者对评价对象的主观评价，在汉语“NP 动不动就 VP”句式中由“动不动就 VP”承担。

（一）“NP 动不动就 VP”中的“NP”

NP是评价的对象，是句式中的主语，通常由名词、代词或名词性词组充当。有时 NP 因上文出现过或因特定的语境而省略，形成“动不动就 VP”的形式。例如：①

（1）张叔叔的脾气很古怪，动不动就发火，我们都怕他。

（2）她这人真不好对付，动不动就寻死觅活。

（3）有的老师偏心眼，只喜欢听话、学习好的，对我们动不动就向家长告状。

（4）如今，动不动就在建筑物上用琉璃瓦加个亭子顶。

（5）20 世纪 90 年代，一件感人肺腑的事，全国人民都跟着哭；现在电视上动不动就哭，却一件感人肺腑的事都没有。

例（1）评价对象“NP”是“张叔叔”，由名词充当，例（2）评价对象“NP”是“她这人”，由同位词组充当，例（3）评价对象“NP”是“有的老师”，由名词性的偏正词组充当，例（4）和例（5）的评价对象因特定的语境而省略。

（二）“NP 动不动就 VP”中的“动不动”

学界对“动不动”的研究较多。《现代汉语词典》对“动不动”的解释是：“表示很容易产生某种行动或情况（多指不希望发生的），常跟‘就’连用：～就感冒 / ～就发脾气。”[3] 吕叔湘（1980）提到“动不动”有两种情况：“一种

表示一般的疑问，如‘你还动不动我的东西了？’另一种是固定短语，表示极容易做出某种反应或行动，多用于不希望发生的事。”[4] 现代汉语的“动不动”是一个副词，但属于什么类型的副词，学界看法不尽一致。有的认为是时频副词，如王世凯和刘嵚（2006）[5]、别晨霞和方绪军（2009）[6] 等。也有人认为属于评注性副词，如朱军（2012）[7]、张谊生（2014）[8]。

副词“动不动”与“经常”“常常”“总是”“老是”等是一组近义词。已有学者做过对比研究，如王世凯、刘嵚（2006）将副词“动不动”与“常常”进行比较[5]，王宪坤（2007）将副词“动不动”和“经常”进行对比[9]。

我们认为“动不动”属于具有评注性意义的频度副词。频度副词是指某动作、行为、事件发生的频率，按照频率的高低层级不同，可以把频率副词分为高频副词、中频副词、低频副词。“动不动”同“常常、经常、通常、时常、不时”等副词一样，是属于中频意义的副词，用来表示动作行为发生的频率。但“动不动”还能表达消极倾向的主观性评注意义，带有一定的“否定、贬抑、责备、埋怨”等主观感情色彩，因而是具有评注性意义的频度副词。

“动不动”这个评注性频度副词在“NP 动不动就 VP”句式中充当状语，其位置相对比较固定，一般是放在主语 NP 之后、谓语中心语 VP 之前。

（三）“NP 动不动就 VP”中的“就”

在“NP 动不动就 VP”句式中，“动不动”常跟副词“就”连用，“动不动就”中的“就”表示加强肯定，具有强调的作用，在口语中使用时一般需要重读，用以加强句式中这种不符合一般频率、不符合常规的意义。比较下面的例子：

（6）你不是三岁小孩了，动不动哭。

（7）你不是三岁小孩了，动不动就哭。

例（6）的可接受度比较低，人们通常不会这么说。例（7）则明显更顺畅，更符合日常交际。

“NP 动不动就 VP”句式也有省略“就”的例子，但所占比例很小。根据 CCL 语料库检索出的 500 例“NP 动不动就 VP”句式，省略“就”的句子不到 10%。根据例句我们发现一般省略评价对象且直接以“动不动”开头的句子，省略“就”的情况较多。此外，在口语对话中省略“就”的情况比书面语多。

（四）“NP 动不动就 VP”中的“VP”

“NP 动不动就 VP”句式中，VP 通常由动词或动词性词组构成。例如：

（8）这孩子动不动就哭。

（9）小两口动不动就闹离婚。

（10）从小爸爸相当严厉，动不动就因为一点小事打我。

例（8）中的 VP 是“哭”，由动词充当；例（9）中的 VP 是“闹离婚”，由动宾词组充当；例（10）中的 VP 是“因为一点小事打我”，由带状语的动宾词组充当。句式中的 VP 是由主语 NP 发出来的动作或行为，通常具有比较强的动作性，动词主要是行为动词、心理动词等。对 CCL 语料库中的例句进行统计，VP 是行为动词的例子达 90% 以上。

“NP 动不动就 VP”句式中，VP 有时也可以是形容词，主要是表示心理状态的词，如“紧张”“伤心”“伤感”“激动”“骄傲”等。例如：

（11）他动不动就紧张。

（12）这姑娘动不动就伤感。

（13）老爷子动不动就激动。

有时，句式中的 VP 不出现，“动不动就”后面直接跟名词性词组。这种用法相对比较少见，可以看成是 VP 的省略。例如：

（14）人人都出汗，动不动就一身痱子。

（15）一套标有国际名牌的时装动不动就几千元，甚至上万元。

例（14）中“一身痱子”是名词性词组，可以看成省略了动词“长”，原应为“动不动就长一身痱子”；例（15）中“几千元”是数量词组，可以看成省略了动词“要”，原应为“动不动就要上千元”。

能够进入这一句式的 VP 通常具有贬义性，这些动作行为大多都是不符合人们的主观预期或者是违背常规的。能够进入这一句式的中性词和褒义词相对较少。

四、“NP 动不动就 VP”句式义和语用分析

（一）“NP 动不动就 VP”句式义

“NP 动不动就 VP”这一句式的句式义是言说者对述说对象进行消极意义的主观评价。这种消极意义的主观评价主要源自“动不动”一词。从频率上看，“动不动”是一个表示中频意义的频度副词，与“经常”“常常”义近。“经常”和“常常”通常用于陈述一件事情或描述一种状况时，客观地陈述这一动作行为的频率较高。而“动不动”除了表示频率意义之外，还表达了说话者的主观评价，带有一定程度的主观感情色彩。“动不动”一词的使用使得“NP 动不动就 VP”句式获得了更为丰富的语义内涵：一是表示该动作行为“轻易”就发生；二是这种动作行为的频率超出常规、违背了说话者的预设信息；三是表达了说话者的主观评价，具有一定的不满、责备等负面评价的感情色彩，也就是消极评价义。

我们可以从以下方面分析这一句式的消极评价语义。一是句中的 VP 所表示的动作行为或事件会更加容易发生，带有一种轻易、轻率、随性的意味。相对于 VP 发生的一般频率来说，其发生的频率变得很高，超出了常规的认知范围。二是“NP 动不动就 VP”句式的主观评价义与“动不动”的语义虚化用法有一定关系。“在虚化过程中语义的演变，往往是由某一功能 / 语义在上下文的影响下，由命题的功能变成语言表现上的功能。”[10] 语法化的产生受到认知心理因素、语境、词义特点、句法位置的变化等多种因素影响，是一个由具体到抽象、客观到主观的变化过程，所以一个形式的语法化往往会伴随着主观化。“动不动”由叠结的并列词组逐渐虚化成具有消极评价功能的频度副词，在这一语法化过程中也伴随着主观化，也就形成了一定的主观判断意义，由客观意义转变为主观意义，由非认识情态转为主观认识情态。三是句式赋予了中性词或褒义词消极意义。中性词或者褒义词本来是表示一般常规性或者积极性意义的动作行为，但是一旦进入“NP 动不动就 VP”这一句式当中就会凸显出违反说话者预期的意思，显现出这一动作行为发生的频率变得不符合常规了。例如：

（16）现在的学生<u>动不动</u>就到外面请客吃饭，有一些同学是在负债消费，

他们的学费、生活费都是贷款而来。

（17）你动不动就表扬他，他现在变得可自负了。

例（16）中，“请客吃饭”本来并没有贬义，但是由于受“动不动就VP”句式的影响，这一常规的动作行为也变得不符合正常情况了，违背了说话者的心理预期。“请客吃饭”发生的频率有多高并不是说话者真正在意的，说话者真正在意的是这一动作行为或事件违反了说话者的预设信息，与说话者的主观相违背，因而也就带有更明显的主观评价色彩。例（17）中“表扬”一词本来是个褒义词，常用来表达积极的夸赞意义，但是放在这一句式中其意义就会改变，这个句子实际表达的意思是“你表扬他不好”“你不该经常表扬他”。

（二）“NP动不动就VP”句式语用分析

（1）“NP动不动就VP”句式具有消极评价的语用功能。“NP动不动就VP”可以单独成句，语义自足。独立成句时通常具有评价语用功能，评述对所谈论的人、事、物的主观看法，表达贬斥、否定等意义，是对评说对象的一种消极评价。因此，该句式中的VP多是表示贬义的词语。

我们在CCL语料库中，检索出前500条（包括重复例句）使用“NP动不动就VP”的例句。根据统计，VP多是含有贬义色彩的词或词组，其次是中性的，褒义的最少。其中VP属于贬义性的词或词组的有289例，属于中性的词或词组的有206例，属于褒义性的词或词组的仅有5例，三种情况所占比例分别是57.8%、41.2%、1.0%。正是因为整个句式具有消极评价功能，无论“动不动”后面的VP是褒义、中性还是贬义，进入该句式后都被赋予一定的“贬义”色彩。例如：

（18）有些单位抓落实，动不动就开会，而且把领导与会作为衡量领导重视与否的唯一标准。

“开会”是一个中性词，并不带有任何贬义的感情色彩，但进入“NP动不动就VP”这个句式之后，“开会”这一动作行为及其发生的频率变得不符合常规或者变得不符合说话者的心理预期。在说话者看来，“开会”这一常规行为变得不符合常规了，发生频率太高，超出一般的频率，由此说话者就发出了主观评论，表达自己对“有些单位”的不满、埋怨，且在后续句中进一步补充说明自己的不满情绪，“把领导与会作为衡量领导重视与否的唯一标准”，其中的“唯一标准”也充分反映了说话者主观评价的感情色彩。这种评价的主观性相较于一般的频率副词能够强烈地凸显说话者的主观情绪。再如“他常常请客吃饭”，只是在陈述一个客观事实，没有包含主观评价；而“他动不动就请客吃饭”，包含的语用意义更加丰富，除了包含“他常常请客吃饭”意义之外，还带有说话者的主观感情，或不满或指责或批评。

（2）“NP 动不动就 VP”句式与陈述句相适应。从句类来看，“NP 动不动就 VP”句式特别适宜用陈述句的形式表达。使用陈述句形式的频率最高，比例高达 95%，祈使句、疑问句（反问）、感叹句的使用频率都很有限。

陈述句一般是用来陈述说话者的某种观点或陈述某一事实，并不具有评价色彩。而“NP 动不动就 VP”句式带有比较强烈的主观评价性，通常表达消极的感情色彩。如果用祈使句、疑问句（反问）、感叹句的形式来表达这种主观性的消极评价，则语气会显得格外强烈，受交际中礼貌原则的影响，人们会选择相对委婉的陈述句来表达这种消极意义的主观性评价，以此来缓和句式中的负面感情。

（3）“NP 动不动就 VP”句式与口语语体相适应。从语言的交际方式和功能出发，语体可以分为口语语体和书面语体两类。“NP 动不动就 VP”句式主要用于口语。

此外，从语用功能看，“动不动就”具有突出焦点的作用，“NP 动不动就 VP”句式的焦点是“NP 动不动就”后面的“VP”。

五、“NP 动不动就 VP”句式的教学问题

（一）留学生消极评价句式习得情况的调查

消极评价句式虽然结构上比较简单，但对留学生来说掌握其用法还存在一定的困难。为了解留学生对汉语消极评价句式的整体掌握情况，我们选取中高级水平的学生进行了调查。本次调查随机选取 28 名调查对象，其母语各不相同。问卷内容分为两个部分，一是对汉语消极评价句式的熟悉度调查，二是对“NP 动不动就 VP”这一具体句式习得情况的调查。[②]

在对汉语消极评价句式的熟悉度调查中，选取了常用的消极评价句式“NP 动不动就 VP”“哪里是 A，简直是 B”“还 NP 呢”，将这些句式放在具体的语

境中，且标明句子所要表达的意思。我们采用了五分量表的评定方法："1"表示一点也不熟悉，"2"表示不太熟悉，"3"表示一般，"4"表示比较熟悉，"5"表示非常熟悉。以此来评定留学生对这一句式的熟悉度，然后对每一种句式的熟悉值求平均值，取5的中间值2.5进行划分，平均熟悉值高于2.5的属于掌握程度较好的句式，低于2.5的属于掌握程度较差的句式。结果显示，留学生对于这几类汉语消极评价句式的熟悉度并不是很高，总的平均熟悉值大约是1.982，低于中间值。通过进一步访谈得知，大多数留学生都表示曾经学过这些句式，但对于这些句式所表达的言外之意或者语用意义还不甚理解。

在对"NP动不动就VP"这一句式的习得调查中，问卷题型分为两种：客观选择题和主观造句题。通过客观选择题来调查留学生是否掌握"NP动不动就VP"这一句式的消极评价的语用功能以及"动不动"同"经常""老是"等频度副词的区别；通过主观造句题了解留学生对并列结构的词组"动不动"和频度副词"动不动"的区别，直接给留学生一段语料让其辨别其中不同的"动不动"的含义，再分别用它来造句。两种不同的题型从不同的角度考察留学生对这一句式的掌握程度。调查结果显示，留学生对于"NP动不动就VP"句式的掌握情况并不是很好，总的正确率只有39.58%。留学生造句时出现了多种偏误，例如：

（19）爸爸非常爱我，动不动就陪我旅行。

（20）妹妹长得很可爱，脸儿动不动就红红的。

（21）宝宝动不动哭。

（22）我要告诉您，您不要一动不动就打，就骂他。

消极评价句式"NP动不动就VP"产生偏误的原因主要表现在学习策略、目的语知识负迁移和母语负迁移方面。首先，学习者在习得该句式时经常会采用学习策略中的回避策略，多数会选择使用在初级阶段就已经学习过的"经常""常常"等时频副词进行相应的表达。其次，由于留学生对该句式掌握得还不够全面，造成不该使用该句式而用了该句式。再次，留学生习得该句式时还会受母语负迁移的影响，如英语为母语的学习者就会把"动不动就"和"often"相对应。

（二）"NP动不动就VP"句式教学建议

《发展汉语》（中级口语Ⅱ）里已出现"动不动就VP"这一语言点。《发展汉语》(中级综合Ⅱ)第 15 课也出现了副词“动不动”，课文的例子是“他动不动就吵人,不想理他”。课后“综合练习”第三题中有一个选用“动不动”填空的句子是“现在的学生动不动就到外面请客，花的却都是爹娘的钱”。第四题中有一小题给出“动不动、经常”进行选词填空，两个句子如下：

(23)这种比赛(　　)在夏天举行。

(24)如今有些人干活不多，可是(　　)就伸手要钱。

根据语境，答案应该是：(23)选“经常”，(24)选“动不动”。

教材针对这一语言点并没有进行详细地解释，练习也并不多。那么，教师该如何对“NP 动不动就 VP”这一句式进行教学呢?

邵菁、金立鑫(2007)指出：“认知功能教学法是一种以学生为教学中心或教学主体的教学法，它认为学习者在学习第二语言时不是被动地接受，而是主动地认知，其最大的特点就是主张教师不是用母语或目的语向学生传授或解释语言规则，而是要利用学生的语言能力，让学生积极主动地在教师经过精心设计的有效语料的基础上去设定语言参数，总结规则，即认知目的语的规则或参数。”[11]我们可以尝试结合认知功能教学法进行教学，鼓励学生自己去发现，激发学生的学习兴趣，从而使学生更好地掌握“NP 动不动就 VP”这一句式的句法规则和用法。

(1)提供有效的语料，引导主动认知。为学生提供规范的、充足的语言材料让学生认知这一语言规则。例如：

爸爸　动不动就　发脾气。
妈妈　动不动就　批评我。
小明　动不动就　哭。
他　　动不动就　恐吓我。

这些语料都是“NP 动不动就 VP”这一句式规范的语料，教师可根据这些语料引导学生认知该句式的句法规则，通过这些类似的、有规则的语料让学生不断感知这些句式的含义，在此基础上设计一些替换练习进行操练，促使学生有意无意地抽象出汉语“NP 动不动就 VP”这一句式的语用规则，逐步将这些规则内化并应用。

(2)结合语境教学，引发对语用功能的思考。任何句子只有在一定的语境中才能确定它是否合适。汉语教学中经常会遇到这样的情况，学习者虽然理解组成句子的每一个词或词组的意义，但对句子的整体含义却不甚理解，或者不

能很好地把握这些词或词组的使用条件。而教师或者教材所提供给学习者的母语解释又是非常有限的，这样就需要把这些词、词组、句子放到具体的交际语境中，在语境中分析理解其含义，引导学习者主动思考，培养学生利用语境学习语言、运用语言的能力。学习消极评价句式“NP 动不动就 VP”时，教师可结合学生的实际生活设置一些语境，比如有学生小德经常请假：感冒请假，做礼拜请假，购物请假，与女朋友约会请假，刮风请假，下雨请假……不想上课随时都会请假。在此语境下引出句子“小德经常不上课，动不动就请假”。

在教“NP 动不动就 VP”这一句式时，也可以把留学生容易混淆的形式和意义放在一个语境中进行针对性的教学。例如：

（25）我在朋友家做客，看到他家有两只很可爱的小猫。朋友问我对小猫动不动心，我说很喜欢，朋友就送了一只小猫给我。于是我收养了这只活泼可爱的小猫，可是它最近动不动就睡觉，也不愿意陪我玩了。下班回来我又看到小猫躺在地上睡觉，我就用手碰了碰它，看看它动不动。结果它睡得很香，一动不动。

这个例子将留学生容易混淆的几种词语“动不动就”“动不动心”“一动不动”放入同一个语境中进行教学，有助于帮助学生掌握这些形式相近但语义和用法不同的词语。

（3）通过实例分析对比，提高句式习得能力。教学中教师不直接过多地讲解语法规则或理论，而是通过实例分析或者对话练习来提高学生的语用能力。这要求教师要熟练掌握相关的理论和语用规则，并在课堂教学中能够以理论来指导对话练习。消极评价句式一般都带有较强的主观感情色彩，在教学中可以通过重音、语气、语调、脸部表情和身体手势语来表达出这一类句式的情感意义和情感态度。教师可以将带有感情色彩的句子和不带有感情色彩的句子进行对比，让学生更直观地理解不同句式的区别，加深印象，进而主动认知这类句式的消极评价功能和语用规则。比如讲授“NP 动不动就 VP”句式时，可以同“经常”句、“老是”句等一起分析教学。

（4）建构功能体系，赋予句式交际的价值。传统的汉语句型或句式系统的分类适合汉语为母语者，但不一定适合对外汉语教学。从语言交际的实际需求出发，功能和句式相结合，将具有相同语用功能的一组句式进行比较，找出它们不同的语用价值和语用条件，给不同的句式赋予相应的情景语用功能，可以帮助学生更快地认知句式的交际价值。教学内容的安排上，将各种功能的句式按照难易程度和使用频度放在不同的学习阶段，在不同的学习阶段还需要以不同形式重复出现，这样可以加深学习者的记忆，帮助他们更好地掌握各类句式。

在对“NP 动不动就 VP”句式进行教学时，不仅仅要讲解“动不动”和“经常”句相近的频度意义，更要着重讲授“NP 动不动就 VP”的消极评价的句式意义，将这种交际功能加强说明和训练，帮助学生真正理解其语用意义。

总的来说，功能教学法是一种探索归纳性的方法。学习者在接触到教师或教材提供的有效语料之后，还要主动地发现规则、归纳规则，并在此基础上进行一定量的练习才能巩固好所学内容，最终才能将所学内化为自己的语言能力。

注释：

①本文语料来自北京大学现代汉语语料库（CCL）、北京语言大学 HSK 动态作文语料库、暨南大学中介语语料库等，部分语料为自拟。

②限于篇幅，文中略去本次调查过程、调查试题等具体内容。

参考文献：

[1] 国家对外汉语教学领导小组办公室．高等学校外国留学生汉语教学大纲·长期进修（附件）[M]. 北京：北京语言大学出版社，2002.

[2] 刘慧．现代汉语评价系统研究述略 [J]. 汉语学习，2011（4）：81.

[3] 中国社会科学院语言研究所词典编辑室．现代汉语词典（第 6 版）[M]. 北京：商务印书馆，2012:326.

[4] 吕叔湘．现代汉语八百词 [M]. 北京：商务印书馆，1980:153.

[5] 王世凯，刘嵚．汉语中“动不动 1”和“动不动 2”[J]. 语文研究，2006（1）：29–31.

[6] 别晨霞，方绪军．动不动 VP 的格式义及语用功能 [J]. 阜阳师范学院学报，2009（1）:66–68.

[7] 朱军．评注性副词“动不动”的用法与来源 [J]. 语文研究，2012（4）:50–54.

[8] 张谊生．现代汉语副词研究 [M]. 北京：商务印书馆，2014:260.

[9] 王宪坤．时频副词“动不动”与“经常”对比研究 [D]. 长春：吉林大学硕士论文，2007.

[10] 孙朝奋．《虚化论》评介 [J]. 国外语言学，1994（4）：18.

[11] 邵菁，金立鑫．认知功能教学法 [M]. 北京：北京语言大学出版社，2007：20.

The Negative Evaluation Pattern "NP *Dòngbudòng Jiù* VP" and Its Teaching

Ma Honghai，Shan Guangsu，Ma Siming

(*College of International Education*，*Zhejiang Normal University*；
State Administration of Taxation Chizhou Guichi District Taxation Burea；
School of International Exchange，*Shanghai Polytechnic University*)

Abstract: "NP *dòngbudòng jiù*（动不动就）VP" is a frequently-used pattern in Modern Chinese，which is pragmatically functioned as negative evaluation. Based on our investigation，the foreign students often avoid of using this structure because of not acquiring the subjective color of negative evaluation. From the perspective of teaching Chinese as a foreign language，this paper regards "NP *dòngbudòng jiù* VP" as a fixed pattern and illustrates the structural features as well as its pragmatic function，and then proposes the corresponding teaching suggestion.

Key words: pattern; "NP *dòngbudòng jiù*（动不动就）VP"；negative evaluation

基于语篇分析的近义句式比较研究

——以现代汉语重动句为例

丁婵婵

（浙江师范大学国际文化与教育学院）

摘　要：重动句是现代汉语的特殊句式，它有独特的语用功能。重动句有不少近义句式，本文从语篇角度出发对重动句及近义句式进行比较。通过比较，我们着重分析了重动句的语篇表现，重动句是广义因果语篇中的一个环节，常出现在包含有“原因—手段—结果”的叙述过程中，在语篇中用来解释原因或者表达结果。我们也分析了重动句和其他近义句式之间的转换条件，并阐释了重动句及近义句式不能互相转换的原因以及重动句特有的语用功能。

关键词：重动句；语篇；近义句式；比较

一、引言

重动句作为一种独立的句式，含有特定的语法标志，就是动词重复。重动句有不少近义句式，前人关于重动句和相关近义句式变换研究成果很多。本文从语篇角度对重动句及相关句式进行比较。重动句有其独特的语用功能，通过和其他相近句式的比较，我们更容易把握重动句的语用功能。

基金项目：本研究得到国家留学基金委的资助，项目号为留金项［2018］10006号。

作者简介：丁婵婵（1981—），女，浙江东阳人，浙江师范大学国际文化与教育学院讲师，博士。

二、重动句和把字句的比较

从结构上来看，重动句最重要的特点是重复动词。而把字句的特点则是在句子中存在着介词“把”。重动句的结构是VP1+VP2，VP1是动宾结构，VP2是动补结构。把字句的识别特征就是这个置于对象之前的特征词“把”，把字句动词后面为补语，把字句和重动句在某些情况下是可以互相替换的。熊仲儒（2004）研究汉语致使句式时指出，“在汉语中至少有得字句、把字句、重动句、动结式、双宾句等都可纳入致使句式中进行研究”，他认为重动句的语义为“致使”，表示“某一活动致使受役者达成某种状态”[1]，我们认同这个观点，重动句语义是“致使”，是致事借由动作的作用力对役事产生影响的过程，在致使过程中，特别强调动词的作用，这也可以从重复动词这个结构中得知。张宝林（2006）提到“把字句和被字句都是由动词谓语句变换而来的”。[2] 如：

（1）她打碎了花瓶。——她把花瓶打碎了。

把字句和受事有关系，把字句的功能是把受事移到动词前。把字句的句意为“施事对受事做了什么使得受事发生了变化”，把字句和重动句强调的重点不一样，把字句强调施事对受事的影响，而重动句强调动词。如果补语的语义指向受事时，重动句和把字句能互相替换。如：

（2）a 我碰疼了他。（单宝顺 2006）

b 我把他碰疼了。

c 我碰他碰疼了。

我们发现，重动句可以和把字句相互转换，句意相似，但是能表达出把字句无法表达之意，见例（2）c。例（2）b 的补语语义指向是受事“他”，疼的人是“他”，而例（2）c 这个句子是有歧义的，补语语义指向可以是受事“他”也可以是施事“我”，所以表达的句意就可以有两种，一是我碰他我疼了，二是我碰他他疼了。当重动句的补语语义指向施事时，是无法和把字句替换的。如：

（3）a 他骑马骑累了。

b 他把马骑累了。

这两个句子，在句意表达上存在较大的差别。例（3）a 是重动句，按照我们的认知理解，补语语义指向是施事“他”，句意是指因为骑马，他累了。而例（3）b是把字句，补语语义指向受事“马”，句意是因为他骑马，马累了。所以在表层形式上，b把字句似乎是重动句a的变换，其实这是两个表达不同句意的句子，由于补语语义指向的不同，它们是不能互相转换的。

另外，把字句的补语语义指向十分清晰，就是受事，而重动句的补语语义指向既可以是施事也可以是受事还可以是动作。所以在句式可以互相替换的前提下，如果要强调受事，会选择把字句，如果要强调施事，会选择重动句。

张旺熹（1991）认为“把字结构”在语用上的基本规律是；它强调由于某种原因而需要执行某种特定手段，以达到一定的目的的这一意义内容。[3]由此，我们可以总结出把字句出现在“原因—手段—目的”这样一个叙述过程中。这与重动句出现的“原因—手段—结果”的叙述过程存有很大的差别。[4]如：

（4）正所谓上有政策、下有对策，但是对策也有高低之分，这个深圳大学园搞创新搞得不错，你们一定要去参观参观。

（5）你们这个新兵连要改掉松松散散的毛病，首先把你们的纪律搞好。

在这两个例句中，可以很好地比较出重动句和把字句的差异。例（4）重动句“搞创新搞得不错”出现在因果关系的语篇中，重动句表示原因，侧重对现实情况的描述。而例（5）把字句“把你们的纪律搞好”出现在“原因—手段—目的”的叙述语段中，强调的是目的性，侧重一种主动性的描述。

三、重动句和被字句的比较

被字句表示被动意义，前人有过不少研究。重动句和被字句在有些时候可以相互转换。

张宝林（2006）提到“把字句和被字句都是由动词谓语句变换而来的”。[2]如：

（6）她打碎了花瓶。——花瓶被打碎了。

被字句和受事有关系，被字句的功能是把受事移到句首。Li&Thmopson（1981）认为被字句的句意为“受事怎么了”。[5]以往都认为，被字句多表示不如意。根据祖人植（1997）的统计分析，用被字句来表示不如意的只有三分之一强，另有更多地被字句无褒贬倾向甚至具有褒义性质。[6]被字句和重动句强调的重点不一样，“被”字句强调的是受事受到被动影响，而重动句则强调动作之后的结果。如果补语的语义指向受事时，重动句和被字句能互相替换。如：

（7）a 我碰疼了他。（单宝顺 2006）

b 他被我碰疼了。

c 我碰他碰疼了。

前面我们分析过，重动句由于补语语义指向的问题，此句有歧义性，但是被字句的补语语义指向受事，而且强调受事“他”的不幸遭遇“碰疼了”。

在补语语义指向是否明晰这一点上，被字句和把字句是一样的，都是指向受事，所以在强调受事遭遇到被动影响时，优先会选择被字句，而不使用重动句。如果补语语义指向施事的重动句是无法转换成被字句的。如：

（8）读书读多了，自然会生出一些书本之外的感触。台湾人写的书，宜在育婴房里读，那股子天真劲儿真让你受不了，而香港人写的书，则最适合在地铁里读。

这个例句中，“读书读多了”可以变换为“书被读多了”，但是强调的内容完全不一样。在这个重动句中，“多”的语义指向既可以指向动词也可以指向宾语，这个句子先介绍事件背景“读书”，通过重复动词“读”，说明结果就是读了很多书，在这个语篇中，“读书读多了”承担原因解释功能，说明为什么会出现“台湾人写的书，宜在育婴房里读，那股子天真劲儿真让你受不了，而香港人写的书，则最适合在地铁里读”这样的一些感触。如果变换成“书被读多了”强调的是“书”受到了影响，也许会出现“书破了”这样的结果，不得而知。所以在这个语篇中，重动句不能变换为被字句。再如：

（9）“海口的火车往哪儿开？”众人又一齐盯住一个要去海南岛服役的海军新兵。“大上开。”那个家伙也喝得差不多了，晕头转向地说，也被大伙罚了一杯。

在这个例句中，“被大伙罚了一杯”可以变换为“大伙罚那个家伙罚了一杯”，同样由于强调的内容不一样，所以在这个语篇中重动句转换成被字句也不适用。被字句强调受事受到的被动影响，在句中，是指“那个家伙”因为喝多了说胡话，所以受到众人的惩罚“罚了一杯”，句子强调的是“那个家伙”受到的被动影响。而如果在语篇中换成“大伙罚那个家伙罚了一杯”，则一方面在衔接上不顺畅，另一方面重动句是对这个动作过程进行全程性陈述并强调说明其结果，这与此语篇中的语意要求是不符合的。

从表意的角度来说，可以和被字句变换的重动句和被字句具有基本一样的功能。但是从语用的角度来看，重动句主要用于传达信息，而被字句则更倾向于表达说话者受到动作影响的情态。

四、重动句和 SVOC 句的比较

汉语最不容许的语序就是动词—宾语—补语，SVOC 最能体现出重动句的选择性。我们先看几组例子。

（10）我妈做生意做三年了。——我妈做生意三年了。

（11）我去德国去过几次。——我去过德国几次了。

（12）他唱歌唱得很好。——他唱歌很好听。

（13）我看书看得头昏。——我看书头昏。

（14）我写论文写到结尾了。——我写论文到结尾了。

（15）他吃亏吃在老实上。——他吃亏在老实上。

（16）他读书读得下去。——他读书下去。

通过这些例子，我们可以发现重动句特别强调动词和补语之间的关系。这些例子中，补语是持续补语、频率补语还有状态补语的重动句可以变换为 SVOC 句。

补语是结果补语的重动句不能变换为 SVOC，此时重动句强制使用。我们来看两个常用的例子：

（17）他骑马骑累了。

（18）他骑马累了。

例（18），如果在动词后接结果补语而没有重复动词，事件和结果补语之间缺乏衔接的结构，给人语意不连贯的感觉。之所以这个句子不成立，归根结底是“骑马”和“累了”之间没有可预期性，“骑马”的结果不一定是“累了”，至少在我们的认知体系里，“骑马”的结果不一定是“累了”，如果重复动词，我们就能知道“他因为骑马所以很累”。Chang（1991）认为“如动词和补语间符合时间顺序原则或是‘原因—结果’关系十分明确的话，重动句是不需要使用的”。[7] 王寅（1996）提到汉民族的思维方式往往是按照时间顺序排列词语的，先发生的事情先讲，后发生的事情后说，从无到有，逐层展开，语序与时序有较高的对应象似性，这就好像是对现实的描绘，可将汉语称为“绘画式”语言，它就像是对现实生活的一种“临摹”。[8]重动句也是对现实生活的一种“临摹”，它符合顺序性原则，也就是说重动句是遵守时间顺序原则的，那么这个规则里，原因—结果关系就显得尤为重要。比如：

（19）他下棋赢了。

（20）他下棋下赢了。

下棋的结果是输或赢，所以不用重动句，例（19）可以成立，例（20）则是强调下棋的过程性及带来的结果。重动句遵守事件发生的时间顺序原则，先有动作的施行然后再发生结果，结果补语就是动作的结果，在典型汉语语序下，在时间顺序原则的制约下，倾向于用重动句。

补语是持续补语、频率补语还有状态补语的重动句可以比较自由地变换为SVOC。如：

（21）我妈做生意做三年了。——我妈做生意三年了。

（22）我去德国去过几次。——我去过德国几次了。

（23）他唱歌唱得很好。——他唱歌很好。

曹逢甫（2005）认为，“SVOC句型是一个复杂句，称‘SVO’这个结构为句子里的主语，为另一个句子所包孕”[9]，我们可以尝试这样来理解，SVOC中，我们可以把SVO看成一个体词性的主谓结构，可以解释为一个事件或是背景，如“我妈做生意”“我去过德国”“他唱歌”，然后补语是对前面这个事件做出判断和评价。

重动句和SVOC在使用中，强调的内容不一样。重动句强调的动作的过程性及由此引起的结果状态，而SVOC强调的只是结果状态。如：

（24）如果他再把洞咬大，他就会掉出去。他还没准备好，至少目前还没。最好是等到他们到了目的地之后，看起来也不会太远了。泰斯突然意识到，他们已经爬楼梯爬了一段时间了。他可以听见卡拉蒙由于太久没有运动而气喘吁吁，连红袍法师也有点呼吸急促。

在这个例子中，“爬楼梯爬了一段时间了”可以变换成“爬楼梯一段时间了”，而且在语篇中替换这个句子，语篇也是成立的，但是两个句子强调的内容不一样，在语篇中表达效果完全不一样，所以在语篇中的适用性也不一样。“爬楼梯爬了一段时间了”强调“爬楼梯”这个事件的全过程并由此引发的结果状态“持续一段时间了”，爬楼梯的过程中，泰斯有很多的心理活动，出现在重动句之前，还有持续爬楼梯引起的结果，在重动句之后，语篇也有体现。而“爬楼梯一段时间了”强调的是对爬楼梯这个事件的判断，持续时间长了，却无法表现出爬楼梯这个动作过程的重要性，也就无法与前面的语段自然衔接，如果替换，语篇的连贯性也要受到影响。

简单总结一下，补语为持续补语、频率补语还有状态补语的重动句可以比较自由地变换为SVOC。补语为结果补语的重动句一般都是不能变换为SVOC的。重动句强调对动作过程的陈述及由此引起的结果状态，而SVOC则强调对事件的判断和评价。

五、重动句和SVCO句的比较

我们先来看几组例子。

（25）我妈做生意做三年了。——我妈做三年生意了。

（26）我去德国去过几次。——我去过几次德国了。

（27）他唱歌唱得很好。——他唱很好歌。

（28）我看书看得头昏。——我看头昏书。

（29）我写论文写到结尾了。——我写到结尾论文了。

（30）他吃亏吃在老实上。——他吃在老实亏上。

（31）他读书读得下去。——他读得下去书。

我们发现上述例子中，除了补语为数量补语包括持续补语和频率补语的重动句可以变换为SVCO句，其他例子均不可以变换。继续考察例子，我们也发现，不是所有的补语为持续补语和频率补语的例子都可以变换为重动句。如：

（32）a 下班后那看车人又为我看车看了很久。——下班后那看车人又为我看了很久车。

b 他看我看了很久才说："那就离婚吧。"——他看了很久我才说："那就离婚吧。"

这两例结构形式一样，补语都是持续补语，为什么在句式变换上不同呢？最主要的原因是动词宾语。（32）a 中动词宾语是“车”，是无生宾语；而（33）

b 中动词宾语是“我”，是有生宾语，这时只能使用重动句，不能使用 SVCO。

再看两例：

（34）a 退休民警录视频录了几次，都没成功。——退休民警录了几次视频，都没成功。

b 我昨天录影录了一次就搞定了。——我昨天录了一次影就搞定了。

这两例是补语为频率补语的重动句，例（34）a 可以变换为 SVCO，而例（34）b 变换成 SVCO 后有点牵强。究其原因，应该是后一例重动句宾语是粘着性语素“影”，一般不能单用，只能使用重动句。

因为句尾一般是焦点，所以重动句强调补语，而 SVCO 强调宾语。[10] 下面两例可以说明。

（35）文夫先生受宠若惊地住到公社招待所，吭哧吭哧爬了三天格子，把一份材料交上去。（郭圣林 2004）

（36）他那个腰得了呀！小涧要给他裁条裤子，量了几遍尺寸，手里头拿着剪刀，就是不敢往料子上下手呀！（郭圣林 2004）

上面两例中，如果“爬了三条格子”变换成“爬格子爬了三天”，“量了几遍尺寸”变换成“量尺寸量了几遍”，就明显凸显出时量和动量的重要性。

单宝顺（2006）归纳出重动句和 SVCO 这两种句型在语用上的差别，“VC 了 O”表示已然的动作及其带来的结果，所以通常为自然的结果；而“SVOVC 了”除了可以表示已然的结果外，也可以表示未然而期待成为已然的动作，其呈现的意义除了自然结果外，同时也可以表示和“预期结果偏离”的意义。[11] 我们同意这个差别。

简单总结一下，补语为持续补语和频率补语的重动句一般可以变换为 SVCO 句，但是如果重动句宾语为代词或者粘着语素时，只能使用重动句，不能变换为 SVCO。重动句强调补语，SVCO 强调宾语。在需要描述未然、非预期性情况时，我们也使用重动句。

六、重动句和 SOVC 句的比较

先看下面这组例子。

（37）大卫汉字写得好。

（38）大卫写汉字写得好。

我们发现这两个句子句意相同，那在句意相同的情况下，重动句似乎没有使用的必要，毕竟语言使用上遵循经济原则，可省略就省略。我们再来看看下面的语料，是不是可以互相转换。

（39）我妈做生意做三年了。——我妈生意做三年了。

（40）我去德国去过几次。——我德国去过几次。

（41）他唱歌唱得很好。——他歌唱得很好。

（42）我看书看得头昏。——我书看得头昏。

（43）我写论文写到结尾了。——我论文写到结尾了。

（44）他吃亏吃在老实上。——？他亏吃在老实上。

（45）他读书读得下去。——他书读得下去。

我们发现大部分重动句都可以替换成 SOVC 句式。曹逢甫（2005）把重动句的述宾结构看成次话题，也把宾语看成次话题。同时曹文也指出，SOVC 句型里的两个双名词结构通常带有“领属—被领属者”“整体—部分”或者“类—成员”的关系。[9]

当然从重动句到 SOVC 也不是能随意转换的，存在一些限制条件。

我们从句法形式、补语语义指向及名词有生性角度来进行说明。

首先是句法形式。我们知道，重动句的 VO 结构有一部分是由述宾结构的词语来充当的，当 O 是粘着性很强的语素时，不能替换成 SOVC 句子。如：

（46）扶贫扶到点子上。——贫扶到点子上。

刚才例（110）“亏”也是粘着性语素，所以转换后的句子不太合法。一般的离合词或者述宾词组，都可以变成 SOVC。

第二是补语的语义指向。当补语指向主语时，重动句和 SOVC 的替换有所限制。比如：

（47）这些兔子吃蜜枣吃死了。——这些兔子蜜枣吃死了。

而补语指向动词或宾语的重动句，这种转换就比较自由。

（48）你写论文写了多久了？——你论文写了多久了？

（49）他买房买贵了。——他房买贵了。

最后是跟名词的有生性有关。当主语和宾语都是人，重动句转换成SOVC，会出现歧义句式，施事和受事会出现混淆。如：

（50）我抱他抱得太久。——我他抱得太久。

“我他抱得太久”这个句子，会产生歧义，到底是“我抱他”还是“他抱我”，两个名词都是有生命的，都可能做施事，所以在理解上就出现了困难。为了减少理解认知上的障碍，如果句中有两个有生名词时，我们倾向于选择重动句。

七、小结

本文从语篇角度出发，通过和其他一些近义句式进行比较从而分析了重动句的语用功能。重动句是广义因果语篇中的一个环节，常出现在包含有“原因—手段—结果”的叙述过程中，在语篇中用来解释原因或者表达结果。在和其他近义句式的比较中，我们总结了重动句的独特语用功能。重动句重在强调陈述动作行为的全过程并强调说明其结果状态。

参考文献：

[1] 熊仲儒．现代汉语中的致使句式 [D]. 合肥：安徽大学出版社，2004：32.

[2] 张宝林．汉语教学参考语法 [M]. 北京：北京大学出版社，2006：85.

[3] 张旺熹．“把字结构”的语义及其语用分析 [J]. 语言教学与研究，1991（3）：90–91.

[4] 魏扬秀．重动句原因解释功能分析 [D]. 北京语言文化大学硕士论文，2001：6–9.

[5] Charles Li，N. Thompson，Sandra A. Mandarin Chinese: A functional reference Grammar[M]. Berkeley: Univresity of California Press，1981：492–504.

[6] 祖人植．“被”字句表义特性分析 [J]. 汉语学习，1997（3）：50.

[7] Chang，Hsun–huei. Thematic structure and verb copying in mandarin Chinese[J]. Language Sciences，1991（13）：399–419.

[8] 王寅，李弘．英汉语言区别特征研究 [M]. 北京：新华出版社，1996:8.

[9] 曹逢甫 . 汉语的句子与子句结构 [M]. 王静 , 译 . 北京 : 北京语言大学出版社，2005 : 50–51.

[10] 郭圣林 . 现代汉语若干句式的语篇考察 [D]. 上海 : 复旦大学博士学位论文，2004 : 106–107.

[11] 单宝顺 . 及物动词宾语和黏合结果补语同现的两种形式 [J]. 廊坊师范学院学报，2006（1）: 36–39.

A Comparative Study of Synonymic Sentences Based on Discourse Analysis: A Case Study of Verb–copying Sentences in Modern Chinese

Ding Chanchan

(*College of International Education, Zhejiang Normal University*)

Abstract : Verb copying sentence in modern Chinese is a special kind of sentence pattern, it has unique pragmatic function. There are many synonymous sentence patterns in Verb-copying sentences. This paper compares verb-copying sentences with synonymous sentences from the perspective of discourse. Through comparison, we focus on the analysis of the discourse performance of Verb-copying sentences. Verb-copying sentences are a link in the generalized causal discourse. They often appear in the narrative process containing "cause-means-result", and are used to explain the cause or express the result in the discourse. We also analyze the conversion conditions between verb-copying sentences and other synonymous sentences, and explain the reasons why verb-copying sentences and synonymous sentences can not be converted to each other, as well as the unique pragmatic functions of Verb-copying sentences.

Key words: verb-copying sentences; discourse; synonymous sentence pattern; comparation

文学与文化传播研究

金华古方村朱氏宗族文化记忆与发展保护

王　逍

（杭州电子科技大学法学院）

摘　要：村落宗族文化记忆由物态建筑文化和口传交流文化两方面构成。本文以金华古方村为个案，通过梳理朱氏宗族文化记忆的基本表现形态及其现状，阐明其在宗祠、古民居等文物修缮，朱姓口传记忆传承等方面存在的困境，进而提出整体性保护机制和发展性保护策略。

关键词：宗族文化；文化记忆；发展性保护；古方村

一、引言

古方村隶属浙江省金华市婺城区白龙桥镇，位处金华市城西南 15 公里处的洞山脚下，美丽的白沙溪绕村东流，向南远眺是绵延起伏的南山（括苍山余脉），该村是一个历史悠久、人杰地灵、山清水秀的古村落。现全村 1100 多户，人口逾 3000，其中以“朱姓”为主姓，朱氏族人为南宋理学大家朱熹的直系后裔。据古方村《南溪朱氏宗谱》[①]（以下简称《朱氏宗谱》）记载，朱姓从元末迁居于此，至今繁衍生息 700 余年。据悉，早在朱姓之前的北宋年间，唐代杜甫的后裔即迁居该地的洞山脚下，因杜姓居住于朱宅之后，故被当地人称之为“后杜村”。

据杜氏后裔即金华著名的地方文史专家杜顺华先生的考证：古方村本名

作者简介：王逍（1967—），女，湖南双峰人，杭州电子科技大学法学院社会学系教授，博士生导师，中国华侨华人（浙师大）研究中心兼职教授。

“酤坊村”，明清时期隶属白沙乡。所谓“酤”者，属形声字，从酉（yǒu），“古声”。从酉，表示与酒有关，即包含着“买酒”“卖酒”“清酒”等含义。也就是说，酤坊村与酿酒卖酒相关。正如明初年间的《酤坊杜氏宗谱》谱序所记载：“白沙乡之名酤坊，从来朝廷有酒禁，各市镇设有酒坊、酒正，以禁民家私造者，故留有酤坊之名也。”②简言之，酤坊村村名源于宋元明时期该地作为官办酒坊，后被当地村民简化为“古方村”并相沿成习。现在古方村村民称村东边一块地为“方里”，实际上是“酒坊里”的简称和音变，即过去官办酒坊、酿酒交易之处。

历史上古方村各姓村民，世代以农耕为主，兼有酿酒、制陶、烧砖等手工业，因杜姓、朱姓、杨姓等世家大族后裔恪守祖训，故耕读传家风气浓郁，人才荟萃。又因该村地处南山门户，水陆交通便利，自古商贸繁荣，古方村老街遂发育成为店铺林立的商业文化街，史称“南溪市”，现在村民称之为“南溪街”。以南溪街为核心区域的古方村，历来为四方辐辏、钟灵毓秀之地，其历史文化底蕴深厚，朱姓宗族文化更是独树一帜，可谓英才辈出、昂霄耸壑。本文对朱氏宗族文化记忆予以简单梳理，并对朱氏宗族文化的传承与发展予以简要分析。③

二、朱氏宗族文化记忆概览

德国学者间·奥斯曼认为：“文化记忆是一个集体概念，所有通过一个社会的互动框架指导行为和经验的知识，都是在反复进行的社会事件中一代代地获得的知识，通过文化形式（文本、纪念碑等）以及机构化的交流（背诵、实践、观察）而得到延续。”[1]朱氏宗族文化记忆的表现形态，主要有物化的宗祠、书院、族谱，以及口传的祭祖仪式、祖先迁徙等家族传说、故事等。根据《朱氏宗谱》，笔者在采访文史专家杜顺华先生和朱氏后裔朱震林先生后，梳理出古方村朱氏宗族村落形成与发展的历史线索，例举朱氏宗族几位显祖事迹，然后再聚焦朱氏宗族建筑等宗族文化物化形态。

（一）古方村朱氏宗族源流与显祖

古方村朱氏开基祖名“朱和”，字“德辉”，为朱文公（朱熹）九世嫡孙，属朱熹次子朱埜的直系后裔。据《朱氏宗谱》记载，朱和的父亲朱元于南宋景定年间（1260—1264），担任婺州府茶课司大使，故举家自浙江钱塘迁居浙江金华永康南园。朱和后经科举擢贡，于元至大年间（1308—1311）担任婺州府提举司提举，全家又迁居金华白沙乡洞山酤坊村，此后朱氏后裔于此开枝散叶，人口现已逾2000，占全村总人口的近70%。朱氏宗族素以"忠孝仁厚、礼义廉耻、清正廉洁"之风为官和持家。自永康迁居酤坊村以来，朱姓宗族人丁繁盛、人才济济。兹列举几位如下。

（1）古方朱氏四世显祖。古方村朱氏四世显祖主要有朱宁及其胞弟朱助，朱宁兄弟以忠孝两全而闻名遐迩。根据《朱氏宗谱》，可获得朱宁兄弟以下相关信息。

朱宁，字"士安"，朱文公十二世孙，古方朱氏四世祖。朱宁自幼聪慧好学，才智过人，九岁丧父，练就刚直不阿的性格，明洪武年间中举人，任河北河间知府，后迁任汀州知府。明朝靖难之役时（1399—1402），燕王朱棣率兵南下，朱宁恪守"忠臣不事二主"而"抱印扛节不屈"，"遣人送母间道弛归，兵败谪戍良乡，全无怨尤之念"。数年后，明朝永乐皇帝大赦天下，有同乡、明廷重臣、大学士杨荣邀其复职，朱宁仍不为所动，终生侍奉老母，因而"庐墓终身时，有忠孝兼尽之称"。正因其忠孝两全，其事迹被载入明嘉靖年间的《金华贤达传》[2]，以及后来的《汤溪县志》[3]。朱宁晚年组织纂修了古方村首部《朱氏宗谱》。朱宁的忠孝事迹代代流传，激励着朱氏族人，朱宁的美名也享誉十里八乡。朱宁的弟弟朱助，也是朱氏宗族中的著名乡贤。因其"乐义好礼、见义必为"，"郡邑守令，咸加敬礼，乐善好施、精通诗文、博学多才"而被载入《金华贤达传》卷二之"明朱助傳"[4]。

朱宁和朱助的母亲杨氏，贤淑温婉，32岁"守节不二"，其事迹参见《金华贤达传》卷二之"明朱助傳"[5]。杨母含辛茹苦抚养二子二女，并"请明师训之"，培养出两位杰出的"忠臣"和"孝子"。时人翰林院郑叔美作《三异赋》[6]，对朱宁兄弟忠孝事迹予以赞美。朱宁、朱助的忠孝及杨母的贤德，广为流传，后来甚至感动了清雍正帝。清雍正帝于雍正五年（1772）五月，敕匾一块，上书"朱宁忠臣"，又敕建忠烈祠（参见其后忠烈祠），春秋配享勒石。地方官员则奉旨旌表。表文曰："忠臣朱宁：殉难兵起，送母间道弛归；抗节不屈，母故庐墓终身。孝子朱助：事母极孝事兄极敬母卒庐墓家有三異以应之；节妇杨氏：柏操冰心徽音克嗣。"[7]

此外，还有与朱宁同一班辈的朱庆，也勤奋博学，为官一方。据《朱氏宗谱》记载，朱庆，字“士阳”，朱文公十二世孙，古方朱氏四世祖。明洪熙年（1378）授刑部交址司主事，明正统七年（1442）升刑部郎中之职。

（2）古方朱氏五世祖朱胜及朱义。朱胜，是古方朱氏宗族中可与朱宁相媲美的另一位显祖。据《朱氏宗谱》记载，朱胜，字仲高，朱文公十三世孙，古方朱氏五世祖，明朝永乐年间，乡贡进士，被授刑部主事，升郎中。明正统四年（1439），升武昌知府，九年（1444）迁苏州知府，明景泰三年（1452），升任江西布政使。其在武昌、苏州任职期间，为官清廉，推行善政，济贫救苦，重视农桑，兴办教育，革除旧习，严正纲纪。故《明史》为其作传。据《明史·朱胜列传》记载：“朱胜，金华人。胜廉静精敏，下不能欺……由是公庭清肃民安而化之。”其事迹后被载入明朝《苏州府志》[8]内。清乾隆《钦定四库全书》则记载：“所至多善政，苏人歌颂，十善流传中外。”[9]其美名不仅在苏州广为流传，在其家乡金华更是享誉十里八方，乡民歌颂曰：“金华山民育英奇，敕守姑苏声誉驰。”其事迹被载入《金华府志》[10]，其被时人誉为金华汤溪五贤之一。其在朱氏宗祠内则有“祀苏州名宦县乡贤祠”之称。

与朱胜同辈的朱义，也同样享誉四方。据明宣德年间《朱氏宗谱》记载，朱义，字“仲宜”，古方朱氏五世祖，朱文公十三世孙。其“以怀抱德”，因贤良而被举荐任广西按察司照磨之职，后升山西按察司知事，“署太原县事会大旱露祷发廪以哺饥民全活甚众”，其清正贤良事迹享誉浙婺大地。

至于官仕各州县通判、知事、县丞、主簿、教谕等的朱姓先祖，在明清两朝比比皆是。据统计，古方村朱姓先祖上至二品官员，下至六七品官员者，多达40余人，这些在《汤溪县志》《金华县志》《金华府志》等中均有明确的记载。古方朱氏后裔，恪守祖辈耕读传家精神，崇文重教，现今有不少的朱氏后裔成为各行各业的骨干。

（二）古方村朱氏宗祠建筑

从建筑学上讲，“地方”给予人各种感官的综合刺激。“地方”是强大的记忆之源，文化记忆是地方导向或得到地方支撑的。哲学家凯西指出，机敏而鲜活的记忆自动会与地方发生关联，在地方找到有利于记忆活动并足以与记忆搭配的特质。[11]古方村朱氏宗族文化记忆，莫过于物化的宗族建筑，除了前述被毁的忠烈祠以外，还有著名的朱氏宗祠、紫阳书院、七堂楼等。

朱氏宗祠：朱氏宗祠位于古方村东南方向的南溪古街旁，建于明孝宗弘治年间（1488—1505），迄今已有520余年的历史，占地面积近2700平方米，坐北朝南，为三进五开间，平面布局为长方形。据悉，当年的宗祠大门气势磅礴，大门两侧，原有一对用“茶园石”精雕而成的“门当”（俗称抱鼓石），高达两米多，“文革”后期被某农户凿成两根门槛。其大门正上方雕刻着四只雕花精美的巨大圆形“户对”，门当、户对，体现了朱氏宗祠的不同凡响。但因时代变迁，往日的门当和户对及大门遭到了破坏。现在映入眼帘的朱氏宗祠大门颇不起眼，不过走进大门后却别有洞天。宗祠建筑分门厅（大厅）、正厅（存著堂）、寝堂（报恩堂）三进。推门进入大厅，高大宽敞，气势恢宏，大厅正上方原为斗拱的重檐歇山顶，全由榫卯叠加而成，非常精美壮观，里面挂有“大方伯”和“圣旨”二匾，十分珍贵，可惜其被拆毁于20世纪60年代，其时为浙江省金华粮食学校校舍。

朱氏宗祠正厅面阔五间19.90米，进深九檩11.15米。南北沿各有四根坚固的“茶园石”石柱，高4.68米，石柱直径0.32米。南面的四根石柱上，均为斗拱加状元花。其中，中间两根石柱上各六朵，旁边两根石柱上各四朵，布局非常考究。其建造风格在全国宗祠中，独一无二。正厅明间、次间梁架均为九架，二边单步廊用五柱。梢间梁架亦为九架，前后双步廊用六柱。前檐单步廊做卷棚顶，前檐明间额柱上方，置斗拱二攒。两侧各置厢房20间，与第三进的寝堂相连接，形成开阔的院落。寝堂为放置朱姓列祖列宗牌位之处，寝堂门框由优质青砖精工磨制而成，门框顶部内侧整齐地铆有直径4公分的铁鼓钉，工艺十分精湛。

简言之，朱氏宗祠具有年代久、规制高、体量大、做工精美、保存相对完整等特点。令人啧啧称奇的是，宗祠建筑内所有斗拱均带有精美的帽翅，为典型的明代早期建筑，尚有元朝建筑风格遗存。祠内所有雕花构件的大小、粗细比例匀称，曲线优美，做工精细。柱和梁架之间粗细、高宽比例非常协调，无疑是朝廷官府工匠所为，非民间普通师傅技艺所能及。

忠烈祠：忠烈祠修建于清雍正五年（1727）五月。如前所述，忠烈祠为清雍正帝颁布圣旨所造。旨在表彰朱宁、朱助兄弟的忠孝品行，以及其母杨氏“守节不二”的美德。据悉，忠烈祠当年占地面积2600平方米左右，整个建筑雕梁画栋，金砖铺地，庄严肃穆，富丽堂皇。可惜忠烈祠被毁于20世纪50年代的“大跃进”时期，现在只存遗址，当年的威严也只能残存于朱氏宗族老人们的记忆中。

紫阳书院：紫阳书院又称紫阳寺，为明代建筑。书院位于朱氏宗祠北面，元檀庙西邻，紧邻朱氏宗祠侵堂，为纪念和祭祀朱氏先祖朱熹而建。据《金华教育志》记载：该书院系明清时当地极为重要的塾馆之一，古时书院挂有朱子像，是族人祭拜纪念朱子场所，又作本邑各姓门生弟子读书习经之场所。[12]明清时，紫阳书院曾培养了诸多名人学士。民国直至新中国成立初期，它仍被作为当地学校办公场地。因长期疏于管理，书院现已倒塌，仅剩一片残垣断壁。

七堂楼：所谓七堂楼是指位于古方二村中部、“忠烈祠”旁边的七个堂楼（自成一体的独立庭院）。相传明初朱氏后裔中的某一房共有七兄弟，实力雄厚，分家后各立门户，建有各房堂楼，分别是中和堂、嘉会堂、承恩堂、聚丰堂、敬义堂、友恭堂和纯善堂，这七栋堂楼分片布局，既独立，又与宗祠紧密相连。当地人将其称之为“七推头”。新中国建立初期，“七推头”基本完好存留，土地改革时，分配给本村农户做民宅，原房屋形貌随时代变迁，其格局有所破坏。但其主体结构尚存，而且“七推头”的名字和故事，仍然深深地烙在村民的记忆中。

三、古方村朱氏宗族文化记忆的传承困境

古方村朱氏宗族文化历史悠久、底蕴深厚，然而由于历经多次时代冲击和快速变迁，无论是宗族建筑等可视的物态文化，还是朱氏族人脑海中的历史记忆，大都面临着极为严峻的传承困境。

首先，朱氏宗祠亟需修缮。从宗族建筑来看，朱氏宗祠既是朱熹家族文化的象征，也是朱子思想在地方社会的折射和中国历史文化的缩影，更是承前启后的历史文化遗产。目前，如此雕刻精美、气势雄伟的明代早期宗祠建筑，不仅在浙江省内实属罕见，就是在全国亦不多见。朱氏宗祠的一砖一瓦、一石一木，都承载着丰富多彩的历史文化信息，隐含着独一无二的传统文化密码，在中国建筑文化史上，具有独特的历史文物价值。同时，朱氏宗祠也承载着深刻的地方文化记忆。例如，抗日战争时期中国军队的第十四兵站就曾设在朱氏宗祠里（金华市档案馆有明确记载），而同时期古方村民自发建立

的清匪护乡中心也设在朱氏宗祠里，尤其是恢复高考后头两届的“浙江省金华粮食学校”（即现在位处金华市东关的“浙江贸易学校”的前身），同样设在朱氏宗祠内。

可见，朱氏宗祠无论是在战争乱世的保家护国中，还是在和平时期的社会经济文化建设中，都发挥过十分重要的作用。对于地方社会而言，其是不可再生的珍贵的历史文化遗产。朱氏宗亲也意识到了宗祠的文化价值，近10余年来，每年腊月二十五到二十九，他们都自发集合到宗祠贴春联、写对联、祭祖，绵延朱氏宗祠的文化记忆。然而，历经500多年风雨的朱氏宗祠，目前却岌岌可危。这样的古建筑本应属于省级以上的文保单位，如今却只是市级文保单位。地方政府虽然也早已意识到朱氏宗祠亟须修缮，但由于多头管理、经费不足，以及朱氏祠堂所在村落属于杂姓村，朱姓不占优势，对朱姓宗祠的重要价值认识模糊等，故修缮祠堂一事，一直未能得到妥善完美的解决。尽管以杜顺华先生为代表的地方知识分子、以朱震林为代表的朱氏宗亲等多方力量在竭力呼吁，但是保护的成效尚不尽人意。

其次，紫阳书院亟需重建。紫阳书院既是朱子思想传承的文化教育空间，也是朱氏宗族耕读传家的象征，更是地方社会重要的文化符号。然而，倒塌后的紫阳书院却是一片残垣断壁的景象，紧邻紫阳书院侧门的南溪街，开了一家米粉餐饮店，倘若将餐饮店厨房后门打开，就能看到紫阳书院的院子里堆满了各种饮料瓶，以及墙角布满的蜘蛛网和其他垃圾，昔日琅琅的书声早已消失在遥远的历史尽头。

再次，七堂楼等传统民居亟需保护。七堂楼作为传统民居，同样象征着朱氏家族昔日的辉煌，也具有重要的历史文化价值和经济开发价值。但由于时代的变迁，有几栋已被拆除重建，剩下的几栋虽有幸保留，但已开始衰败，面目全非，亟需修缮、保护，或者原貌重建。

最后，朱姓口传记忆亟需抢救记录。村内80余岁的朱姓老人，还能记起年轻时候朱氏宗族是如何祭祖的。有一位朱氏老太太告诉笔者：在新中国建立前，每年大年三十朱氏族人排着长队，带着猪肉、馒头、米酒等到宗祠祭拜祖先，然后是大聚餐。朱氏族裔浓重的祭祖仪式，体现了其对列祖列宗的缅怀之情。部分老人，也还能记起当年忠烈祠的景象，尤其是紫阳书院的场景。他们告知笔者：当年先祖朱子的画像悬挂在书院内，这无疑成为鼓励族人耕读传家的象征。还有些老人记得，当年祖辈的丧葬礼仪，排场极为隆重，这体现了朱氏宗族这一世家大族的慎终追远精神。[④]然而，随着村内朱姓老人年事已高和其生命日渐凋零，有关古方村朱姓宗族文化的口传记忆濒临失传。因此，如何抢救和书写口传记忆，让历史活在当下，是传承朱氏文化传统、复兴地方文化记忆的重要前提和基础。

四、古方村朱氏宗族文化的保护对策

从田野调查中得知，目前有三股力量展开了对朱氏宗族文化的保护。其一是朱氏族裔，其二是地方学者，其三是地方政府。其中，以朱震林为代表的朱氏族人，从文化自觉的高度，以民间力量的身份，对朱氏宗族文化予以保护。诸如：搜集相关文献资料，拍摄朱氏宗祠照片，每年春节前夕组织朱氏族人于朱氏宗族开展“写春联”“贴春联”“祭祖”等活动。此外，朱氏族裔也不断地呼吁上级政府部门加大对其保护的力度。至于地方学者方面，则以金华市退休的文教干部杜顺华先生为代表，近10余年来，作为本乡本土的文化人，杜顺华在研究家乡文化时，为古方村朱氏宗族文化的保护工作付出了大量的心血。他搜集了大量的地方历史文献资料，将古方村朱氏宗族文化纳入中国历史文化发展脉络中进行研究，其基于第一手资料基础之上的相关文章也常见诸报端。他也在不断地呼吁地方政府对古方村的文化予以保护和开发。而以镇政府为核心的地方政府，也已意识到朱氏宗族文化的价值和意义，研究和撰写了对古方村的保护和开发方案，他们也不断地积极与上级政府部门沟通和交流。

然而，目前古方村朱氏宗族文化保护整体不容乐观。问题的症结主要在于各方力量的单薄和缺乏整合。例如，就朱氏族裔而言，其保护心情十分急迫，尤其担心朱氏宗祠的自然破败，但其保护力量仍然比较单薄，绝大多数的朱氏族裔还是缺乏文化自觉和力量整合的意识。就专家学者而言，其力量就更加单薄，十几年来主要是杜顺华先生个人的默默付出，他常有力不从心之感。至于地方政府力量仍较为分散，诸多的规划和方案因资金短缺的问题而难以落地，有关部门尚未能协同合作。尤其是，古方村基层组织对古方村朱氏宗祠文化的保护与古方村整体的发展之间的关系认识还有待深化，对传统文化资源和遗产的现代发展价值的认识还比较模糊，对传统村落历史文化与乡村振兴的关系更是认识不足。

基于此，本文就古方村朱氏宗族文化记忆的保护，提出以下对策和建议。

首先，提升对朱氏宗族文化遗产价值的认知。朱氏宗族文化记忆是地方社会的历史活化石，是写在大地和心灵上的文化遗产。古建筑更是不可再生的遗产资源，而大量的口传记忆则蕴含着丰富多彩的历史文化信息。事实上，思想上的高度认识，是文化遗产保护的首要条件和内在动力。目前，古方村朱氏宗族文化保护之所以出现瓶颈和困境，主要源于思想上的认识不够深入。具体表现在对朱氏宗族文化保护的意义和价值的认识不太明确，对其保护的长期性和艰巨性也缺乏认知，对其保护路径和方法，更缺少整体的探讨。因此，亟需从理论和实践层面，提升对朱氏宗族文化遗产价值的认知，进而加快其保护行动和实践进程。

其次，建立整体式保护的有效机制。所谓整体式保护和发展包含着三个层面的内容。第一，朱氏宗族物态文化与口传文化的同步保护；第二，朱氏宗族文化与古方村传统文化的整体保护；第三，古方村自然生态资源与人文资源的同步保护。具体而言，在保护朱氏宗祠、修复紫阳书院和七堂楼等传统建筑文化的同时，应深入收集整理朱氏宗族文化的口传记忆。诸如：家族生命历史、故事、传说、婚丧嫁娶等人生礼仪、岁时节日、宗族祭祀、宗族传承谱系等，这些都是十分珍贵的朱氏宗族文化记忆，对其予以搜集整理和书写，是一项功在千秋的文化记忆工程。同时，朱氏宗族文化的保护不是孤立割裂的保护，而应与古方村其他历史建筑、文化遗址，诸如将南溪古街、元坛庙及古方村的风土人情等口传资料予以一体化保护。此外，古方村周边的山山水水也应纳入保护和治理的范畴，最终让优美的自然生态与人文生态交相辉映。

再者，实现保护与发展的协同并进。对朱氏宗族文化的保护不是静止僵化的，而应与发展相互协同。因为只有在发展中的保护才是可持续的，也只有保护式的发展，才具有本真意义。而发展乡村民俗旅游则能够为朱氏宗族文化保护式发展提供目标和方向。具体而言，对朱氏宗祠、紫阳书院、七堂楼等朱氏宗族文化的代表性建筑予以修缮或重建，可以与现代乡村文化礼堂的建设相结合，进而通过传统与现代的整合，实现传统文化空间的再造，让游客感受朱子耕读传家精神和现代教育价值。还可以通过修建乡村博物馆，开设地方特色工艺馆，活化古方村的传统工艺等文化创意方式，发展参与式深度旅游，最终实现保护与发展的相互促进。有关发展式保护，不妨参照金华金东区琐园村的开发模式，建立国际研学村，让朱子文化走向世界。可通过与金华境内高校，乃至浙江省境内的高校签订合作协议，将海外留学生的中国文化实践课程设置在古方村内，使古方村成为国际学生的第二课堂，进而通过国际化和外向型的合作模式，让故方村历史文脉得以活化和重生。

最后，吸收社会知识力量参与保护。目前除了地方学者杜顺华先生孤独先行以外，鲜有其他地方学者参与古方村朱氏宗族文化保护。事实上，无论是对朱氏宗族文化记忆的保护，还是古方村乡村振兴和美丽乡村建设，都需要大量社会知识力量的参与。具体而言，不妨借鉴日本的造町运动和中国台湾的社区营造经验，让知识分子充当连接地方政府和乡村居民的桥梁和纽带，大力激发古方村村民的文化自觉意识，进而提升其社区主体意识和自我发展能力。例如，通过各级政府的制度创新，建立知识服务社会的畅通机制，吸引知识分子深入乡村社区搜集整理古方村有关朱氏宗族文化等方面的历史遗迹、场所记忆、生活记忆，从而梳理出古方村历史文脉，书写出一部扎实、厚重的乡村文化民俗志，为古方村历史景观的修复提供文化底本。此外，知识分子还可以通过持续不断地培训乡村居民的方式，激发乡村居民的文化创新能力。简言之，社会知识力量的参与，可形成发展式保护的合力，共同将古方村营造为一个传统与现代交融、自然与人文渗透、历史与未来汇通的历史文化名村，进而将其培育为具有朱子文化特色的文化创新基地，诸如文化名家、文化名品、文化品牌活动的聚集地。

综上所述，古方村朱氏宗族文化记忆是地方社会发展的珍稀文化资源，其传承与保护是一个复杂而系统的工程，既需要古方村全体村民（尤其是朱姓族裔）的文化自觉，也需要地方政府加大社会支持的力度和制度创新，更需要众多地方知识分子打破学科边界，深入乡村和服务乡村。

事实上，文化记忆是一个延承性概念，它作为集体无意识内蕴于每个共享的历史和文明群体之中。而传统村落文化的“内蕴”从来就不是自然生发的，而是一种人为的社会建构，是经由宗祠、族谱、民居等物化的媒介来传递，以及由口头或书面的文本、故事的交流来传承的。而这种文化记忆的传承和保护，也非一朝一夕单向度能够完成的。尤其在全球化快速变迁的时代，更需要多元力量的整合，特别需要激发地方居民的主体意识和内生保护动力，进而凝练成地方文化共同体，最终通过社会集体性的创新式持续实践而实现长远性的传承和保护。

注释：

①《南溪朱氏宗谱》现由古方村朱氏族裔保存，复印件由杜顺华先生提供。

②《酤坊杜氏宗谱》由杜氏后裔杜顺华先生提供。

③ 感谢杜顺华先生和朱震林先生提供的有关朱氏宗族文化记忆的相关资料，以及他们的热情相助。

④ 田野调查时间：2018 年 1 月 15 日与 2019 年 1 月 20 日。

参考文献：

[1] 赵静蓉 . 文化记忆与身份认同 [M]. 北京：生活 · 读书 · 新知三联书店，2015:13.

[2] 郑柏 . 金华贤达传（卷二）[M]. 刻本 .[出版地不详]：伏生草堂，1708（清康熙四十七年）。

[3] 丁燮等修，戴鸿熙等纂 . 汤溪县志，卷十 “人物上·列传”，民国二十年（1931）铅印本，264.

[4] 郑柏 . 金华贤达传（卷二）[M]. 刻本 .[出版地不详]：伏生草堂，1708（清康熙四十七年）。

[5] 郑柏 . 金华贤达传（卷二）[M]. 刻本 .[出版地不详]：伏生草堂，1708（清康熙四十七年）。

[6] 丁燮等修，戴鸿熙等纂 . 汤溪县志，卷十九 “文徽下·赋”，郑叔美 . “三异赋”，民国二十年（1931）铅印本，462.

[7] 乾隆《四库全书》卷二百三十二，“钦定大清一统志”，文渊阁四库全书本，“台湾商务印书馆”，1986 年影印。

[8] 王懋德等修，陆凤仪等编 . 金华府志，明万历六年刊本。

[9] CASEY ES. *Remembering: A Plenomenological Study*. Bloomington: Indiana University Press.1987:186. 转引自邓庄 . 空间视域下城市记忆的建构与传播 [J]. 现代传播，2019（3）：50–55.

[10] 金华市教育志编纂委员会 . 金华市教育志 [Z]. 杭州：浙江人民出版社，2009:80.

The Cultural Memory and Developmental Protection of Zhu's Clan in Jinhua Gufang Village

Wang Xiao

(*School of Laws*, *Hangzhou Dianzi University*)

Abstract: The clan cultural memory of the village is composed of two aspects: physical architecture and oral communication culture. Taking Jinhua Gufang Village as a case, this paper sorts out the basic manifestations and status of Zhu's clan cultural memory, and clarifies the predicament of cultural inheritance in the restoration of cultural relics and the memory records of Zhu's oral memory. Then this paper proposes the protection mechanisms and developmental protection strategies.

Key words: clan culture; cultural memory; developmental protection; Gufang village

缙云烧饼现象：扎根乡愁经济的理论解读

郭剑波，郭贞祎

（浙江师范大学国际文化与教育学院；

上海交通大学上海交大—南加州大学文化创意产业学院）

摘　要：浙江省缙云县以乡愁富民理念指导县域经济的发展。当地的文化元素众多，“缙云烧饼”的传播是缙云县乡愁富民现象的有力佐证。本文试图从理论上来解读“缙云烧饼现象”，分析其作为新型文化产业的合理性，探讨产业化过程中烧饼店铺所带来公共空间转型的必然性以及它的未来之路。

关键词：缙云烧饼；乡愁经济；文化产业；公共空间

缙云县位于浙江省西南部，80% 以上的地形为丘陵，是“八山一水一分田”的山区县。先前，缙云县在经济发展上面临诸多不利因素，党的十八大之后，缙云县党政领导遵照“绿水青山就是金山银山”理论，因地制宜，以生态富民，以乡愁富民，带领全县人民朝着“绿富美”的方向不断发展特色经济，获得可喜成果。“缙云烧饼”现象就是有力的佐证。

缙云乡愁文化资源丰富，最早可追溯到 1300 年前。以仙都风景区黄帝文化为代表的乡村文化，在祭祀、养生、建筑、饮食等方面开出一方新天地。“炉传三百世，饼香五千年”，缙云烧饼不仅承载着轩辕黄帝的神话传说，更是当今缙云本地街头巷口随处可得的民间小吃，原先土得掉渣的缙云烧饼，如今

作者简介：郭剑波（1966—），男，浙江诸暨人，中国华侨历史学会理事，浙江省侨联智库专家，浙江师范大学国际文化与教育学院副教授；

郭贞祎（1996—），女，上海交通大学上海交大－南加州大学文化创意产业学院新闻与传播专业 2018 级硕士研究生。

成为缙云人心目中引以为豪的家乡符号。从2014年至2018年，在全国20多个省（区、市）以及欧美、东南亚等12个国家和地区，成功开出450余家品牌示范店，缙云烧饼成了加拿大、澳大利亚、意大利、迪拜、西班牙、柬埔寨等多个国家餐桌上的特色美食；县政府买单培训了9800名烧饼师傅，其平均年收入超过10万元，带动就业1.5万人，已经形成产业链，产业化规模日益壮大，整个产业的年产值突破15亿元。“一个烧饼桶，顶过一家竹木厂”“一业兴，百业旺”“逛着村、吃着饼、看着景”，已成为缙云乡愁产业看得见的常态。

“缙云烧饼现象”异军突起，宣传报道的案例颇多，成为当下乡愁经济的一个标杆。因此，很有必要做出理论解读，阐明它作为文化产业的合理性，分析其店铺所带来的公共空间转型的必然性以及它的未来之路。

一、打造文化产业的缙云烧饼

“文化产业”作为学术概念使用是从20世纪40年代开始的，最先使用的学者是法兰克福学派创始人马克思·霍克海默（M. Max Horkheimer）和阿多诺（Theodor Wiesengrund Adorno）。此后，“文化产业”在不同名称和不同语境下被不断使用，在1980年代以后，世界各国从“文化产业化”观点出发对“文化产业”的理解更趋具体化。简言之，文化产业是为人们提供精神产品的生产和服务的产业。在知识经济时代，文化产业呈现出全新的发展格局，日益成为最重要的支柱产业之一。目前，无论是发达国家还是发展中国家，都已把大力发展文化产业作为新的经济增长点。

缙云烧饼不仅仅是一道民间小吃，更是作为一种文化符号和乡愁记忆的象征而存在和传播，先后被评为“浙江名小吃”“中华名小吃”“首届中国旅游金牌小吃”，2016年被列入第五批浙江省非物质文化遗产名录。随着其产业化规模的不断扩大，在特定政策背景和传播路径的引导下，其产业形态的定义也发生了一些变化，从单纯的商品产业形态转向新型的文化产业过渡与交叉的状态。

中国文化一个很重要的特征就是泛艺术化。不仅文学、服饰、建筑、音乐、舞蹈、绘画、雕塑等是重要的艺术内容，此外诸如书写、军事甚至酷刑都可以成为某种形式的艺术；一般艺术门类有很高的风格和内蕴，但日常生活中的行为、制度、礼仪规范、生活用品等，也都会被打上艺术的烙印。作为日常生活智慧结晶的中国饮食文化，也就无不浸透着中国的艺术精神。从民族学观点看，食物是社会关系的象征，如在婚宴、馈赠品、宴席、宴会等中的食物；食物是阶级、阶层、等级、层次、身份等的一种符号；食物还隐喻着一种文化的自我解释和族群认同特点。

以缙云烧饼为代表的中国民间传统小吃，虽然不如中国其他饮食一样，讲究食材选择、烹调技艺、食器搭配、食物造型、菜肴色彩等艺术格调，但它是浙江地方乡土小吃的缩影，更蕴含着中国的民间故事和历史传奇，是一种地域文化的符号和载体，别具风采。随着浙江扶贫开发工作的不断深入，缙云烧饼的产业化、品牌化日趋成熟，更展示出乡愁经济背后中国文化产业的风向标，已成为区域经济发展的一个样本。

关于文化产业的研究，中观层面的研究最多，各种研究路径介入最广，跨学科研究增长点不断，其着眼点在于文化产业的生产、交换与消费机制。除传统经济学、管理学路径外，还借助心理学、认知科学的分析方法来更好地了解目标群体的需求、行为习惯、群体动力机制等。在这个层面上，用科学的办法记录数据，结合定性研究，能够更加有效地剖析文化产品生产、交换和消费的全过程。以问题为导向，对以消费者为中心的文化产品生产、交换、消费的内在规律的探索势必将成为新一代文化产业研究者的历史重任。微观层面的文化产品意义流动机制，由各种文化研究理论介入，讨论具体的各种形态文化产品所传递的意义生成、分享的过程，讨论文化产品意义可能产生的各种影响。[1] 如果以这些理论为基础，从不同维度去分析和挖掘缙云烧饼作为一个带有乡土记忆载体的文化产业，会发现其具有很高的研究价值。

法国社会学家、哲学家皮埃尔·布迪厄（Pierre Bourdieu，1930—2002）于 20 世纪 60 年代末 70 年代初提出了文化资本理论。[2] 按照布迪厄的理论，文化资本可以以三种形式存在：①具体的形式，即以精神或肉体的持久的“性情”的形式存在；②客观的形式，即以文化产品的形式（如图片、图书、工具、机械等）存在，这些产品是文化资本的实现或客观化；③体制的形式，即一种客观化的形式，这一形式因被体制确认而与它者相区别，因此，这种形式赋予文化资本一种社会价值和社会权力。[3] 为此，我们借用文化资本理论，拟换一个新的角度来考察文化产业与民族传统文化以及与社会发展的关系。

缙云烧饼也称为桶饼，是浙江省缙云县传统的民间小吃，据该县壶镇《堂溪朱氏宗谱》等史料记载，它距今已有650多年历史。缙云烧饼以面粉、鲜猪肉和霉干菜为主要原料，将其制成饼坯后经烧饼桶炭火烘烤制成。传说，轩辕帝曾在缙云山鼎湖峰架炉炼丹，非常专注，饿了就抓一块面团贴在丹炉壁上烤着吃。轩辕黄帝驭龙升天后，当地百姓就用陶土，模仿黄帝的丹炉，制造陶炉，烧烤面团食用。后来，这种在陶制炉膛内贴上饼坯，以炭火烧烤成熟饼的制作技艺，几乎成为缙云人特有的传统技艺、赖以谋生的手段。其制作过程及传统的手工制作技艺，是缙云民众在饮食上的造诣及创造价值的缩影。

缙云烧饼从“路边摊”“台前饼”“庙会饼”开始，2014年之后一路成为“品牌店”“浙江名小吃”“中华名小吃”以及百姓餐桌上津津乐道的传统美食，甚至漂洋过海，迈出国门，在不少国家扎根，于2018年9月获得了欧盟知识产权办公室颁发的商标注册证书。当下，缙云烧饼已成为撬动产值过亿、从业过万人的大产业。不仅是烧饼制作这个环节值钱，其上下游产业的开发也已产生不小的经济收入。据缙云县“烧饼办”负责人介绍，上游的烧饼原料芥菜干2018年收成300万斤，相比于2017年200万斤又多了100万斤，每亩收入1万多元。同时，烧饼师傅带徒弟也成为一笔额外的收入。著名烧饼师傅赵一钧每年带35个徒弟，每名学费5000元，其中还包括几名外国人。“饼桶”也成为产业链中的重要一环，一年可以制作17000个，其中8000个给本地烧饼师傅用，其余的外销。“桶芯”加工25000只，可作为零件销售。

2018年上半年，缙云农村居民人均可支配收入更是达到了1.77万元，同比增长9.8%，全县116个集体经济薄弱村经营性收入全部超过5万元。[4]另有数据显示，短短4年间，依托烧饼、菜干等乡土产业发展，缙云低收入农户数量降至21212户、32580人。[5]到2018年9月底，缙云县已拥有4个烧饼特色村。缙云成了全国打赢低收入百姓增收攻坚战的鲜活典型，打造了“缙云烧饼”这一独特的符号和新名片。

缙云烧饼的闪耀，与地域文化、社区教育的融合发展息息相关。[6]2013年，缙云县委、县政府全力推进“名企名品名家”培育战略，出台了一系列的政策和制度，启动了“缙云烧饼师傅培训”计划，将“缙云烧饼师傅培训基地”落户缙云社区学院。2014年2月，又在县委、县政府内破天荒地设立了缙云烧饼品牌建设办公室，简称“烧饼办”，隶属于农村工作办公室，并把发展烧饼产业列入旨在弘扬传统文化、促进农民增收致富的“十项举措”内，提出将缙云烧饼做成一门大生意，推向全国乃至海外；提出了缙云烧饼产业升级战略和“品牌”战略。品牌，意味着品质的提升，意味着文化产业化、符号化、标准化、特色化，也意味着乡愁经济的进一步落实。

二、基于乡土记忆的乡村公共空间转型——以李秀广迁店事件为例

2016年2月，浙江省缙云县宫前村远近闻名的李秀广烧饼摊老铺面上贴了一张告示：“尊敬的各位新老顾客，感谢各位一直以来对本店的厚爱与支持，为了更好地满足大家的需求，本店即将搬迁至缙云仙都黄龙景区，望周知。”

比起在宫前村的老房子，黄龙景区的铺面显然宽敞了许多。厨房有一张一米多长的制作台，李秀广师傅可以在上面和面、做饼。顶上是四盏白色光线的LED大灯，一边是其夫人制作馄饨的台子，一边是小会计收银的地方。

如今黄龙景区的烧饼销量也主要靠李师傅一直带着的老顾客群，一天大概能卖700多只，比在宫前村的生意要好得多。有些客人甚至打电话来订货，李师傅做好的烧饼直接几十个一起外送或者快递出去。还有的客人拖家带口驱车前来品尝。这一现象除了得益于县城的交通便利以及景区的集群营销效应外，还可用“乡土公共空间理论”来解读。

（一）“乡土记忆”与“乡土公共空间”

关于“乡土记忆”的提法，最早始于文学领域，“乡土记忆”也被称作“乡土情结”“乡土情感”“故土记忆”等。因其多见于文学作品，“乡土记忆”并没有明确、清晰的定义或概念。

我们认为，对“乡土记忆”的解读可从“乡土”和“记忆”出发。“乡土”中的“乡”可理解为乡村、故乡、家乡，“土”可指泥土、土地、地方。词典对“乡土”的释义为“本乡本土”，即故乡之意。从“乡土”出发，“乡土记忆”可理解为从乡村走出来，以“土”为生的人们，对于自己所生所长的乡村的一种比较深刻的总体印象与记忆。对于“记忆”一词的理解，心理学上偏向个体研究的“记忆”，而本文所提的“乡土记忆”更偏向于集体记忆，

因乡村是容纳人们集体记忆的场所，在地域限定上，它区别于家庭记忆、城市记忆、国家记忆等其他集体记忆，故一定意义上“乡土记忆”也可称为乡村集体记忆。

关于集体记忆的研究，最早可以追溯到法国社会学家涂尔干（Durkheim）的“集体意识”（Collective Conscious）这一概念[7]，他提出集体记忆对加强族群成员的自我认同发挥着至关重要的作用。20世纪20年代，法国社会学家哈布瓦赫在《记忆的社会性结构》一文中首次提出“集体记忆”的概念，并将其定义为“一个特定社会群体之成员共享往事的过程和结果，保证集体记忆传承的条件是社会交往及群体意识需要提取该记忆的延续性”。[8]20世纪80年代，理论界开始对集体记忆予以关注，主要从功能主义和建构主义两个视角开展研究。保罗·康纳顿认为，群体记忆的保存和传播会对社会产生重要作用[9]；哈布瓦赫、舒曼和斯科特等则强调，集体记忆是如何为社会所共享、传承和建构的。哈布瓦赫在《记忆的社会环境》《论集体记忆》中指出，集体记忆并不是一个已有的概念，而是一个社会建构的过程[10]；舒曼和斯科特还提出，集体记忆的建构不仅与时空和情境相关，还与记忆群体的年龄有关。[11]

乡村领域中对于乡村的集体记忆、乡土记忆的相关研究相当匮乏，仅有姚金贵的《集体记忆下传统村落空间形态的保护方法探析——以井冈山为例》[12]以及社会学的相关研究。

本文所谈的“乡土记忆”不是乡村中某种已知存在的物体或历史遗迹，也不仅仅是人们对乡村的总体印象与认知意向，它同时也包含了对乡村的家园感、认同感，是一种生长于乡村的居民们所共享的集体记忆。

60多岁的李秀广师傅是缙云第一批五位烧饼大师中的一个。之前他的店面开在缙云宫前村。在一间明清古建筑的老木房子里烤着烧饼，菜干就肉的香味，飘过每一个巷子口，慕名而来吃烧饼的客人络绎不绝。大家坐在门口的青石板上谈天说笑，回忆起那些记忆中的味道。

宫前村的门面只有一间，外面就是村子的晒场。超过300年的老房子透露出厚重的古朴与年代感，熏黑的墙壁和地板诉说着当年李秀广从“两角钱一个烧饼做起”“到后面排队卖烧饼”的“宫前村传奇”。

从前的“宫前村烧饼”是宫前村民、整个缙云县，乃至整片地区人们的共同集体记忆。无论烧饼铺现在在哪，那份关于故土的家园感和认同感难以磨灭，当人们走出缙云，走到全国甚至全世界的城市看到缙云烧饼的挂牌铺面时，那种来自故乡的认同感油然而生。

通过对“乡土记忆”的理论梳理，抓住乡村的“乡土”特质，对于乡村“公共空间”的营建不是简单地保留过去的物质空间，也不是简单地复刻传统乡村的营建模式，更不是一个或几个象征符号的拼贴。在公共空间的塑造上，不仅仅是满足大众基本需求和符合大众审美，更要体现乡村固有的文化与集体记忆。在这种记忆特质的营造过程中，不仅要有利于提高乡村公共空间品质，更要有利于营造乡村公共空间环境，由原先对城市空间的简单学习，转而成为反映地方特色、富有乡土人情的乡村空间，从而延续地域文脉，唤醒乡土记忆，帮助村民寻回失去的家园感、归属感。

关于“公共空间”的研究起源于欧美社会学界。20 世纪 50 年代，美籍德裔女思想家汉娜·阿伦特（Hannah Arendt）最早提出了“公共领域”的概念，[13] 德国著名社会学家哈贝马斯（Jürgen Habermas）在 20 世纪 80 年代出版的《公共领域的结构转型》一书中给出了明确的界定，该书 1989 年被译为英文后，西方学界对“公共领域”的研究引发热议，迅即波及中国学界。[14]

中国对于“公共空间”的研究重在城市的发展和演变，对于乡村“公共空间”的研究，仍以社会学、政治学等学科为主。曹海林的《村落公共空间：透视乡村社会秩序生成与重构的一个分析视角》一文认为：“在社会学意义层面上理解公共空间（public space），我们可以把它视为社会内部业已存在着的一些具有某种公共性且以特定空间相对固定下来的社会关联形式和人际交往结构方式。”[15] 王福德也对现阶段社会学领域对于乡村公共空间的理论展开研究,并从“公共性”的角度提出了现今乡村公共空间的一系列问题,认为“无论是日常性公共生活的娱乐化、空洞化，还是仪式性公共生活的分化，都说明村落公共空间的公共性已经严重流失”。并分析了造成这一问题的原因:“①村庄社会关联的改变。②村庄社会分化。③经济分层转化为政治垄断。④生活意义的去村庄化。”[16] 然而，在物质空间环境上，以“乡村公共空间”为主要对象的研究十分匮乏,仅有杜恩龙（2008）、杨林平（2012）、程轲峥（2013）、汪海燕（2014）等为数不多的论文①，故以物质空间为主要视角的乡村公共空间研究，仍有较大的领域可以挖掘，理论框架还可以继续填充和完善。

所谓“乡村公共空间”指的是存在于乡村聚落中的促进社会生活事件发生的公共活动场所。“公共”和“空间”是其基本特征，“空间”是其形的特征，“公共”是其质的特征。“乡村公共空间”是与私有空间相对立的一个概念，一般社会成员可以无条件或有条件地出入于其中的地方场所，是起到为乡村社会提供各种社会关联与人际交往的发生的容纳基础，具有指认、认同、聚集、归属、交流和满足等特征。[17]

综上，对于公共空间的理解可分为物质和社会两个层面。从物质层面看，公共空间是开放给大众的空间与环境，它能对公共生活和社会互动的开展提供支持和便利；从社会层面看，公共空间是一个可以频繁发生社会互动和交流的场所，是社会发展、人际交往、信息置换和记忆生成的平台；公共空间还是一个蕴含公共价值的地方，而公共价值是大多数公众所赋予的。公共空间也因此变成一种意义深远的公共资源。[18]

（二）烧饼店背后的乡村公共空间变迁

2016年2月，黄龙景区的老板花了35万年薪把李秀广老师傅从宫前村挖到这里，还笑称“怕老爷子炒了他”。比起宫前的老宅子，黄龙景区的烧饼铺面显得更加贴近现代人的生活状态，且让李师傅的手艺能够在交通便利、卫生质量得到保障的环境下，成为都市人和当地人都可以享受到的乡愁记忆。虽然这里不再是久居深巷，不再需要踏着青石板闻香寻味而去，但其成为一种从田间乡野自然过渡到现代文明的物质文明载体。

乡村公共空间是村民日常生活交往活动的重要载体，也是触发村民“集体记忆”的重要媒介，它是阐释乡村共同体的重要场域。正是这种“集体记忆”的延续与发展，令村民产生对家园、对乡村生活的认同，才使得乡村成为一个千百年来传承至今的稳定社会。然而，随着乡村经济、产业、社会结构的改变，乡村不再是封闭的同质社会，外界思想与价值观逐渐向乡村渗透，乡村传统的生活方式与价值观受到了较大冲击，乡村正在逐渐“失忆”，对于乡村的认同感也在逐步下降。

许多公共活动场所对于中青年村民缺乏吸引力，他们对于公共活动的参与度不高，现实中与人交往的需求下降，乡村公共空间成了“老年活动中心”。可见，乡村居民关于乡土的记忆正随着时间而流失，维系公共理念的纽带正进一步松弛，对乡村的认同度正在下降。

虽然说有些人仍旧会和李师傅聊起在宫前村大晒场席地而坐，手啃着烧饼，喝着豆浆，看着鸡群在人群中旁若无人地穿来穿去，在吃烧饼的过程中体味那些久违的乡村生活体验，看一看村民，见一见老乡。搬到城里来的铺面似乎是一个脱节了的城市化产物。

烧饼店背后的公共空间脱胎于乡村传统的小型手工业，它是一个极具乡愁记忆的场所。现代性的渗透、资本的渗入使得民间的烧饼空间发生转移，这是一个主动转移和被动转移的双向过程。

主动转移是为了更好地打造品牌，让缙云烧饼走出去，为黄龙景区形成产业联动，由政府号召；被动转移在于宫前村地理偏远，村民外出打工，同时整个乡村生态和公共空间的空心化状态，使得烧饼店在此处的长远发展也不利。

老烧饼店门前过往客人慕名而来，为的不仅仅只是烧饼，还有对于这一种乡村公共空间的追溯与怀念。相比于新农村建设，对于乡村聚落公共空间新建与改造，建设照搬照抄城市模式而忽视了乡村当地固有的生活习惯、礼仪习俗和文化特色，使得传统乡村公共空间消失殆尽，既有乡村公共空间活力不足，村民的公共活动空间作为乡土记忆的载体面临重构危机。同时，烧饼大师走出村口却又并没有离开乡村，把传统的乡村公共空间恰逢其时地带到了城里，让从农村到城市打工的那些具有乡土记忆的顾客，能够更加便捷地触及这个新的公共空间，同时也能让在城市里长大起来的一代，在自己的城市生活空间里有更直观的感受，反而不容易导致乡土记忆的断层与家园归属感的缺失。

基于乡土记忆的乡村公共空间营建，不应当只是对物质空间的简单保留或者对传统乡村的简单营建，也不是一个或几个象征符号的拼贴，而是将各种相关记忆要素置于适宜措施的调控下，并把握其内在秩序，适应环境的变化动态演进，使乡村公共空间场所唤醒记忆的同时，也能够符合现今乡村居民在生活、交往上的需求，从而构建起在当下社会具有生命力的乡土记忆，营建出富有活力的乡村公共空间。

三、乡愁经济下缙云烧饼产业发展再思考

“经济文化化”和“文化经济化”，是当前文化生产和经济生产的一大特点。人类社会进入后工业时代，通信技术的革命，给人类交往方式带来翻天覆地

的变化。各类媒体从未像今日这般多元，人类生存方式亦在发生巨大的变化。全媒体时代，人类精神交往方式、手段和审美心理同时在发生巨变。媒介的变迁带来的革新和革命的力量一日千里。中国文化产业经过 10 多年的快速发展，其规模相比过去得到极大的发展，但文化产品数量急剧增加并没有带来文化精品的出现。文化产业经济体现出的特点，是以数字娱乐产业的增长为主导，互联网媒体、手机媒体迅猛发展，媒介融合度不断深化，文化产品的媒介化生存已经成为现实。这是缙云烧饼所携带的乡愁经济亟须思考的问题。

2014 年缙云县政府成立“烧饼办”以来，作为一项带动全县经济和就业的文化产业在整个县的“乡愁经济”中发挥着不可或缺的作用。短短 4 年来，整个缙云烧饼的产业化发展产生了十分明显的绩效，在产业链的作用下为乡村振兴事业贡献了属于自己的力量。政府鼓励缙云人民走出去创业，为人民打造一个乡村品牌，让本地人能够利用好这个品牌效应去实现自己的美丽人生。

2016 年缙云烧饼被纳入浙江省的非物质文化遗产名录，2018 年 9 月又获得了欧盟知识产权办公室颁发的商标注册证书，这意味着缙云烧饼不再只是缙云人民的乡愁记忆，而是整个浙江省的乡愁记忆，或者是整个江南地区的乡愁记忆。随着海外越来越多缙云烧饼店的开业，缙云烧饼所承载的乡愁记忆更是整个民族、整个国家的。

2018 年，缙云县政府再次提出“乡愁富民产业”概念。省内诸多地方小吃也纷纷前来学习和调研“缙云烧饼现象”和“缙云烧饼模式”。李秀广师傅在黄龙景区的概念店作为政府挂牌的示范店“头牌”，是整个“乡愁富民”产业走在最前面的典范。不仅整个店面达到政府挂牌的店面管理标准，更有李秀广师傅的“工匠精神”将他从宫前村所携带的乡愁记忆揉进面团里，做进烧饼里，让那些远离乡村满怀失落感的城里人在这里能够找寻到一丝来自家乡的温暖与慰藉。

如果说“基地小虎”的《缙云烧饼》是本土文化流行化的产物，那么李秀广师傅在黄龙景区的烧饼店则是流行文化本土化的产物：外壳可能是流行文化的那一套，而灵魂则是脱不开的缙云地方文化，或者说是整个中国社会农耕文化的一个缩影。

传统饮食文化与文化产业相结合的现实价值在当代社会发展中是共生、同构、互动和一体化的，是文化与经济的“命运共同体”。“文化增长”是现代文化经济背景下的一个文化概念和经济概念。它既是经济总量的增长，也是经济增长方式的当代转变，更是文化的创新和发展。民族文化只有长期得以延续，文化产业的发展才有可持续发展的空间。[19]

文化产业被称为“21 世纪的最后一桶金”。而保护民族传统文化则是时代的强烈呼唤，但是保护传统文化不能是为了保存而保存。任何事物不具有现实意义，或与时代割裂开来都将是死水一潭，没有活力，反而更容易被人们遗忘。我们应该挖掘、发挥传统文化在当今社会中的新意义，让文化产业为传统文化再次腾飞提供良好的平台。在打造我们富有特色的民族文化品牌的同时，也是弘扬民族文化、增强民族自信心和认同感的绝好过程，它同时使我们民族文化产品有了可持续生产的基础。[20]

乡愁是理性的，是几代人对国家和个人命运归宿的拷问，是一个快速全球化、现代化、商业化和城镇化的中华民族对自己文化本根的追寻，是人们对日益深化的城乡鸿沟的跨越，是世界上唯一持续的农耕文明在经历了欧风美雨的冲击后对自己所欲所求和发展道路与生活方式的探索。②李秀广师傅的黄龙烧饼店不仅完成了一次烧饼铺面的转型，走出了一条烧饼乡愁富民之路，让缙云农民在“烧饼模式”中找到了增收的新渠道，更是给“乡愁富民”政策下的乡愁经济提供了一个新的模式与发展路径。

注释：

①杜恩龙，《现代居住区与传统聚落公共空间比较研究》（天津大学 2008 年硕士论文）；杨林平《甘南藏族乡村聚落公共空间特征研究》（长安大学 2012 年硕士论文）；程轲峥《城乡统筹下乡村旅游中的村镇公共空间研究》（重庆大学 2013 年硕士论文）；汪海燕《旅游经济影响下的乡村公共空间设计研究》（《长春大学学报》2014 年第 4 期）。

②参看赵月枝于 2018 年 7 月在“理解乡土文化”缙云暑期班上的演讲。

参考文献：

[1] 何苗，刘研 . 国际视野中的文化产业研究路径变迁 [J]. 天府新论，2013（2）：116–120.

[2] P.BOURDIEU，WACQUANT J D. An invitation to reflexive sociology[J].Chicago: University of Chicago Press，1992：45.

[3] 布尔迪厄，华康德 . 实践与反思 [M]. 李猛，李康译 . 北京：中央编译出版社，

1998:134.

[4] 周咏南，翁杰，施晓义 . 乡愁经济铺就富民路——缙云发展特色产业惠民生 [N]. 浙江日报，2018-9-27（1）.

[5] 一只烧饼一年挣回 15 亿元 缙云乡土产业助低收入农户增收，http://zjnews.zjol.com.cn/zjnews/lsnews/201808/t20180820_8054302.shtml.

[6] 方素文 . 传统小吃、地域文化与社区教育：融合彰显中的发展——以缙云烧饼为例 [J]. 教育现代化，2017（32）：339.

[7] 埃米尔・涂尔干 . 社会分工论 [M]. 渠东，译 . 北京：生活・读书・新知三联书店，2000.

[8] 莫里斯・哈布瓦赫 . 论集体记忆 [M]. 毕然，郭金华，译 . 上海：上海人民出版社，2002.

[9] 孙德忠 . 重视开展社会记忆问题研究 [J]. 哲学动态，2003（3）:17-20.

[10] 李兴军 . 集体记忆研究文献综述 [J]. 上海教育科研，2009（4）:8-10.

[11] 郭于华 . 口述历史——有关记忆与忘却 [J]. 读书，2003（10）:62-68.

[12] 姚金贵 .《集体记忆下传统村落空间形态的保护方法探析——以井冈山为例》[J]. 农家参谋，2018（6）：10.

[13] 汉娜・阿伦特 . 极权主义的起源 [M]. 林骧华，译 . 北京：生活・读书・新知三联书店，2008.

[14] 哈贝马斯 . 公共领域的结构转型 [M]. 曹卫东，刘北城，等，译 . 上海：学林出版社，1999.

[15] 曹海林 . 村落公共空间演变及其对村庄秩序重构的意义——兼论社会变迁中村庄秩序的生成逻辑 [J]. 天津社会科学，2005（6）:61-65.

[16] 王德福 . 缺失公共性的公共空间——基于浙东农村的考察 [J]. 中共宁波市委党校学报，2011（2）:67-73.

[17] 于雷 . 空间公共性研究 [M]. 南京：东南大学出版社，2005.

[18] 傅睿 . 小城镇公共空间系统的建构和比较研究 [D]. 苏州：苏州科技学院，2007.

[19] 蒋英 . 川西各民族饮食文化研究 [D]. 中央民族大学，2010.

[20] 胡惠林 . 文化产业概论 [M]. 昆明：云南大学出版社，2005.

The Phenomenon of Jinyun Biscuits: A Theoretical Interpretation of the Roots of the Nostalgic Economy

Guo Jianbo, Guo Zhenyi

(*College of International Education*, *Zhejiang Normal University; USC-SJTU Institute of Cultural and Creative Industry*, *Shanghai Jiao Tong University*)

Abstract: Jinyun County, Zhejiang Province guided the development of county economy with the concept of township and enrichment. There are many local cultural elements, and the spread of "Yunyun Spicy Cake" is a strong evidence of the phenomenon of nostalgic people in Jinyun County. This paper attempts to interpret the phenomenon of "Jinyun Biscuits" in theory, analyze its rationality as a new cultural industry, and explore the inevitability of the transformation of public space brought by the biscuit shop in the process of industrialization and its future path.

Key words: Jinyun biscuits; nostalgic economy; cultural industry; public space

郑梁文学观念与清初浙东学术思潮

曾礼军

（浙江师范大学国际文化与教育学院）

摘　要：郑梁是清初浙东学派以文学见长的重要成员之一，其文学观念受到其老师黄宗羲的影响而又有自己的独特个性。郑梁极为重视诗歌的文学地位,认为“人不能诗,其人不远”;而诗歌的本质在于“道己之性情”,并以“性情”摄融“言志”。同时又重视诗文合一和文道合一的文学会通观。郑梁文学观念的突出特点在于以经学的正统性导衍出文学的合法性，善于抓住文学的本质属性，又重视凸显文学的社会地位和经世功能，体现了经学家和文学家的两种文学观念的调解中和。

关键词：郑梁；文学观念；清初；浙东学术思潮

浙东学派是清代重要的学术流派之一，由黄宗羲承续浙东先贤学术而肇立，并与弟子发扬光大，成为一个包容经学、史学、文学、自然科学在内的学术流派，其学人辈出，成果丰硕，影响深远，尤以经史学术为突出特征。郑梁是清初浙东学派以文学见长的重要成员之一，其文学创作和思想观念深受其老师黄宗羲的影响，他把见到黄宗羲以前的诗文创作焚之一炬，并将自己的作品集取名为《见黄稿》。但由于两人有着重学术与重文学的不同侧重，郑梁的文学观念又有着自己的个性特点，主要表现在重诗歌、主性情和贵会

基金项目：国家社科基金一般项目“清代两浙文学世家研究”（编号：13BZW082）成果。

作者简介：曾礼军（1970—），男，江西吉安人，浙江师范大学国际文化与教育学院，副教授，文学博士，主要从事古代文学与跨文化交流研究。

通等方面，其突出点在于以经学的正统性导衍出文学的合法性，善于抓住文学的本质属性，又重视凸显文学的社会地位和经世功能，体现了经学家和文学家的两种文学观念的调解中和。郑梁的文学观念对于探讨明清之际文学思想转型具有重要的学术价值和意义，但尚未引起研究者的充分注意。基于此，本文拟从文学地位、文学本体和文学功能等方面对其进行初步探讨，并分析其与清初浙东学术思潮的关系。

一、重诗歌："人不能诗，其人不远"

相对于其他以学术见长的黄门弟子而言，郑梁不但长于文学，而且特别重视文学，对于诗歌文体尤为重视。其曰：

> 人不能诗，其人不远。故古之大圣贤人，未有不能诗者也。其有大圣贤人而初不以诗见者，特能之而不暇为与为之而世偶失传耳，非必其人之果不能为也。其非必大圣贤人而亦往往以诗见者，亦必其有志之士，负豪杰博雅之才，抱清新俊逸之质，多幽忧感慨之思，可以入于大圣贤人之路者也。(《张兰佩诗稿序》)[1]517

郑梁认为"人不能诗，其人不远"，凡古之大圣贤者都能为诗，即便初不以诗见者，也是无暇为之或为之而失传，而那些善作诗者往往可以进入大圣贤人之路。因此，能否作诗就成为衡量"大圣贤"的一条重要标准，而诗歌则是圣贤立言的重要途径之一。

为了证明诗歌的重要性，郑梁特别列举孔子日与弟子学诗，以及周公、召公、芮伯、吉甫等圣贤不以诗歌为雕虫小技为证。其曰："盖尝闻程叔子不喜作诗，而知诗非学者之急务。然孔子删述六经以垂教，而其所日与门弟子谆谆者，惟以学诗为急，读《论语》可见矣。至若三百篇中，虽里巷讴吟赠答之什为多，而圣如周公、召公，贤如芮伯、吉甫之徒，皆不闻以是为雕虫之末技，而往往长言嗟叹不废咏歌。"(《万季野诗稿序》)[2]卷一，194 郑梁以周、孔圣贤重视诗歌为例，不但论证了诗歌具有重要地位，而且批评了程朱理学者不善作诗和轻视诗歌的态度。这对于凸显诗歌等文学的社会地位具有重要学术意义。

郑梁认为诗歌要成为不朽之言，必须是“自成一家”，能够“自辟门户”。其曰：“诗之可传者必自成一家。”（《滇游草叙》）[2]卷一，202“窃以为古今作家必自辟门户而后成。李、杜之与王、孟，韩、孟之与元、白，皆同时而异趋。而义山博瞻之后，宣城变之以冲淡；宣城冲淡之后，豫章变之以雄厚；豫章雄厚之后，永嘉变之以清圆。从来豪杰之兴，决不寄人储胥虎落之内。”（《钱虞山诗选序》）[2]卷一，238 王维、孟浩然、李白、杜甫同为盛唐诗人，元稹、白居易、韩愈、孟郊同为中唐诗人，他们所创作的诗歌都因有自己独特的个性和特征，能够自成一家和自辟门户而流传后世。同样，诗歌的传承发展也必须有自家面目，不与前人雷同。李商隐之博瞻、梅尧臣之冲淡、江西诗派之雄厚、永嘉四灵之清圆，都体现了他们的自家个性和诗歌特点。

因此，对于明代以来的雷同剿袭、千篇一律而失去诗人本来面目的诗风，郑梁进行批判和否定。他指出明代诗歌于明七子之后，“雷同剿袭遂率天下，而趋于浮声切响之中，甚至千篇一律，几同饭土嚼蜡”。但他肯定了钱谦益的诗歌，“有明之诗，至虞山固所称，变前之人而倡后之人者也”，“虞山唯不袭王、李之陈言，故能为海内斯文主盟者，数十年未已”（《钱虞山诗选序》）[2]卷一，237-238。郑梁重视钱氏诗歌就是因为其诗歌呈现出了诗人的自家面目，改变了明七子以来雷同剿袭之风气和积习，树立了新的诗歌风范。同时他又警告人们不能因为钱谦益的诗歌成就而模仿钱氏，否则又重新回到明代剿袭之风的怪圈中：“后之兴者苟受虞山之笼络，其何以继虞山而主持风雅乎？”（《钱虞山诗选序》）[2]卷一，238

郑梁还从诗史关系来揭示“诗”“史”不同的文化特征，凸显他的以“诗”为本源的文化观念。他说：

> 史者，开局设官而成，其是非可否，非一人所得；而主诗者，满心肆口而出，其美刺劝惩，实一人所得，而操天下读书种绝，浮言淆乱在，仕途之耳目为尤甚。孟子谓“王者之迹熄而《诗》亡，《诗》亡然后《春秋》作”。是《春秋》，孔子之史，孟子犹断其为诗亡不得已而作，未敢以为史便胜于诗也。（《乐府新词序》）[3]卷二，300

史识为众人共识，诗意为个人认知，先有个人认知，后有众人共识，所以郑梁认为孟子提出“《诗》亡然后《春秋》作”实际上体现了“诗”先于“史”，“史”是“诗”亡后不得已之作。而“史”的价值也未必一定胜于“诗”，因为当天下读书种绝、浮言淆乱之际，众人所达的史识反而有可能不如个人所吟诗意的真实和深刻。这凸显了郑梁以“诗”为文化本源的思想观念以及重视诗歌文体的文学观念。

郑梁的“诗史”观念阐释极具理论创新意义。其师黄宗羲亦从孟子话语中引申出对诗史关系的探讨，但黄宗羲强调的是以“史”为本源的文化观念。其《姚江逸诗序》曰：“孟子曰：‘《诗》亡然后《春秋》作。’是诗之与史，相为表里者也。”[4]10 又曰：“今之称杜诗者以为诗史，亦信然矣。然注杜者但见以史证诗，未闻以诗补史之阙，虽曰诗史，史固无藉乎诗也。逮夫流极之运，东观兰台但记事功，而天地之所以不毁，名教之所以仅存者，多在亡国之人物，血心流注，朝露同晞，史于是而亡矣。犹幸野制遥传，苦语难销，此耿耿者明灭于烂纸昏墨之余，九原可作，地起泥香，庸讵知史亡而后诗作乎？”[4]49 黄宗羲强调诗史互为表里，相对于那些以史证诗、史无藉乎诗的注杜诗者，无疑是极大地提高了诗歌的文化地位，凸显了诗歌具有“记录历史、保存精神史功能”[5]498 的文化价值。但黄宗羲强调的是“诗”“史”共性文化特征，其改孟子“诗亡而后史作”为“史亡而后诗作”则蕴含着以“史”为文化本源的思想观念。而郑梁则突破了乃师的“史”本观念，强调“诗”本观念，辨析了“诗”“史”不同文化特征和源流关系，极大地提高了诗歌的文化地位。当然，师徒二人也有共同处，即都强调在国家兴亡、社会动乱的特殊历史时期，诗歌比历史更具真实性和深刻性。

概言之，郑梁提出“人不能诗，其人不远”的文学观念，强调“诗”为文化本源的思想观念，极大地凸显了诗歌的社会地位，体现了郑梁对诗歌文体的重视。值得注意的是，郑梁这种诗学观念是借助儒家经史文化的正统性来完成的。《诗经》既是儒家经典之一，又是众多个人诗歌创作的合集，郑梁从《诗经》的经学正统性导推出其文学的合法性。同时，又通过对“诗”“史”不同文化特征的比较，厘清“诗”源“史”流的文化关系，进一步论证了诗歌作为文学独立存在的文化合法性，凸显了“诗”的文化价值。因此，郑梁的诗学观念既凸显了诗歌的文化独立性，又重视其文化合法性，有着较为突出的文化特点。

二、主性情："诗所以道己之性情，而非以悦人之耳目"

郑梁之所以如此重视和抬高诗歌文体的文化地位，是因为他认为诗歌既是人之性情凝练的精神作品，同时又对人的性情具有陶冶之功。他说："人有性情，则自不能无诗。而后之学诗者，亦因得以治其性情欤。"（《万季野诗稿序》）[2]卷一，194 由此郑梁提出"诗本性情"的诗学主张（《万允诚诗稿序》）[3]卷一，274–275，认为"夫学诗可以治其性情，则作诗未有不本性情，而可以言能诗者也"（《万季野诗稿序》）[2]卷一，194。一个真正能作诗的人，其诗作必须是出于其性情之凝练。

由于"诗本性情"，所以是否"道己之性情"就成为检验诗歌成就和价值的一条重要标准。他批评了前朝科举考试对于诗歌繁荣的妨碍，因为溺于科举，"以诗为厉禁"，所以不知平仄为何物。同时他又针对康熙己未（1679）朝廷以诗赋试博学鸿儒之后天下文人攘臂倡和的作诗现象表示了担忧。其曰："一时海内荣之，咸共叹息以为作诗之效。于是攘臂而起，倡和纷然，几于家李、杜而户岑、王矣。然余窃虑乎诗之亡也，不亡于息影收声之会，而亡于争鸣竞响之时。"（《埜吟集序》）[3]卷一，287 诗歌繁荣与否，不在于诗歌数量的多少，而在于诗歌是否道己之性情：

> 盖诗所以道己之性情，而非以悦人之耳目。方天下之以诗为戒也，彼贸贸然场屋时文，之子原不足为诗道之有无，而吟谣山泽者不乏咸淳遗老，慷慨而言其所欲言，则是诗学几亡而不亡也。今者薄海之内靡然响风，岂敢谓其中必无一二豪杰，然天下事，凡视之为荣利之途而思挟之以资身哗世者，古今来必不能佳，以其务悦乎人之耳目，而不敢自道其性情也。（《埜吟集序》）[3]卷一，287

有性情，诗歌数量虽少，但诗歌并未真正消亡；没有性情，诗歌数量虽多，诗歌却未必真正兴盛，反而有可能走向消亡。

康熙己未以诗赋博学鸿词之后，诗歌数量激增，表面上看起来诗歌得到了繁荣，实际上却伤害和阻碍了诗歌的发展，因为它违背了诗歌的创作规律，诗歌并没有真实地表达出作者的真情实感，只是成为那些盗名趋利之徒哗众取宠的工具而已。所以郑梁批评道："江河日下，巧伪成风，盗名趋利之徒，不知诗为适性怡情之具，而以诗为哗世取宠之资。”（《王素卿诗序》）[6]卷二，386 又说：“身作山林之士，口摹台阁之言，此与病狂发谵者何异哉？而况假之以援高附丽，藉之以贡谀乞怜，是于帖括揣摩奏牍逢迎之外，增一败坏人心世道之具也。”（《埜吟集序》）[3]卷一，287-288 郑梁透过文学现象，不但看到了诗歌繁荣背后的危机，而且批评了以诗逢迎乞怜而败坏人心世道的世风和士风。郑梁的诗学见识可谓卓绝特立。

郑梁提出诗以“道己之性情”的诗学观点也有自己独到的理论支撑。从主观方面来说，郑梁认为人人皆有性情，但诗道己之性情则须有悟性，只有体悟通透才能道出诗人自己的真实性情。其曰：“吾师黄先生之论景濂也，尚谓其缺一悟字。夫所谓悟者，岂欲人驰鹜于元虚荒忽之场，控之非有，揢之非无，如世所传‘梁空草绿江令峰青’等句哉。诗本性情之广大高明，非悟不能，则诗之清能灵解，亦非悟不有也。”（《埜吟集序》）[3]卷一，287 诗人不能悟透，诗歌就不能道己之性情。诗人悟性不同，则诗歌传达自己的性情内涵自然也就不同。从客观方面来说，郑梁认为时位错出万殊也造成诗歌传达性情的不同。其曰：“盖人之性情本一，而时位之错出万殊，则性情亦遂从而别，此雅郑所以兼收，正变所以杂陈，《小弁》《凯风》，怨与不怨，所为无妨于人子也。必欲以汉、魏、六朝、三唐、两宋之性情律之，宜其隔靴之搔，不求己而自己者也。”（《四明四友诗序》）[7]卷二，560 时代不同，其性情也不同，不能以前朝之性情以律后代之诗歌，否则就是隔靴搔痒。“从来作诗之体不一，大约视其人所处之时位而成。”（《箄圭集诗序》）[6]卷二，369

诗贵道己之性情是郑梁重要的诗学观念，由此出发，郑梁肯定了女子所作诗歌，认为女子诗歌能够“以其性情自见”，有自家面目。其《樊榭诗选序》曰：

> 三代以前，有周文章号为极盛，孔子删诗，十去其九，可谓严矣。而所存十五国风，乃往往载妇人之词，岂其道情言志，果能与周、召诸公争胜与？抑风尚淳朴，自一二圣贤而外固无人焉，敢以诗自鸣与？余尝妄意当时学士大夫，其所作亦必甚多，特其唱酬赠答之章，未免雷同因袭，数见不鲜，反不若女子之词，各能以其性情自见，故宁删彼而存此也。……徽音女子乃能不寄人篱，独开门户，当其思沉兴逸，刻景镂情，直欲前无作者。所谓十五国风之妇人女子各

能以其性情自见者也。[3]卷二，301-302

郑梁认为孔子删诗，十去其九，而往往独载女子之诗，其原因在于女子之诗各能以其性情自见，形成不寄人篱、独开门户的诗风特点。尽管这种诗学观念也是按照从《诗经》的经学正统性推导出文学的合法性的逻辑思路，但他对女子诗歌的肯定已经有了很大的时代进步性。尤为难能可贵的是，郑梁还充分肯定了女子作诗的权利。其《琴友张氏诗稿序》曰："盖人各有情，情各可言，固不得以其为女子之故，遂令其剖胸无心张口无声也，而况其情为父子夫妇之情，其言为忠孝贞节之言乎？"[6]卷一，341 传统文化观念是女子无才便是德，但郑梁则肯定了才女作诗的权利和能力，这也是建立在其"诗本性情"和"诗道己之性情"基础上的诗学观念，具有时代进步性。

郑梁的性情诗学观还有一突出特点就是以"性情"摄融"言志"。郑梁一方面主张诗本性情，另一方面又强调诗必言志。其曰："余尝谓诗家论诗，必当以'诗言志'一句为主。"(《耐堂上人诗序》)[8]卷二，438 "盖诗之为道，所以言志，人有志则必有言，有言则必有声，此天籁所发不可矫强者也。"(《张兰佩诗稿序》)[1]517 又说："舜曰'诗言志'，则是言志者诗，不言志者非诗也。孔子曰'诗三百,一言以蔽之，曰思无邪'，则是思之贞者为可传之诗，思之肖淫者即为可删之诗也。后世豪杰云兴，谅无以过于舜与孔子，而谈诗则务出乎其上。……呜呼，岂今日之言诗者，果有以胜于舜与孔子耶？余深有慨于此，窃欲满心肆口以诗为发舒胸臆之言，不以诗为桎梏性情之具。"(《芝源适意草序》)[2]卷二，229 "言志"说侧重于诗歌合乎礼义的社会教化作用，而"性情"说则侧重于诗歌对于诗人个体情感的抒发，两者本有一定的冲突性，但郑梁却把两者摄融在一起。摄融的原理即是"志"由"情"生。其曰："盖意者，志之所上立，而亦即思之所由生。运诗而适意，则其所言者，无非志，而所思者,必无邪矣。"(《芝源适意草序》)[2]卷二,229-230 "意"上立志,意即性情所在。有研究者指出："在此浙东诗人尊奉'性情'以事创作和品评之中,拈一'性情'之说以释历代诗家所谓'诗言志'者,则是寒村。寒村的说法自有其特色。"[9] 此论诚是。

三、贵会通："诗文合一"与"文道合一"

郑梁十分强调文学的会通性，包括诗文会通和文道会通。

诗与文作为不同文体，其差异是明显的，作诗与作文有着不同的要求。但郑梁认为诗与文之间是可以会通的，如果一个作家的诗不如文，其文虽极工而不可以称为大家。其曰：

> 诗文一也。诗不如文，则虽极工而不可以为大家。然而世之论诗者，谓必不可以文作诗，稍用学识，涉事理，便诋之为破格。于是空梁、春草之派，单行宇宙，目为诗家正宗。虽僻固狭陋之胸，亦时出其一联半句，以为诗有别肠，非文章家所能与。而文章家亦若以为别有授受，姑让焉而不敢与之抗。夫由其说以为诗，当其意得象先，神留言外，吾安敢谓其不工。(《四大家诗钞序》)[2]卷二，240

郑梁强调诗文合一，其本质是肯定以文作诗，认为诗歌也可以像文章那样引学识，涉事理，广泛地书写社会事物，所以郑梁批评那些否认以文作诗的论诗者，也劝诫那些囿于诗文之别的文章家要敢于打破固见，提笔作诗。

基于以文为诗的标准，郑梁充分肯定了唐宋李、杜、韩、柳、欧、苏等人，尤其是韩、柳、欧、苏等四人。其《四大家诗钞序》曰："故余尝论三代以下之诗，其可称大家者李、杜，之后惟韩、柳、欧、苏，而外此以诗名者皆不得与。盖李、杜之所以得称大家者，以其平生未尝为文，而即以其诗为文，胸中学识、天下事理，悉于诗焉发之也。韩、柳、欧、苏之所以得称大家者，以其平生极工于文，而时以其文为诗，胸中学识，天下事理，未尝于诗焉靳之也。"[2]卷二，241李白、杜甫以诗为文，韩愈、柳宗元、欧阳修、苏轼则以文为诗，体现诗文一体的关系。郑梁选韩、柳、欧、苏四大家诗钞，其目的是"以见古今大家之诗，未有不与文章同道"[2]卷二，241。

郑梁之所以强调诗文合一，肯定以文作诗，是因为他认为诗歌不仅可以抒情，也可以言志，体现了他的以"性情"摄融"言志"的诗学主张。其曰："要是征夫怨妇、感时触物之佳者耳，使其登明堂，入清庙，陈《瓜瓞》《公刘》之什，而咏《文王》《皇矣》之篇，吾恐其茫然张口，不能措一语也。且亦知诗何自昉乎？六经言诗，始于虞书之命夔。其曰：诗言志，盖乐章也。古之人，诗以言志，而犹恐言之未足以明志也。被之于乐，而歌以永之，声以依之，律以和之，凡以其吾志之无不明而已矣。后世依永、和、声之法作诗者，既不复知，则诗之得存天地间者，惟恃此言。而论者必欲其屏学识，离事理，将所言者何言，而使吾志得明乎？”[2]（卷二，240）诗歌要言志就离不开引用学识，涉事理，像文章那样广泛书写社会事物。

郑梁强调诗文合一，高扬以文为诗的理论主张，实际上是清初浙东乃至两浙文人重视宋诗的普遍态度，而其根本目的在于强调诗歌的社会功用性，重视诗歌的经世之功，而不仅仅局限于吟风诵月之用，这是对明代诗歌一味模仿剿袭、缺乏社会内容的反拨。

文道会通是郑梁另一重要文学观念。郑梁承续黄宗羲的文学思想，主张文道合一。其《南雷文案序》曰：

> 吾师黄先生非欲以文见者也。然梁窃闻孔子之言曰：“文不在兹乎？”是文即道也。孟子既殁，文与道裂而为二，赵宋以来，间有合之者，然或以道兼文，或以文兼道，求其卓卓皆可名世者指亦不屡屈也。而先生起于文衰道丧之馀，能使二者焕然复归于一，则虽谓先生以文见可也。……夫三代而下，容有不言性道之文章矣。宁夫子之文章，而有不言性与天道者乎？不知文即道，而谓道在文章之外者，非鄙陋之儒欲自掩其短则浮华之士未能一窃其奥也。[3]卷一，285

郑梁认为文即是道，而道在文中，文与道两者之间是一种高度融合的“中和”关系；又认为自孟子以后，文与道裂而为二，或是以道兼文，只重道而轻视文，或是以文兼道，只重视文而轻视道，两者都没有正确认识文与道之间的关系。历史上，刘勰的“文以原道”、韩愈的“文以明道”和周敦颐的“文以载道”是以道兼文的典型，而程颐的“作文害道”则完全否定了文的价值，此后以明七子为代表的文人又矫枉过正，提出“视古修辞，宁失诸理”[10]394观点，以文否定道。显然，郑梁提出文道合一的观念有着很强的现实针对性，即对明七子的文道观念进行批判。其曰：“嗟呼，自文之与道二也，家拾太仓（王世贞）之唾，人争历下（李攀龙）之余文，文章能事尽于饾饤吞剥。间有觉其非者，宗主震川（归有光）以救之，而无如其人既非，其文亦不复是。”（《黄忠端公集序》）[3]卷一，259

郑梁提出文道合一观念还有更深层次的理论导向，即重新强调文品与人品相统一的理论主张。他说："论人与论文皆先论品，品一俗则其余俱无足道。"（《时文存雅序》）[8]卷二，488 又说："千古之文，千古之人为之也。其人为流俗之人，则其文为流俗之文；其人而为千古不可磨灭之人，即其文为千古不可磨灭之文，亦非必文以人重也。玉山有言：'文章，天地之元气，得之者其气直，与天地同流。'盖人苟浩然之气充满胸中，而溢为文词，则凡取青妃白之家，决不能与之较长而絜短。"（《黄忠端公集序》）[3]卷一，259 只有千古之人，才能写出千古之文。这一方面是由于文章为天地之元气，另一方面则是因为"性情之所至，而笔舌至焉"（《黄忠端公集序》）[3]卷一，259，文章也是道己之性情的精神作品。不仅千古之文为千古之人为之，千古之诗亦如是。郑梁《冯孟勉诗存序》曰："诗固言之一也，诗苟足存则作诗之人亦存矣。然必其人之神存乎诗，而后诗可存，即作诗之人亦存。"[6]卷二，367

如果说郑梁的"性情"说是为了凸显诗歌的文学本质，那么其"会通"说则是为了强调诗文的社会功能。郑梁提出文道合一，认为文即是道、道在文中，在传统的"重道轻文"与当下的"重文轻道"之间进行了"中和"，强调了文章救赎世道人心的经世功能，而重提文品与人品一致论则指出了文章经世功能发挥的有效途径。其主张诗文合一，肯定以文为诗，则强调了诗歌也像文章一样能够广泛地书写社会、批判社会和教化社会。虽然郑梁的这种文学观念显得有些保守，但面对天崩地裂的社会现实，这种经世功能的文学定位仍具有很强的现实意义。况且这种经世功能的文学主张是建立在"道己性情"的文学本体论上的，遵循了文学创作的本质属性和内在规律。

四、郑梁文学观念对浙东学术思想的承续与新变

郑梁是清初浙东学派的重要成员，黄宗羲是该派的创始人，其门下聚集了一批包括郑梁在内的弟子群。因此，郑梁文学观念无疑受到了黄宗羲的学术思想和文学观念的影响，但又有自己的个性特色。下面试从文学思想的哲学基础、思维方式和观念内涵等方面探讨郑梁对浙东学术思想的承续与新变。

从文学思想的哲学基础来看，郑梁文学观念继承了黄宗羲"心性"说的哲学思想。黄宗羲在阳明心学思想基础上提出了"心性"说。"心性之名，其

不可混者，犹之理之气，而其终不可得而分者，亦犹之理之气也。……理气是一，则心性不得是二，心性是一，性情又不得是二。”（《师说》）[11]10 黄宗羲反对朱熹心性是二的观点，提出“心性是一”的理论，认为心性是统一的，由此认为性情也是统一的。他说：“情与性不可离，犹理气之合一也。情者，一气之流行，流行而必恻隐、羞恶、辞让、是非之善，无残忍刻薄之夹带，是性也。”（《甘泉学案六》）[11]卷四二，1036 “性情是一”，而“情”则表现为恻隐、羞恶、辞让、是非之善。郑梁继承了黄宗羲的性情合一思想，其曰：“人情者，圣王之田也，修礼以耕之，陈义以种之，讲学以耨之，本仁以聚之，播乐以安之；夫所谓情者，即此恻隐、羞恶、辞让、是非之心是也，所谓修礼、陈义、讲学、本仁、播乐者，亦即此恻隐、羞恶、辞让、是非之心扩而充之者也。”（《存田说》）[2]卷二，256

由性情合一思想出发，黄宗羲认为文学的本体就是性情。“诗之为道，从性情而出，性情之中，海涵地负”（《寒村诗稿序》）[4]56；“今人之诗非不出于性情，以无性情之可出也”（《黄孚先诗序》）[4]32。郑梁提出“诗本性情”“诗道己之性情”的文学观念即是承续了黄宗羲的文学思想。但两人还是有一些差异的，黄宗羲虽然认为性情合一，但更重视文学对社会伦理之性情的表达，而贬刺文学抒写个人私情。他说：“诗以道性情，夫人而能言之。然自古以来，诗之美者多矣，而知性者何其少也。盖有一时之性情，有万古之性情。夫吴歈越唱，怨女逐臣，触景感物，言乎其所不得不言，此一时之性情也。孔子删之，合乎‘兴观群怨’‘思无邪’之旨，此万古之性情也。吾人诵法孔子，苟其言诗，亦必当以孔子之性情为性情，如徒逐逐于怨女逐臣，待其天机之自露，则一偏一曲，其为性情也亦末矣。”（《马雪航诗序》）[4]96–97 黄宗羲把性情分为“万古之性情”与“一时之性情”，肯定前者而否定后者，实质上带有扬“性”贬“情”的倾向。郑梁虽然也很重视诗歌“思无邪”的言志作用，并以“性情”摄融“言志”，但对文学抒写个人私情更具包容态度，并且强调诗歌必须“道己之性情”。其曰：“盖诗者，人生喜怒哀之声耳，宇宙之大，万类之多，莫不各以其声鸣，而各有其可听。震雷疾霆不以和风甘雨而改其厉，候虫时鸟不以吟龙啸虎而废其幽。而世之言诗者，乃必欲比而同之。”（《樊榭诗选序》）[3]卷二，302 概言之，黄宗羲更重性情的社会之同，而郑梁则更重性情的个人之异，体现了文学家与思想家的不同侧重。

从文学思想的思维方式来看，郑梁文学观念的形成得益于黄宗羲对经史根柢的推崇，是由经史学术推衍而出的。黄宗羲师从于刘宗周，刘宗周对阳明心学的空疏有所纠偏，黄宗羲继续以经史根柢来纠正心学的空疏之风，形成了以经史为重的清代浙东学术思想。黄宗羲说："学问必以《六经》为根柢，游腹空谈，终无捞摸。"[12]377 又说："文必本之六经，始有根本。"（《论文管见》）[4]669 "本之经以穷其源，参之史以究其委。"（《沈昭子耿岩草序》）[4]58 黄宗羲自康熙七年起就在甬上证人书院讲授经学，先后讲授了《易》《诗》《书》《礼仪》《礼记》《周礼》《春秋》等经学著作。当时，郑梁正是甬上证人书院弟子。郑梁文学观念的思维形成正是从《诗经》推衍而出的，无论是"人不能诗，其人不远"，还是"诗以道己之性情"，以及肯定女子诗"以其性情自见"，无不是从《诗经》导衍而出的，以经学的正统性来肯定文学的合法性，体现了郑梁文学观念中经学根柢基础。与黄宗羲稍有不同的是，黄宗羲以经史为本，而郑梁则以文学为本，这在前面论述"诗""史"关系时已经进行了阐释，此处不再赘言。

从文学思想的观念内涵来看，郑梁的文学观念也是直接导源于黄宗羲而有所变化。除了上述所论"性情"说外，还如诗文合一论。如黄宗羲也提出过"诗文同一"的观点，他说："诗文同一机轴，以子之刳心于诗者，求之于文可也。"（《董巽子墓志铭》）[4]490 可以说，郑梁的主要文学观念都源于黄宗羲，与黄宗羲的文学思想有着密切关联性。但两人的文学观念也有一些差异，如在文与道的关系上，黄宗羲更重道而轻文。其曰："大凡古文传世，主于载道，而不在区区之工拙。"（《与李杲堂陈介眉书》）[4]161 又说："文非学者所务，学者固未有不能文者。"（《李杲堂文钞序》）[4]28 而黄宗羲更强调"道"的本源性，他说："夫道一而已，修于身则为道德，形于言则为艺文，见于用则为事功名节。岂若九流百家，人自为家，莫适相通乎？"（《余姚县重修儒学记》）[4]134 黄宗羲认为道德、艺文、事功和名节都是"道"的表现，只是表现形式不同而已。郑梁提出"文即是道，道在文中"观念，则在"道"的基础上重视文道的融合性，更强调"文"的重要性，从而提升了文学的社会地位。

总之，郑梁的文学观念在很大程度上继承了黄宗羲的哲学思想和文学观念，从而成为声势浩大的清初浙东学术思潮的重要组成部分，但同时郑梁文学观念也有自己一些独到的见解和主张，其中最突出的就是在儒家正统经学观念的基础上论证了文学独立存在的合法性，并从经世致用的功能上提升了文学的社会地位。郑梁文学观念本质上是对经学家的文学观念与文学家的文学观念进行调解中和的结果。经学家往往重经学轻视文学，文学被要求依附于经学；文学家虽然力推文学的文化独立性，却失去了其文化合法性。两者都不利于文学的生存和发展，前者固然扼杀了文学的独立性，后者也未必真正推动了文学的独立。因为经学是中国文化根深蒂固的传统和精神家园，是主流意识形态的文化源泉，文学要发展则必须从经学中寻求其文化合法性。郑梁正是以经学的正统性争得文学的合法性，在抓住文学本质属性的同时，凸显了文学的社会地位和经世功能。郑梁的文学观念对于人们重新认识文学，特别是对于那些传统经史文化学人的文学观念具有重要影响。此后章学诚由"六经皆史"而推崇文学，袁枚则直接提出"六经皆文"的文学观点，这些文学观念的思维方式无不与郑梁文学思维具有一致性。晚清涌现一批小说评论者，如俞樾、李慈铭、平步青、孙宝瑄等人，都是以经学见长的两浙文人，其文化观念都是由经学而文学的思维方式，承续了郑梁等浙东学人重视文学及其经世致用的思想观念。因此，郑梁的文学思想在中国文论史上具有十分重要的学术史意义。

参考文献：

[1] 郑梁 . 寒村诗文选・半生亭文集 [M]. 上海 : 上海古籍出版社，2010.
[2] 郑梁 . 寒村诗文选・见黄稿 [M]. 上海 : 上海古籍出版社，2010.
[3] 郑梁 . 寒村诗文选・五丁集 [M]. 上海 : 上海古籍出版社，2010.
[4] 沈善洪，吴光 . 黄宗羲全集 : 第 10 册 [M]. 杭州 : 浙江古籍出版社，2005.
[5] 蒋寅 . 清代诗学史 : 第一卷 [M]. 北京 : 中国社会科学出版社，2012.
[6] 郑梁 . 寒村诗文选・安庸集 [M]. 上海 : 上海古籍出版社，2010.
[7] 郑梁 . 寒村诗文选・寒村息尚编 [M]. 上海 : 上海古籍出版社，2010.
[8] 郑梁 . 寒村诗文选・寒村杂录 [M]. 上海 : 上海古籍出版社，2010.
[9] 梁一群 . 郑寒村诗论初探 [J]. 中共宁波市委党校学报，2006（3）: 108-112.
[10] 李攀龙 . 送王元美序 [M]. 上海 : 上海古籍出版社，1992.
[11] 黄宗羲 . 明儒学案 [M]. 北京 : 中华书局，1985.
[12] 黄宗羲 . 思旧录・钱谦益 [M]. 杭州 : 浙江古籍出版社，2005.

Zheng Liang's Literary Ideas and the Academic Thoughts of Eastern Zhengjiang in the Early Qing Dynasty

Zeng Lijun

(*Center for Studies of Southeast-China Culture, Zhejiang Normal University*)

Abstract: Zheng Liang was one of the important members of the eastern Zhengjiang practical school in the early Qing Dynasty. His literary ideas were affected by his teacher Huang Zhong-xi and had his own personality characteristics. Zheng Liang attached great important to the literary position of poetry and thought that man must know to how to write poetry. He also thought that the essence of poetry lied in the lyric and poetry and prose were of the same nature and prose and Confucian thought went together. The prominent feature of Zheng Liang's literary ideas was that he was good at grasping the essence of literature and heightening the social status and social role of literature, which confirmed legitimacy of literature that was based on Confucian classics. This was the harmony of the two literary ideas between Confucian scholars and litterateur.

Key words: Zheng Liang; literary ideas; in the early Qing Dynasty; the eastern Zhengjiang practical school

普实克的茅盾研究

徐从辉，廉诗琦

（浙江师范大学国际文化与教育学院）

摘　要：普实克是欧洲中国现代文学研究的拓荒者、著名的汉学家，也是茅盾研究的先行者，其茅盾研究颇有洞见。他对茅盾作品“史诗”与“抒情”辩证的概括，具有“文学史家”的眼光，其茅盾研究具有系统性；相比较，夏志清的茅盾研究是一种卓越的发现与鉴赏，是一种“批评家”的评点。普实克的茅盾研究同时带有时代的印记，如二元式思维、对新文化激进主义的认同等偏颇。其文艺思想来源于当时的马克思主义美学、欧洲的左翼化思潮，以及俄国的形式主义、布拉格结构主义文论。普实克及其承继者的研究构成了中国现代文学研究重要一维。

关键词：普实克；茅盾研究；文学史；普夏之争

在海外的茅盾研究中，普实克、夏志清、高利克、陈幼石、刘禾、王德威等是典型代表①。普实克（Prusek Jaroslav，1906—1980）作为欧洲中国现代文学研究的重镇，也是茅盾研究的拓荒者。“五十年代初，国外对中国现代文学认识非常有限，所以在中欧甚至整个西方，普实克起了一个先锋的作用。”[1] 他先后编著出版了第一部用捷克语编写的汉语教材《汉语口语教

作者简介：徐从辉（1977—），男，安徽涡阳人，浙江师范大学国际文化与教育学院副教授，中国现当代文学博士；

廉诗琦（1994—），女，辽宁锦州人，浙江师范大学国际文化与教育学院2018级汉语国际教育硕士研究生。

程》(*The Textbook of Spoken Chinese*)(1937)，出版了《中国：我的姐妹》(*China: My Sister*)(1940)、《中国文学简介》(*On the Chinese Literature and Instruction*)(1947)等著述，翻译了鲁迅的《呐喊》《狂人日记》、茅盾的《子夜》，还有《论语》、《中国话本小说集》、蒲松龄的《聊斋志异》，对后来的茅盾研究者比如高力克等人产生了重要影响。其著作《话本的起源及其作者》《中国的历史与文学》《抒情与史诗：中国现代文学论集》被译成不同版本，为其赢得广泛声誉。茅盾研究是普实克中国现代文学研究的重要内容。鉴于国内学界疏于对普实克茅盾研究的述评，本文将从普实克对茅盾研究的成就与不足、文学批评的思想来源等几个方面展开对普实克茅盾研究的分析。

一、"史诗"与"抒情"的辩证

中国现代作家中，茅盾是普实克极为欣赏的一个。普实克高度评价茅盾："每年在中国有很多的新小说出版，我个人很喜欢茅盾写的。我认为他是中国现代小说界中最好的一个。"[2] 他高度评价《子夜》是除鲁迅的经典作品之外的战前中国最伟大的一部文学作品。普实克的茅盾研究及中国现代文学研究起始于1930年，在20世纪上半叶西方普遍缺乏对中国现代文学了解的情况下，普实克对中国现代文学的介绍乃至在汉语推广方面起到了开创之功。普实克对汉学的研究缘于他与中国的特殊情缘。他1928年毕业于布拉格查理大学，随即去瑞典、德国留学，师从著名汉学家高本汉，1932年，普实克来中国进行了两年半考察，其间结识了鲁迅、郭沫若、茅盾、冰心、丁玲等人，也使他从此结下了中国缘②，日后成为捷克斯洛伐克最著名的汉学家。他对中国有较深的感情，他说："我热爱这个国家，她对我来说亲如姐妹。但即使如此，我对她也很严厉，我看到了她的贫困，知道她的缺点。我为她振奋过，失望过，伤心过，但是我从来不能无动于衷。人们不可能对自己的亲人无动于衷。"[3] 这种对中国的特殊感情使他的中国文学研究带上了感情色彩。他对鲁迅、茅盾、郁达夫等作家都有专门的研究。

普实克的茅盾研究主要集中在其著作《抒情与史诗：中国现代文学论集》中，这个论文集收录了其1952—1969年间的有重大影响的文章，由李欧梵编辑。普实克对茅盾及其作品的论述主要集中在以下几个方面。

首先是对茅盾作品特征的宏观把握:“史诗”与“抒情”的辩证。所谓“史诗”，它不仅是文类，更是通向一种“话语模式、情感功能以及最重要的社会政治想象”。[4] 它是集体主体的诉求和团结革命的意志。不同于关注作家的主观感受、情绪、色彩与想象力的再现，注重个人主体性的发现和欲望的解放的抒情传统，茅盾的小说属于“史诗”，茅盾的小说以其对社会生活恢宏、全景式的再现而具有“史诗”的品格。“茅盾是中国最伟大的史诗性作家。”他把更多的关注放到了决定中国历史进程的主要力量和具有普遍有效性的社会事件上来。在普实克看来，古代的白话文学是中国现代文学的真正源头，新文学革命使得“在旧文学中占据主导地位的抒情性”被“史诗性”取代。但在新文学中，结构复杂、规模宏大的史诗体的发展遇到了最大的阻力，因为中国的这一传统还不充分。而茅盾在这一方面做的最为突出。这是对茅盾作品以及新文学发展的重要概括。普实克通过“史诗”概括与结合了茅盾作品的重要特点：作品取材的当下性与时代性，叙事的“客观性”，非凡的描写能力。他认为刘鹗的小说无疑是中国文学走向现代现实主义、走向对现实诸面相的剖析式反映的路途中的一块里程碑，茅盾的作品则代表了这一努力的最高成就，也可以说是一个飞跃。所谓“抒情”，是个人主体性的发现与欲望的解放，强调作家的个人主观感受、情绪与想象力的再现。普实克认为：在形式和主题层面，中国现代文学继承和发扬了清代文人文学的传统，即受过教育的中国统治阶层的文学传统。文人创作强调抒情性与主观性。而主观主义、个人主义、悲观主义与生命的悲剧感是“五四”至抗战爆发期间中国文学的主要特点。茅盾的《蚀》三部曲《幻灭》《动摇》《追求》便是其中的典型代表，它记录了那个时代青年人对生命的悲剧感。普实克的“抒情”与“史诗”的辩证启发了李欧梵等中国现代作家的“浪漫一代”想象。其对新文化传统的上溯也勾连着王德威“没有晚清，何来五四”的文学诉求。

普实克同时概括了茅盾小说的其他特点：不重视叙述，比如大多没有结尾，甚至线索也不完整；悲剧感，视人生为命运的磨砺，个人乃至民族国家的反抗无济于事。这也是新旧文学的重要不同，这种悲剧感与自然主义世界观密切相关，这与他对新文学特点的判断——“主观主义、个人主义、悲观主义、生命的悲剧感以及叛逆心理，甚至是自我毁灭的倾向”密切相关。

普实克梳理了茅盾的现实主义的来源。它把欧洲古典现实主义的手法用到中国文学中，在叙事中坚持对“现实高度客观地再现，无论是‘物质’的现实，还是‘心理’的现实”，起到“照相机”或“录音机”的功能。《子夜》等作品通过一系列精心选择、巧妙构思的场面，描绘了中国的社会生活和经济状况，其深刻程度与效果远胜于任何一部科学著作。普实克指出茅盾的现实主义与19世纪乃至同时代作家现实主义的差异在于：茅盾关注具有普遍有效性的社会事件，而非个体的性格。不像晚清小说取材于道听途说、奇闻逸事，组织材料也是随意拼凑。在描写上多采取共时性的手法，而非自然主义作家的历时性手法。

在茅盾的创作动机上，普实克认为与“首先关注个人，从个人的生活与周围现实生活的矛盾冲突中寻找解释当时社会问题的钥匙”的现实主义相比，茅盾的创作动机是展示决定中国历史进程的主要力量，其动机首先是政治的和分析性的。不过这也导致了人物性格的概念化，主人公只是社会环境的注脚与说明。

普实克的茅盾研究具有系统性，分析颇有见地，赢得了国内学界的赞许。“他分析茅盾的作品，不是大而化之地议论，多有切当中肯的意见。他为捷文版《子夜》写的序言，对中国民族资产阶级的软弱性、动摇性，对旧中国‘资本主义同封建主义的共栖现象’的分析，都是其他国外评论中不多见的。”[5]普实克的研究也对他的学生高利克的茅盾研究产生重要影响。[6]

二、时代的印记：普实克茅盾研究中的偏颇举隅

然而，在普实克的研究中也存在一些不足。撇开意识形态的因素，下文将就普实克文本中出现的问题略举一二，以期反省普实克在茅盾研究及中国现代文学研究上的不足。

其一，在茅盾作品及中国的文学传统与自然的关系上，普实克认为除庄子作品外，中国文学中很少有对自然的热爱，这一判断有失偏颇。“我们在茅盾的任何一部作品中都看不到对物质现实的热爱，对大自然千姿百态的欣喜，当然在整个中国文学中也是如此，而这样的情感在左拉的描写中却非常醒目，这是文艺复兴、巴洛克式的世界观以及对形状与色彩的钟爱等文化遗产的影响的结果。欧洲绘画中的静物画就是由此诞生的。事实上，对大自然及其丰富创造力的赞美——尽管这种创造力有时是恐怖的——是整个自然主义文学

的基础，而这种情感与中国文学是格格不入的，无论是旧文学还是新文学。也许只有庄子的作品中曾经出现过这种崇拜自然的迹象。”[7]139 笔者认为普实克对中国文学传统的判断出现了偏差。首先物质现实和大自然这两个概念，并不能画等号。物质现实和金钱密切相关，中国古代有轻商的传统，儒家注重“义”而非“利”。大自然则是中国文人所崇拜的对象。从“天人合一”,《诗经》之比兴自然，到陶渊明、王维等的以山水田园诗寄情山水，重返自然，以梅兰竹菊等自况，山水花鸟画的出现等，都表明中国的文学文化传统是和自然紧密结合在一起的。这也是中国传统的农业社会所决定的，而并非普实克所说的“只有庄子的作品中曾经出现过这种崇拜自然的迹象”。茅盾作品固然对现代都市的物质文明抱有反思，但对自然的向往拥抱是毋庸置疑的。

其二,“二元对立”思维。普实克时有“新”“旧”“进步”与“反动”之语。比如他认为林纾、桐城派及学衡派为“反动势力”,他们为“旧文言”辩护,“非常荒谬”；胡适是“资产阶级意识形态最重要的代言人”，新月社的重要诗人徐志摩、闻一多受资产阶级教育，他们建立的社团“意识形态既不明确又缺乏活力”，无法在中国文化中扮演重要角色。他对左联赞赏有加，认为他们站在无产阶级的立场上，接受马克思主义的世界观。认为新一代作家“贯穿了新民主主义革命的观点”，“打破旧的意识形态，追求一种新的唯物主义世界观，废除封建文学，建立一种现代的现实主义文学”。他对作家的分析也是如此，认为“只有那些猛然断绝了与传统的血脉联系的作家，才能与旧文学彻底决裂。五四运动之后的文学，是由一代全新的作家所创立的，这些作家全是一九一七年以后才进入文学领域的，他们中没有一人属于过去的一代”。[7]46 他这样的分析让人觉得很隔，不仅时间政治的截然划分抹去了文化时间的连续性，也认为新文学家全是和传统一刀两断的，其实许多新文学家有着深厚的旧学基础，这种人为的断裂，抹杀了新文学发生的复杂性。普实克这种对文学的意识形态属性的追求及其思维的两分法来源于其所处的国内的时代背景，同时也受到当时中国国内的主流文学史的影响，比如王瑶的《中国新文学史稿》等。

其三，对新文化激进主义的评价问题。普实克认为“反封建革命是当时社会和政治的主要内容……没有精神上的革命，社会革命就不可能实现。封建文化是维系旧的社会制度的最坚固的堡垒，必须加以全盘摧毁……如果以这种眼光来看，钱玄同、鲁迅、李大钊等激进思想者是完全正确的”[7]199。普实克之绝对确信来自其对社会主义理念及新文化理念之服膺。20世纪80年代末，学界开始反省新文化激进主义之弊，林毓生、余英时、王元化、姜义华、李泽厚等人有过论辩与反思，在史学界、文学家等领域造成较大影响。即使是在当下，中国儒家文化的复兴亦是对普实克的反讽。其实，新文化运动落潮后即有对激进主义的反省。包括普实克所提到的新文化运动骨干之一的钱玄同颇为后悔，在致胡适、周作人的信中反省道："回想数年前所发谬论，十之八九都成忏悔资料。""我们以后，不要再用那'必以吾辈所主张者为绝对之是而不容他人之匡正'的态度来作'訑訑'之相了。前几年那种排斥孔教，排斥旧文学的态度狠应改变。"[8]可以看出，普实克对于新文化的发展状况并不熟悉，或是基于特定的思想立场而故意略去了对文化激进主义的反思。他的言论未免有些武断。当然，他本人自20世纪60年代中后期就对之前自己的某些提法有所反省。在他的研究中，也有一些自相矛盾的地方。

其四，在中国新文学与个人主义思想的判断上，普实克认为"左拉的自然主义与茅盾的现实主义之间最主要的差异是对个体的强调"。左拉的世界中，总有一个浪漫主义的英雄，而在中国新文学中，浪漫主义英雄没有立足之地。"个人行动在20世纪20年代以后的中国社会生活中不再具有重要意义，所以个人在这个国家的文学中也没有地位。这进一步说明了中国资产阶级的弱点：资产阶级个人主义式的世界观对中国人的思维方式根本产生不了任何影响。"[7]139 其实，《子夜》中就有像吴荪甫这样的民族资本家这种"类英雄"的形象，只是茅盾的作品对决定历史命运的时代张力关注较多，而缺少了鲜明的英雄形象。如果说茅盾作品缺少个人主义式的英雄尚可，那么鲁迅的摩罗诗力，对"精神界之战士"的呼唤，郭沫若的"开辟鸿荒的大我""反抗不以个性为根本的既成道德"都是新文学中浪漫主义英雄的代表。即使周作人在《平民文学》中提出"不必记英雄豪杰的事业"，而关注世间普通男女的日常。然而，周作人之"叛徒"，周作人晚年对《路吉阿诺斯对话集》等希腊神话的翻译，亦不是对"英雄"精神的追慕吗？普实克的这一论断也与此前对中国新文学个人主义特点的概括相冲突。

以上是对普实克中国现代文学批评包括茅盾批评中的偏颇举例，这种认识既有其作为一个"域外"的研究者与中国文学与文化上的隔膜，也有时代的因素，包括其时中国国内文学史的书写。我们不能责求其"客观"，而是要还原一个相对真实的文学情境。

三、批评方法与思想渊源：以"普夏"的茅盾研究为例

本节将进一步梳理普实克的文学批评方法及其文艺思想渊源，并以普实克与夏志清的茅盾研究为例，以"普夏之争"为切入点来探讨这一问题。普夏之争是20世纪60年代在海外学界产生较大反响的学术论争。1961年，夏志清的《中国现代小说史》在耶鲁大学出版，这是欧美第一部中国现代文学的英文专著。1962年普实克发表的《中国现代文学史的根本问题——评夏志清的〈中国现代小说史〉》[7]193–229一文中，他对夏志清进行了激烈的批评。认为夏文是"教条式的偏狭""无视人的尊严"。夏志清的文学史充斥着"政治标准"，比如：对丁玲及其他左派作家充满"敌意"，对萧军及其他爱国作家的作品评价不公，对与作者本人志趣相投的作家如沈从文、张爱玲等人同样宽容。从而认定夏志清"缺乏任何国家的国民所必有的思想感情"，没有能力公正地评价文学的功能和使命，也不能正确地揭示文学史。夏志清采用的是一种"极为主观的批评方法"，而不是"真正科学的文学研究方法"。另外，普实克指出夏志清分配给作家的篇幅不成比例。夏志清著作的主要缺点在于没能概括出不同作家作品的创作特征和艺术个性，看不出不同作家作品之间的区别。而夏志清也进行了回应：质疑文学研究能达到"科学"的严谨与精确，认为所谓"客观"，不过是迎合权威的观点。文学史家/批评家不应完全依凭前人，而在于挑战被权威误置的"文学史"，构成一个多元化的文学样貌。对于这场文学公案，学界已有很好的梳理辨析[9]，本文不再一一阐述。下文将对比分析普夏两者的茅盾研究以探讨两者在批评方法、学术渊源上的分野。

夏志清在《中国现代小说史》中的第六章和第十四章论及茅盾。行文以作者生平与作品为序，就作品逐一论述。夏志清的文本细读深入，有不少敏锐的判断，比如对《虹》的第三部分的分析。认为相较于前两部分，这一部分较为失败。说教宣传的色彩浓厚，削弱了小说的真实性。"他无法像在这小说的前半部用写实的和细腻的心理手法去为这种思潮辩护。无论是在思想上或情绪上的描述，已不复先前那种真诚的语调了。"[10]这一分析较为中肯。夏志清认为相较于《蚀》与《虹》，《子夜》虽然也是中国现代小说的重要篇章，但至少在写作技巧上，并未超越前两者。认为其"同情心"缩小了，取而代之的是自然主义的漫画手法和夸张叙事。小说家的感性已经"恶俗化"了。

茅盾的野心是要给中国社会来一个全盘的检讨，越来越科学（马克思主义式的和自然主义式的）了。在其创作生命中，很难摆脱这个迷障。这是夏志清的著作对茅盾作品评论的核心观点，比较此前普实克对茅盾作品的评论，我们基本可以看出两者在批评方法等方面的不同。

正如普实克对夏志清的批评，认为夏志清著作未能概括出不同作家作品的创作特征和艺术个性，缺少系统性。据笔者的阅读经验，普实克的这一批评较为中肯。夏志清的批评不少篇幅是小说的故事情节的叙述，再者就是对茅盾作品的结构、写作手法技巧等方面进行评析，属于印象式点评，缺少对作家作品的系统归纳。而普实克的文学批评如上文则比较系统。简言之，夏志清的做法属文学批评家的做法，而普实克则是文学史家。而这背后是两人的学术渊源不同。

普实克以布拉格查理大学和捷克东方学院为平台，通过汉语教学、汉学研究等方式形成了以其为首的布拉格学派，一时成为欧洲汉学研究重镇。1960 年，普实克访华，受到革命话语的影响。他的学术研究，其批评与思想方法，受到当时的马克思主义美学、欧洲的左翼文化思潮，以及俄国形式主义、布拉格结构主义文论的影响。而结构主义理论强调文学“结构”的社会性及动态性。这些构成了普实克的思想背景与理论方法依据。直到 1968 年的“布拉格之春”，普实克才开始有所反思。

而夏志清受训于美国新批评大本营的耶鲁大学英文系，以欧西文学为基准，思想上倾向英美的自由主义，认为文学批评应当超越时代、民族与意识形态的界限。高举劳伦斯的“勿为理想消耗光阴，勿为人类，但为圣灵写作”。文学不应装饰或肯定理想，而应从具体的人与现实检验理想的合理性。相较于社会主义现实主义和革命浪漫主义小说，夏志清更欣赏以鲁迅为代表的批判性的现实主义。夏志清指出文学中普遍的人道主义精神的重要性。同情与尊重每个人，包括地主、高利贷者、投机商等。而大多数中国现代作家只是把他的同情心给予穷人和被压迫者，而不是任何阶级、任何地位的人都可以成为同情和理解对象。

同时在文学的社会功能上，普实克认为“文学的确有社会功用的”，而夏志清则否认。在文学批评的目的上，夏志清的批评更多地在于“别立新宗”，面对 20 世纪 50 年代王瑶、蔡仪、刘授松等人的带有更多意识形态的文学史，夏志清开掘出张爱玲、沈从文、钱钟书等大家，这种卓越的“发现与鉴赏”

已为学界普遍所认同。

虽然普实克和夏志清两人在具体的作品的艺术成就及批评方法上有所不同，但是，他们都同时高度评价了茅盾。夏志清虽然对左翼文学不以为然，但对茅盾的作品评价甚高，在夏志清看来，茅盾的作品具有一种“在探索现实时的复杂性”,超越了先在的社会改良和政治宣传动机与热情,是文学的“良心”。触及广泛的人类命运问题。这与其内在的人道精神密切相连。其实这也抵达了茅盾作品的内在生命，茅盾反对“有革命热情而忽略于文艺的本质，或把文艺也视为宣传工具”(《从牯岭到东京》)。普实克和夏志清开创了两种不同的中国现代文学研究范式，对当代的中国现代文学仍然产生不小的影响。时至今日，我们仍有探讨他们的文学批评及其流风余韵，比如当下对普实克首提的“抒情”的讨论，而夏志清对沈从文、张爱玲等作家的发掘也已成为文学研究界的共识，他们的弟子们所进行的学术传承构成了中国现代文学研究的重要力量。

注释：

①他们的主要论著有：C.T.Hsia，*A History of Modern Chinese Fiction*（1961）；Marian Galik，*Mao Tun and Modern Chinese Literature Criticism*（1969）；Yu-shih Chen，*Realism and Allegory in the early Fiction of Mao Tun*（1986）；Marston Anderson，*The limits of Realism: Chinese Fiction in the Revolutionary Period*（1990）；David Wang，*Fictional Realism in Twentieth Century China*（1992）；等等。

②普实克和茅盾的交往史有待进一步考证。由于茅盾日记尚未全部出版，而普实克在《中国，我的姐妹》等著作中虽评价了茅盾的作品，但并未谈及其与茅盾的交往。目前《茅盾全集》仅收录普实克与茅盾的少量书信。但可以判断两人之间比较熟悉，而且在中华人民共和国成立后有互访。1949年，中国政府曾派出由茅盾、郭沫若、马叙伦带队的文化代表团访问捷克，普实克领导的捷克文化代表团则随后于1950年回访。普实克把茅盾、郑振铎和钱杏邨视为自己的故友。

参考文献：

[1] 高利克．我和茅盾 [J]. 中国现代文学研究丛刊，1990（1）：231-249.

[2] PRUSEK J. The Textbook of Spoken Chinese，转引自高利克：我和茅盾，《中国现代文学研究丛刊》[J]. 1990（1）：231-249.

[3] 雅罗斯拉夫·普实克．中国，我的姐妹 [M]. 丛林，等，译．北京：外语教学与研究出版社，2005:425.

[4] 王德威．抒情传统与中国现代性，载季进:《另一种声音：海外汉学访谈录》[M]. 上海：复旦大学出版社，2011：106.

[5] 李岫．半个世纪以来国外茅盾研究概述，见李岫编：《茅盾研究在国外》[M]. 长沙：湖南人民出版社，1984：42.

[6] 杨玉英．马立安·高利克的汉学研究 [M]. 北京：学苑出版社，2015：169–253.

[7] 雅罗斯拉夫·普实克．抒情与史诗：现代中国文学论集 [M]. 郭建玲，译．上海：三联书店，2010.

[8] 钱玄同．钱玄同文集（第 6 卷）[M]. 北京：中国人民大学出版社，2000：118，75.

[9] 陈国球．“文学批评”与“文学科学”——夏志清与普实克的“文学史”辩论 [J].《北京大学学报（哲学社会科学版）》2011（1）：48–60.

[10] 夏志清．中国现代小说史 [M]. 上海：复旦大学出版社，2005：108.

Prusek Jaroslav's Research on Mao Dun

Xu Conghui, Lian Shiqi

(*College of International Culture and Education*, *Zhejiang Normal Univercity*)

Abstract : Prusek Jaroslav is a pioneer and famous Sinologist on the study of modern Chinese literature in Europe and his research on Mao Dun is also quite insightful. Comparing with C.T.Hsia's remarkable discovery and appreciation on Mao Dun's works, as a "critic", Prusek has the vision of "literary historian" with his systematic research and dialectical generalization on Mao Dun's works by "epic" and "lyric", whereas his study bears the imprint of the era, such as binary thinking and recognition on the New Cultural Movement radicalism. His literary thoughts originated from Marxist aesthetics, the left-wing thought in Europe, the Russian formalism and Prague structuralism. The study of Prusek and his successors constitutes an important dimension on the study of modern Chinese literature.

Key words: Prusek Jaroslav; research on Mao Dun; literary history; debates between Prusek Jaroslav and C. T. Hsia

社会语言学研究

占比例较高，并产生了英语这一主要营销交际外语。经营户②在与外商交易时需要进行灵活的语言转码，这使得经营户在言语交际中面临语言的使用问题。经营户在使用英语时，受三挺路夜市语言生态环境影响，语言接触不可避免，进而影响三挺路夜市语言生态格局及语言生态环境。本文拟从生态语言学这一视角出发，对三挺路夜市经营户英语使用情况进行研究。

一、三挺路夜市语言生态环境及抽样调查

生态语言学将自然生态学原理和方法应用到语言生态学中，研究语言与其外部生态环境之间的关系，其核心为“语言生态”，又被称为“语言生态学”。③ 1972 年，美国语言学者 Haugen 第一次提出“语言生态学”的概念，他将语言和生态的关系喻为生物和自然环境的关系，生态环境是语言发展的基本条件，良好的生态环境能够促进语言发展，进而推动语言生态可持续发展。[2] 韩礼德（1990）则重视从语言角度出发解决生态环境问题，认为语言政策、语言规划、语言体系都必须以维护良好的生态环境作为出发点，被称为“韩礼德模式”。[3] “豪根模式”和“韩礼德模式”被视为生态语言学的两大研究路径，两种模式之间互补，区别在于前者是隐喻的生态语言学研究，后者是非隐喻的生态语言学研究。此后，A.Fill（1993）阐述了生态语言学的理论、方法和研究问题。近些年，国内学者也愈发重视生态语言学研究，冯广艺（2013）从理论和个案出发，着重研究了语言生态与语言态度、语言国策、语言运用、语言和谐等问题，初步构建了具有特色的语言生态学体系。[4] 本文在此基础上，对三挺路夜市的英语生态环境进行定量和定性分析。

三挺路夜市依托义乌中国小商品城三大主体市场群之一的宾王市场建立而成，是义乌唯一一个由政府成立、义乌市市场开发中心管理的正规夜市，也是义乌规模最大、客流量最多的夜市。三挺路夜市位于义乌三挺路 1 号，营业面积 954 平方米，现有摊位 760 余个，分 3 街陈列，所售商品种类涉及日用百货、服装、工艺品等行业，并提供餐饮、修鞋、配钥匙等多项服务，商品销往阿拉伯、非洲、印度、巴基斯坦等多个国家。据不完全统计，三挺路夜市年客流量达千万人次、外商客流量超 40 万人次④，年营业额过亿。频繁的语言接触形成了三挺路夜市多语并存的语言生态环境，同时也使三挺路

夜市产生语言生态问题。

本文以三挺路夜市经营户为调查对象，对其进行抽样调查。为了保证语料搜集的科学性，本文主要采取问卷及现场录音的方式搜集数据，同时进行观察、记录，并对所搜集的语料进行转写，进而分析经营户在英语使用上的特点及不规范现象。

二、三挺路夜市经营户英语生态问题

语言接触是影响三挺路夜市语言生态的重要因素之一。语言接触指不同民族及社会群体由于在社会经济生活中的交流和接触，使其使用的语言之间相互影响而发生改变的现象。[5] 冯广艺（2013）认为语言接触是语言发展到一定阶段后的生态需求，强调语言接触是一种“生态接触”[6]，语言生态接触引起语言演变，吴福祥（2007）基于 Thomason（2001，2003）研究框架提出：典型的接触性演变表现为语言特征的跨语言“迁移”，即某种语言（源语，Source Language）的特征迁移到另外一种语言（受语，Recipient Language）中，受语因从源语中受到某种干扰而发生语言演变。[7]

在三挺路夜市多语环境下，经营户将汉语特征迁移到英语中，使其语音、词汇、语法系统受汉语影响而发生演变，其语言演变不仅体现在语音上，在词汇及语法系统中表现最为明显。因此本文从句法和形态等迁移特征上对经营户所使用的英语进行描写和对比分析。

Heine & Kuteva（2007，2008）将为句法关系提供模式的语言称为模式语，将句法关系的迁移过程称为复制，复制指的是复制语的使用者利用自己语言里可得到的语言材料，仿照模式语的特定模式，在其语言里产生的新的意义或者结构。[8]

由于经营户母语背景均为汉语，模式语汉语属于汉藏语系，缺少曲折变化，汉语表达语法的手段主要依靠语序和虚词，而受语英语属于印欧语系，有丰富的曲折变化及数、格、时、态变化，经营户将模式语汉语的语法体系复制到英语上，使其所使用的英语存在不规范现象，具体表现如下。

（一）形态变化

1. 名词

名词缺少复数形式。

经营户将模式语汉语缺乏形态变化这一特征迁移到英语中，使得英语名词多以单数形式出现，如“two color 、many size、three friend”中名词均无复数变化，“color”正确使用形式为“colors”，“size”应使用复数形式“sizes”，“friend”应用复数形式“friends”。经营户使用的英语中只有少数常以复数形式出现的名词，如“shoes、glasses、jeans”等词，且名词一般没有单复数变化形式。

2. 动词

（1）动词缺乏时、体、态变化。

受模式语汉语语法特点及母语思维的影响，经营户将汉语缺少时、体、态变化这一特征迁移到英语中，使英语基本以动词原形出现，如“I think you go to another shop”一句中“go”应改为过去式“went”。

（2）系动词缺乏或使用错误。

例如：

This model good. 这款很好。

This for you. 这个给你。

Look look friends，look look friends，everything 20 all 20. 看看朋友们，看看朋友们，所有东西都是 20 块钱。

This good，good good 啦！这款很好，很好很好啦！

This are small size，big size no no no. 这款衣服是小号，大号没有了。

This is are very good. 这款很好 .

前四句英语缺少系动词，倒数第二句“This are small size，big size no no no”中系动词“are”使用错误，应改为“is”，后半句缺少系动词“is”。最后一句中系动词“is”和“are”重叠使用，指示代词“this”后应用系动词“is”，正确形式应为“This is very good.”

（3）情态动词仅有“can”，且使用范围较广。

例如：

You can try，I can give you last price. 你可以试试，我可以给你低价。

You can buy 啦，last last price！你可以买啦，最低价了！

Friends，这个 good good 啦 !you can look look 这个啦！朋友们，这个东西很好的啦！你可以看看这个啦！

经营户在招揽顾客时,用“can”来表示顾客可以做某事,情态动词“can”用在主语之后，动词之前，经营户在语义及语法上基本可以正确使用情态动词“can”。

3. 代词

经营户所使用的代词主要有人称代词、物主代词和指示代词三类。人称代词无主宾格变化，且“she”和“he”经常误用。经营户使用的英语中只有形容词性物主代词、无名词性物主代词。经营户只能准确使用“this”和“that”这两个指示代词，且指示代词简化，例如“ this this，this one piece，this model 一样的，that bigger ，this smaller”，经营户可以准确运用“this”表示“这、这个”，运用“that”表示“那、那个”，这和洋泾浜英语在发展过程中出现的代词简化现象极为相似。

4. 介词

经营户大量使用英语介词“for”，该词使用范围较广，频繁出现误用，经营户较少使用“to”“at”“in”等介词。

例如：

This for you ，how much for this one. 这个给你，你给多少钱。

Shoes not money for you ， friend. 鞋子不挣你的钱，朋友。

75 for you.75 块钱卖给你。

5. 形容词

形容词缺少变级，如“big no size”中“big”一词在经营户使用的英语中既表示“大号尺码”，也表示“最大号尺码”。若表示前者，“big”应用形容词比较级“bigger”; 若表示后者，“big”需使用形容词最高级“biggest”。其次，多数经营户使用形容词“small”表示“小码”及“最小码”，经营户不能正确使用“small”的比较级“smaller”及最高级“smallest”，缺少形容词变级。再如，经营户介绍商品优点时均用形容词原形“good”，而非依据实际情况选用比较级“better”或最高级“best”。由此可以看出，经营户英语水平较低，在商品交易中不能准确使用英语，在英语使用上存在不规范的生态问题，经营户语言能力仍需进一步提高。

（二）句法特征

1. 疑问

英语一般疑问句中会将情态动词、助动词或be动词提到主语之前进行提问，特殊疑问句则会借助"what、which、why"等特殊疑问词表示疑问，但是受模式语汉语语法体系影响，汉语借助语气表达疑问，经营户将汉语表达疑问的方式迁移到英语中，使英语疑问句不采用倒装形式，疑问也多依靠语序或语气来表达。经营户询问外国顾客意图时，直接通过陈述句加语调的方式来达到反义疑问的效果，如问顾客对衣服的意见时，正确英语句式为"Do you like this?"而经营户所使用的句式为"You like this?"通过在读音上对"like"的降调及"this"的升调达到反义疑问的效果。再如讨价还价时，经营户对顾客说"How much how much，you give how much"，用来询问"顾客愿意给出的价格"，原句中"how much"误用在动词"give"后面表示"多少钱"，而非用于句首对"钱"进行提问。再如经营户在询问顾客衣服所需尺码及颜色时，直接询问顾客"Big ? This color is ok? You like this?"通过对"big""ok""this"进行升调的方式对顾客进行提问，经营户使用英语时表达疑问主要借助语气、语调等汉语表达方式，符合洋泾浜英语的语法特点。

2. 否定

英语中，否定句常通过否定词前置来表达否定意义，偶尔否定词也会后置。但是经营户使用的英语否定句中否定词与否定内容相邻，经营户直接用"no"或"not"表示否定含义，经营户对其使用无规律，仅凭主观判断。在调查中，同一个经营户同时使用"no buy"和"not buy"两种形式，用"no"还是"not"并不固定。除此之外，否定词与词语经常搭配不当，如短语"no longer"在英语中译为"不再"，但是在经营户英语使用中，被用来表示"某件物品没有更长的"，语义发生改变。

3. 语序与连接

经营户所使用的英语词汇基本按照汉语语序的排列模式，均是词和短语的简单叠加，句子缺乏表示从属关系的结构。汉语句式"你想买什么"在夜市英语中直接被翻译成"You want buy what?""这个很好"则直接说成"this good，good good"，经营户用"last last price"直接表示"最低价"，如一经营户对一外国顾客说"friend，this good price，120"，此句中经营户采用汉语语序来表示“朋友，这件东西很好，120 块钱”这一内容，经营户将英语单词按照汉语语序排列而成，完全忽略英语与汉语在语序及连接上的差异。

4. 短句

经营户使用英语时频繁使用短句，较少使用长句，且长句以短句叠加为主。例如：

Which one?Last last price35，this one piece，this model is OK 啦。哪一个？最低价 35，这一件，这款很好。

How much ? can try，this this short short，same size，116 啦，OK OK 啦。你给多少钱？可以试一试，这是短款，和你手上一样的尺码，116 块钱，这个价格很便宜了。

This smaller，this bigger，only one piece ，one piece20. 这件衣服是小号，这一件大一码，只有一件，一件 20 块钱。

经营户在表达时将英语单词按照汉语语序组合成短句，通过短句与短句的组合而构成长句，而非英语中所说的完全意义上的长句，短句使用较多。

5. 省略

经营户受自身英语水平限制，使用英语时多用省略句，如直接用“last price”表示“最后成交价”，直接用阿拉伯数字表示“价格”，省略“yuan”，询问对方“多少钱”直接用“how much ”,省略“is it”,而且单个英语单词“good”既可以用来表示价格合适或商品质量好，也可以表示衣服穿在顾客身上很漂亮，句式使用整体简化。

由此看出，经营户使用的英语在句法结构及形态上深受模式语汉语的影响,经营户将汉语的语法特征迁移到受语英语中,所使用的英语呈现“汉语化”特征，其实质是新式的洋泾浜英语，这也反映了经营户英语语言能力普遍不高及英语使用不规范的生态问题。

三、三挺路夜市经营户英语的生态特征

“洋泾浜”英语是语言接触的特殊类型，又称“皮钦语”，产生于 19 世纪的上海通商口岸，是为了满足中西方贸易中交际双方的需要而产生的特殊英语，是世界各地通商口岸常见的语言现象。洋泾浜英语词汇量很小，且语

音经过当地语言音系的大幅改造，语法规则减少到最低限度，使用场合有限，只有口头形式，不作为母语传授给下一代。[9]经营户所使用的英语具有“洋泾浜”英语的生态特征,在语音上呈现出明显的“汉语调”特征;词汇量有限，仅涉及招呼、价格、尺码、商品优缺点等有限词汇；在语法结构上表现最为明显，结构简化。本文以经营户使用英语的语法及词汇为例，发现经营户使用的英语主要具有以下生态特征。

（一）变异性

通过调查发现，经营户使用的英语受汉语影响，英语借汉语“形体”而存在，呈现出明显的“汉语化”特征，不符合英语的句法结构，且未形成完整的语法体系，语法结构极为简化，词语缺少曲折变化及数、时、体、态、人称的变化，如名词缺少复数形式，经营户用“friend”一词来称呼顾客，无单复数形式；再如经营户在介绍商品时，直接说：“look look friends，one piece 35 ”，即“看看朋友们，一件 35”。“look”作为动词不能用于句首，原句语法使用错误。除名词和动词使用不规范外，经营户使用英语中量词也基本只有“piece”,且缺少复数变化,“one piece,two piece”,“two piece”中“piece”未加“s”，应改为复数“pieces”。其次，经营户使用的英语忽略时态变化，均为一般现在时，在词的形态变化及句法特征上都符合“洋泾浜”英语的语法特征，属于“洋泾浜”英语，是英汉语言接触中产生的语言变体，是语言接触的特殊类型。

（二）融合性

经营户使用的英语是英汉两种语言的融合，不同于标准英语。汉语作为孤立语，在句中作主语、谓语或宾语时，均缺乏严格意义上的形态变化，名词、动词等词类也缺乏形态变化，如名词“苹果、香蕉、桌子、椅子”等名词，其形态并不受数量词修饰的影响；而英语则具有比较丰富的词形变化，一个词形变化的语素可以表示几种不同的语法意义，受模式语影响，经营户所使用的英语除极少数经常以复数形式出现的名词,如袜子“socks”,眼镜“glasses”等词具有复数形式外，其他基本没有单复数变化，如经营户经常使用“three size”来表示“某件衣服具有三个尺码”，该句中“size”应由单数形式改为复数形式“sizes”。此外，经营户所使用的英语在数、格、时态方面均呈现汉语特征，这是英语和汉语在语言接触中不断融合的结果，是洋泾浜英语的特殊表现形式。

（三）功能性

Mthlhausler 认为交际压力是语言产生的必要条件之一。[10] 经营户使用的英语源自中外贸易双方交际的需要，其根本目的是为了满足双方商品交易，交易成功与否是衡量经营户英语的标准之一。经营户借助英语这一主要营销交际语，有助于经营户完成商品交易，但是由于经营户语言能力较低，如果不能及时进行灵活的语言转码会使商品交易失败，这也要求经营户要拥有更高的英语语言水平。

由此看来，经营户使用的英语在语音、词汇及语法使用上不规范，存在一定的局限性，经营户使用的英语仅在有限的范围内进行有效交际。此外，经营户也使用计算器、手势语等特殊方式进行交际，这也反映了经营户语言能力普遍不高及语言使用不规范的生态问题。

四、三挺路夜市语言生态问题成因

经营户语言能力与其语言态度、文化程度密切相关，且受经营户母语影响深刻。因此本文结合问卷调查，从经营户语言态度、文化程度、母语负迁移及目标语人群的包容度四个方面分析三挺路夜市语言生态问题，问卷共发放 105 份，回收 102 份，回收率 97.1%，其中男性经营户 38 人，女性经营户 64 人，男女比例为 19：32，女性明显多于男性。

（一）经营户对英语的语言态度

张先亮将语言态度定义为人们对某种语言的理性价值和情感价值的认识和评价，以及在此基础上形成的对该种语言的学习态度。[11] 毛力群（2017）对义乌小商品城经营户有关英语的语言态度进行调查，论述语言态度与语言使用及语言能力密切相关。[12]

陈松岑（1999）将语言态度概括为感情和理智两大方面，前者指说话人或听话人在说到或听到某种语言时，在情绪、感情上的感受和反应，后者指说话人或听话人对特定语言的实用价值和社会地位的理性评价。[13] 本次调查将二者结合在一起，综合考察经营户对英语的语言态度。

在考察经营户学习语言的原因时，本文对比经营户使用英语和普通话的学习态度。问卷设计共给出 5 个选项，即好听、喜欢、实用、社会影响力大、其他。“好听、实用”是从感情方面考察经营户对英语和普通话的语言态度，“实用、社会影响大”则从理智方面考察经营户对英语和普通话的语言态度，本题为多选题，如表 1 显示：认为英语好听、喜欢的经营户占比分别为 3.9%、2.9%，其百分比远低于经营户对普通话的感情方面的语言态度；在经营户对英语和普通话理智方面的语言态度上，认为英语实用及社会影响力大的经营户占比分别为 97.1%、23.5%，选择普通话实用及社会影响力大的经营户占比分别为 100%、97.1%，经营户对英语的理智方面的语言态度低于其对普通话的语言态度，语言态度与语言能力密切相关，经营户对英语的语言态度影响其英语语言能力及语言使用。通过对经营户的学习动机进行问卷设计，共列出工作需要、实用、学好英语有前途、世界流行语及其他 5 个选项，这是一道多选题。从表 2 可以看出：96.1% 的经营户学习英语的动机是工作需要，实用是经营户习得英语的首要因素，实用性是经营户学习英语的最大动机，62.7% 的经营户的学习动机是认为学好英语有前途，18.6% 的经营户认为自己学习英语的动机是英语为世界流行语。且在抽样调查中，经营户及顾客一致认为英语在商品交易过程中发挥重要作用，学好英语可为经营户带来更大的利润，这也进一步提高了经营户学习英语的动机。

表 1　经营户对英语和普通话的语言态度

	英语		普通话	
	人数	百分比 / %	人数	百分比 / %
好听	4	3.9	69	67.6
喜欢	3	2.9	78	76.5
实用	99	97.1	102	100
社会影响力大	24	23.5	99	97.1
其他	2	2.0	0	0

表 2　经营户学习英语动机

	工作需要	实用	学好英语有前途	世界流行语	其他
人数	98	101	64	19	3
百分比（%）	96.1	99.0	62.7	18.6	2.9

（二）经营户文化水平较低

从表3可以看出，经营户中大专及以上学历仅3人；高中及以下水平99人，占比97.1%；经营户学历主要为初中，占比59.8%，文化水平普遍较低。同时，针对经营户的英语学习途径进行问卷调查，此题为多选题，从表4可以看出：选取做生意自然学会英语的经营户所占比例为96.1%；34.3%的经营户将学校也选择作为自己学习的途径之一；另有4.9%的经营户选择通过自学学习英语，即通过手机学习商品价格等少量关键英语单词，或通过与其他经营户交流习得英语，学习方法的特殊性也是洋泾浜英语的特点之一——洋泾浜英语常在交易过程中自然习得，帮助买卖双方沟通交流。

由于经营户本身文化水平不高，且大多未经过正规的英语培训，英语词汇量缺乏、词类单一，且未能掌握正确的英语语法结构，为了在实际交易过程中满足双方交际的需要，经营户只能按照母语使用习惯，通过语法复制的方式，即仿照模式语的某种语法模式，产生新的语法结构或语法概念，经营户用自己有限的英语材料按照模式语汉语的语法结构直译成英语，因此形成洋泾浜英语。

表 3　经营户文化程度

	小学	初中	高中或中专	大专	本科及以上
人数	28	61	10	2	1
百分比（%）	27.5	59.8	9.8	2.0	1.0

表 4　经营户习得英语途径

	学校学习	培训班学习	做生意自然学会	自学	其他
人数	35	0	98	5	0
百分比（%）	34.3	0	96.1	4.9	0

（三）经营户母语负迁移影响

102位经营户来源地主要为浙江、湖南 、江西、安徽等地，经营户母语均为汉语，汉语是孤立语，缺少词形变化，复合词多，派生词少，词序严格；而英语是屈折语，词形变化丰富，同一种词形变化的语素可以表示多种语法意义，二者在形态变化及句法结构上差别较大。受汉语缺少形态变化的影响，经营户使用英语时经常忽略名词单复数形式的变化，例如在“three size”一句中“size”应使用复数形式，即“three sizes”。其次，经营户使用英语时不注意区分时态，且在语序上按照汉语语序进行简单排列组合，经营户所使用的英语深受其母语负迁移影响，在词的形态变化及句法特征上不符合英语语法结构，在语言使用上存在生态问题。

（四）目标语人群过度包容

目标语人群的过度包容是造成三挺夜市经营户英语形成并停留在洋泾浜英语的一大原因，在与目标语人群进行交际时，交际双方遵循经济原则，目标语人群并未对经营户所使用的不规范英语进行纠正，反而简化自身语言以完成交际，正是由于这种非标准的语言形式能够达到沟通目的，使得经营户学习英语时降低自我要求，继续使用不规范英语进行交流。

五、构建三挺路夜市和谐语言生态的对策

语言生态对策是国家、民族、地区以及语言人针对语言生态中存在的语言生态问题而采取的策略，是一个社会中语言政策的集中体现，其宗旨是为构建良好的语言生态环境提供保障。[14]

三挺路夜市的语言生态问题主要有三点：一是经营户使用英语的语言态度问题；二是经营户语言能力普遍不高的问题；三是政府相关职能部门缺少对经营户进行语言培训或提供相关服务的问题。伴随中外贸易往来的进一步发展，构建良好的语言生态环境至关重要，为了更好地提升语言资源价值，针对三挺路夜市中出现的语言生态问题，特提出构建和谐语言生态的对策。

（一）提高经营户的语言生态意识

语言认同是语言生态的外在表现形式，经营户的语言生态意识直接影响经营户语言使用和语言能力，对构建良好的语言生态十分重要，经营户应自觉发挥语言生态建设的主体作用。问卷表明，45.1% 的经营户认为自己能够运用英语灵活转码，且 65.7% 的经营户认为自身英语水平不影响生意，可以借助计算器、手势语等完成交易。但在实际观察中，多数经营户高估了自己的英语水平和语言能力，经营户常因听不懂顾客对衣服颜色、图案等方面的需求而误解顾客意图，导致交易失败。为了解决三挺路夜市的语言生态问题，经营户既要提高对英语的认同感，认识到自己英语的不足，通过各种途径努力提高英语水平，发挥语言生态建设中经营户的主体作用，又要对商品尽可能采用双语标价，降低经营户语码转换不灵活对商品交易的不利影响。

（二）优化政府语言服务

三挺路夜市语言生态建设离不开政府的主导作用。政府应将语言生态建设纳入工作范畴，将语言生态建设工作具体化，以促进三挺路夜市语言的多样性和规范化发展。一要改善经营户的语言学习态度，让其充分意识到生态语言建设对商品交易的重要影响；二要规范语言生态环境，拓宽经营户获取语言服务途径。调查发现，102 位经营户中习得英语的主要途径为做生意自然习得，占比高达 96.1%，其次为自学，经营户中未有通过培训等方式习得英语，且政府从未对其进行过语言培训服务，约 10.8% 的经营户表示希望政府能够进行语言培训，政府应重视经营户语言学习需求，优化政府语言服务，为经营户提供实用有效的英语技能培训。

（三）营造多语语言生态环境

语言多样性是良好的语言生态环境的前提，张先亮、杨依希（2017）认为语言增多是语言再平衡的一种调节机制，国家现阶段应加强“双语言”建设，这是语言再平衡的结果。[15]

在义乌三挺夜市的多语背景下，经营户对英语、阿拉伯语、韩语等多种外语需求较大，语言已成为促进经济发展的重要因素之一。为了更好地促进三挺路夜市语言生态的良性发展，发挥语言的经济价值，构建多语夜市变得非常关键。通过构建学习型多语夜市，不仅可以为经营户营造良好的语言学习环境，切实解决经营户学习英语的困难，还可以优化市场语言环境，提高夜市的市场竞争力。因此，要从两个方面着手：一是推进普通话和英语、阿拉伯语等语言和谐并存，将语言资源转化为发展夜市的有利条件；二是规范市场语言学习环境，改善师资力量，设置实用性英语听说课程，内容侧重商品介绍、价格、优缺点等实用内容，或设置英语角等专门的英语学习场所，使经营户有机会进行实际操练，提高经营户语言能力，发挥语言经济价值，构建和谐语言生态。

六、结论

三挺路夜市经营户所使用的英语具有变异性、融合性、功能性的特征，其语法在词的形态变化及句法结构上深受模式语汉语语法体系的影响，语法结构大为简化，三挺路夜市经营户英语实质上是新式的洋泾浜英语。

同时，本文从生态语言学角度出发，为改善三挺路夜市语言生态现状提出语言生态对策，倡导经营户应自觉提高语言生态意识，同时政府应优化语言服务，为经营户提供更加便捷的语言培训等。在此基础上，努力构建三挺路夜市双语语言生态环境，推动市场经济良性健康发展。

本次调查仅抽样选取102个经营户，样本量不足，可能使调查结果具有一定的局限性，而且仅对经营户英语使用特点进行研究，使得最后提出的建议针对性不够。文章不足之处今后将进一步进行补充和修正，使后续研究更深入和完善。

注释：

①环球网：http://www.sohu.com/a/307325554_162522。

②文中经营户特指三挺路夜市经营户。

③范俊军（2005）、冯广艺（2013）、韩军（2013）等学者认为“生态语言学”即“语言生态学”，两者同指一个学科，而黄国文等少数学者认为两者之间存在差异，不能等同，学者观点尚未完全统一，本文依照前者观点。

④义乌市政府门户网站：http://www.yw.gov.cn/zjyw/01/06/201810/t20181017_2907988_2.html。

参考文献：

[1] 范俊军 . 生态语言学述评 [J]. 外语教学与研究，2005（3）:110–115.

[2]HAUGEN E.The ecology of language[M].California:Stanford University Press，1972:323.

[3]HALLIDAY M A K New ways of meaning: The challengeto applied linguistics［J］. Journal of Applied Linguistics，1990，（6）: 7–16.

[4] 冯广艺 . 语言生态学引论 [M]. 北京 ：人民出版社，2013.205–252.

[5] 左雁 .“秀水街英语”的社会语言学研究 [D]. 北京 : 对外经济贸易大学出版社，2011（6）:29.

[6] 冯广艺 . 语言生态学引论 [M]. 北京 ：人民出版社，2013 ：91.

[7] 吴福祥 . 语言接触与语法复制 [J]. 百色学院学报，2013（9）:40–50.

[8] Heine，Bernd.Typology and language contact:word order.Tallinn，2007:21–24.

[9] 叶蜚声，徐通锵 . 语言学纲要 [M]. 北京 ：北京大学出版社，1981（10）:234.

[10] Mthlhausler.P.Pidgin and creole linguistics[M].Oxford:Basil Blackwell，1986.

[11] 张先亮 . 城镇语言生态现状研究 [M]. 北京 : 中国社会科学出版社，2018（7）:151.

[12] 毛力群 . 国际化进程中的语言接触研究 [M]. 北京 ：中国社会科学出版社，2017（11）:55–110.

[13] 陈松岑 . 新加坡华人的语言态度及其对语言能力及语言使用上的影响 [J]. 语言教学与研究，1999（1）.

[14] 冯广艺 . 语言生态学引论 [M]. 北京 ：人民出版社，2013 ：142.

[15] 张先亮，杨依希 . 试论“语言生态”的属性特征 [J]. 语言文字应用，2017（4）:122–131.

A Study on English Use of Night Market Operators in Santing Road, Yiwu

Mao Liqun, Guo Jingjing

(*College of International Education*, *Zhejiang Normal University*)

Abstract: Yiwu Santing Road Night Market is located in Yiwu, the largest commodity distribution center in the world. Cultural collision and language contact in the multilingual environment make Santing Road Night Market form diversified language use characteristics, and English is the main marketing communication foreign language.From the perspective of ecolinguistics, this paper makes a quantitative and qualitative study of the English used by the night market operators of Santing Road in Yiwu, and it describes and contrasts the grammatical structure of the words from their morphological changes and syntactic features, and it analyses the causes of their occurrence, and draws the conclusion that the night market operators of Santing Road, transfer the grammatical features of Chinese to English with their mother tongue Chinese as the carrier, so as to make English better. The simplification of grammatical structure, the morphological change of words and the syntactic structure are also deeply influenced by Chinese. Its essence is the new Pidgin English. On this basis, from the perspective of ecolinguistics, this paper puts forward some countermeasures to build a benign language ecology.

Key words: Yiwu; Santing Road Night Market; ecolinguistics; language contact; pidgin English

网络语言中的“英文谐音镶嵌”现象初探

陆书伟，黄嘉卉

（浙江师范大学国际文化与教育学院；南京师范大学国际文化教育学院）

摘　要：网络交际平台的多样化孕育了众多新的语言现象。以“word 哥”等为代表的网络词语的不断流行，诱发网民创造了大量的运用其他英文词替换汉字的汉英夹杂形式，这种网络语言现象不同于通常的语码转换，而是选用与汉字的普通话或方言发音相似的英文词来替换汉语句子中已有的一个或多个汉字，由于英文词与原汉字的词义不同，从而会取得一定的幽默、诙谐、双关、西化的效果，其交际范围为懂一定英文的汉语讲话人网民群体，我们称这种语言现象为“英文谐音镶嵌”。本文探讨了“英文谐音镶嵌”的表现形式及其产生原因，并对这种语言现象的发展前景做出了预测。

关键词：网络语言；英文；谐音镶嵌

一、引言

随着网络交际平台的不断发展，两种甚至多种语言夹杂的现象已是屡见不鲜。然而近期，几个微博原创博主在微博上发布的动态，使一种全新的中英文夹杂词语呈现在人们面前。

@papi 酱：一个成语：半 tour 废（2016.12.28）

@依萍日记：学到个新词：无 fuck 说（2016.12.23）

作者简介：陆书伟（1979—），男，山东泰安人，浙江师范大学国际文化与教育学院讲师，文学博士；黄嘉卉（1996—），女，浙江舟山人，南京师范大学国际文化教育学院 2017 级硕士生。

在这几条微博的评论区，有着数千的评论量，网友也各显其能，发挥自己的想象力，创造出了大量类似结构的词语或语句，如“book（不可）思议”“无可 phone（奉）告”“君让臣死，臣 facebook（非死不可）”等。对于这种语言现象，人们的态度也是褒贬不一。

事实上人们对于“半 tour 废”这类中英文夹杂的语言形式并不陌生，2016 年开始流行起来的“厉害了，我的哥”的变体“厉害了，word 哥”正是使用了这种构造方式。而早在 2012 年主持人李晨就曾发布这样一条微博：

@李晨 nic：这天气！ Me More Cool 穿起来了……

这里的“me more cool”是完全借用了三个英文单词的发音，分别对应“棉”“毛”“裤”三个汉字，而英文词与被替代词之间又毫无意义上的关联，且三个英文词之间也无语义、语法上的关系。

二、“谐音镶嵌”概念的提出

（一）与相关语言现象的区别

在网络上流行的这种中文内夹杂英文的语言现象，与之前的“语码转换”和“谐音对译”均不太相同，有必要对其做一些梳理，并对其从概念上进行界定。

（1）与“语码转换”不同。关于中英文夹杂现象，很多学者从语码转换的角度去探讨[1][2]，然而本文所要研究的语言现象与语码转换相比，两者还是存在着一些差异的。语码转换是指在同一次对话或交谈中使用两种或两种以上的语言变体的现象。在“笑 cry”“hold 住”“I 服了 you”“你 happy 就好”等汉英语码转换用例中，主体语言是汉语，嵌入语言是英语，嵌入语言（英语）只是为主体语言（汉语）提供组成成分，对英语词汇仍按照其在英语中的语义去理解即可；而本文探讨的语言现象中最显著的特点却是本应有汉字的地方被相近发音的外语替代，被替代的汉字或词语（有的根本不是词语）与替代者之间语义上并无关联，只有发音上的相似性，要从语音上将外语还原成汉语，而不能从外语本身的词义理解。

（2）与“谐音对译”不同。也有学者将此类现象归为谐音对译。[3][4] 然而谐音对译是指直接将原语词语音译成目标语符号，语音形式基本相同或相近，原语词语语义并未发生改变，改变的只是词语符号形式。在将外语用谐音对译方法译成中文时，翻译的大多是名词，如“可口可乐”“派对”“维他命”“基因”等。

而用英文模仿汉语发音，常见为两种表现形式。第一种是用英文给汉语注音，常体现为初学汉语的以英语为母语的外国人的一种注音策略，甚至在欧美人编写的某些汉语初级教材中也可以见到；第二种是将中国的品牌名翻译成音近的英文，为了使中国品牌走向世界，方便不同市场间的沟通，容易为英语国家的消费者熟知等，很多品牌采用了音译法，有些译名是选择现有的英文词汇，如“万家乐”燃气具译成“Macro”，“得利斯”香肠译成“Delicious”。有些译名则是根据英文的拼写规则创造的新词。如“意尔康”皮鞋译为“Yearcon”，“格兰仕”家电译为“Galanz”等。以上几个例子中的译名与原名并无意义关联，二者间仅具有读音的相似性，但因为符合英文的拼写规则，因而对英语国家的消费者来说具有较高的辨识度。

谐音对译与本文研究的语言现象具有一定的相似性，因而也有学者将“word 哥”这类表达称为谐音对译。然而二者间也有较为明显的区别：词性不同，谐音对译以名词性对象为多，而本文所研究的语言现象涉及的则不局限于名词性的，甚至跨词，如 holy high（好厉 / 害）；目标语（英语）的形式不同，谐音对译既可以选用现有的英文词汇，也可以是生造词，而本文所研究的语言现象中均是现成的英文词，极少生造词语的现象；阅读对象不同，用谐音对译法将中文译成英文，目的是让英文背景的人易于称说中国特有的事物、接受中国品牌等，阅读者一般是外国人，而本文所研究的汉英夹杂形式其阅读对象仍是中国人；长度不同，谐音对译大多是将整串相关字符对译成外文，如将品牌名、公司名音译成英文，其使用语境也大多是英文的，而本文所涉及的语言现象大多是选用一个或数个英文词替换语句中的部分汉字，英文一般不会太长，存在于汉语的词句内。

（二）“谐音镶嵌”概念

通过以上分析和对比，我们可以大致概括出本文第一部分所列举的语言现象的共同之处：在以汉语为主体的短语或句子中，部分字词由英文谐音替代从而镶嵌其中，之前或之后仍有其他中文字符；英文与所替代的汉字之间读音相似，意义无关，在阅读该类型的语句时对英文词所表达的语义要从语音上将其还原为中文；英文词是已有的、常见的词语，英文词语本身与被替换的中文迥异的意义又会从另一个方向使网络交际产生幽默、双关的效果。

基于以上特点，我们将这种新的中文语句/词内部夹杂英文词汇的网络语言现象称为“英文谐音镶嵌”。

“谐音”是指其选取外语词的手段，即选取的是外语中已有的、与所要替换的汉字发音相近的词语；“镶嵌”是指外语的存在形式及表义形式。镶嵌本来是一种工艺术语，是指将一物体嵌入另一物体中，使二者固定，两者之间存在着大小的差异，镶嵌上去的物品一般比其地子要小，但是往往比较醒目，如在戒指上镶嵌钻石，在屏风上镶嵌用贝壳、玉石雕刻的人物、动物、花卉等。镶嵌也是一种修辞手法，是指在某些词语或句子中插入某些字眼，以延长语句或突出语义。本文借用“谐音”与“镶嵌”这两个词语来表达这种新的汉英夹杂语用类型。在“英文谐音镶嵌”现象中，英文词往往只是作为语句或词语的一部分，是替换了其中本有的一个或数个汉字，极少有整体替换的情况。从视觉效果来看，插入的英文词在汉语语句中比较醒目、另类，未被替换的汉字可以帮助阅读者将英文词根据读音还原为本来应有的中文。即这种语句的交流是在中文语境之内的，镶嵌的英文词语在形式上覆盖、替换了与其音近的汉字，英文词形在语句中非常醒目。在读者对英文词进行汉字还原的过程中，其英文自有意义又可以把读者拉向英文语境，从而造成一定的幽默效果，甚至从很大程度上说网民创造这些语言形式的出发点就是为了制造幽默效果。

三、“谐音镶嵌”的类型与表现

我们从网络上收集到了200余例“谐音镶嵌”的语料，所镶嵌的外语为英语、法语、日语等，详见表1。在这些用例中，英文是使用最为广泛的一种外语，约占95%，因而本文主要对英文谐音镶嵌现象展开讨论。

表 1　镶嵌的外语种类

镶嵌的语言	英语	法语	日语
数量（例）	192	5	6
比例	94.6%	2.4%	2.9%
举例	英雄 lemon	suis 败犹荣	ブス进取

（一）镶嵌载体：中文素材类型

将 192 例英文谐音镶嵌语料从中文素材本身进行划分，主要类型见表 2。

表 2　中文素材类型

内容类型	成语、熟语、流行语	歌词	菜品名	诗句	其他
比例	59.4%	4.7%	5.7%	3.1%	27.1%
举例	半 tour 废；无 fuck 说；江南 pig 厂	路见不平 Eason 吼；你伤害了 word，却 excel 而过	黄焖 Jimmy 饭；煎 bingo 子	我爱这片土地 Edison Chen；酒逢知己 champion 少，话不投机 boundary 多	Bee 马瘟；Who 山行

（1）成语、熟语、流行语。通过对搜集到的语料进行统计发现，英文谐音镶嵌主要以成语、熟语、流行语的形式出现，数量超过了总数的一半，且大多是四字格，如：

book（不可）思议、cheer（锲而）不舍、深藏 blue（不露）、vans（万事）如意。

（2）歌词。在这类语料中，一些流行的歌曲歌词被网民改编，有的选取了一整段歌词，而有的只选取了一句话，这说明英文谐音镶嵌的现象不仅仅局限于短语之中。如：

我可以抱你吗 Burberry（宝贝），让我在你肩膀 Gucci（哭泣），如果今天我们就要 Fendi（分离），让我痛快地哭出 CELINE（声音）。

爱 sunny（上你）是我情 feed（非得）已。

（3）菜品名。除了歌曲，熟知的食物名称也是网友们喜欢改造的对象，这类名称的改编往往可以起到幽默、诙谐的效果。如：

皮蛋 solo（瘦肉）粥、鸭血 fans（粉丝）汤、鱼香 rose（肉丝）、西 horse（红柿）炒鸡蛋、青椒 rose gay john fan（肉丝盖浇饭）。

（4）诗句。在语料中还有小部分是对人们熟知的古诗句或现代歌词的改造，如：

举头 warming（望明）月，低头 school（思故）乡。

（5）其他。在所搜集到的语料中，除以上几类较为容易辨识外，约有1/4 的语料是难以归类的，其同质性较低，常常是网民们对一些词句的随机创造，如：

toe high（拖鞋）、什么玩 year（意儿）、tree new bee（吹牛 ×）。

（二）镶嵌物（英文词汇）类型

搜集到的语料中，从镶嵌物（英语词汇）的词性看，以名词、形容词、动词为多，约占总用例的九成。所以我们主要讨论这三种英文词汇的使用。

表 3　按所选择的英文词语划分

词性	名词			动词	形容词	副词	其他
	一般名词	人名	品牌名				
比例	42.4%	12.5%	3.9%	14.1%	16.5%	7.1%	3.5%
举例	book 思议、word 哥	bosh 进取、暗 John 观察	Dior 郎当	无 fuck 说、Harm 雷特	生无 clean、呼和 hot	不 fully 战	身经 by 战

（1）名词。嵌入英文名词的用例占据了绝对优势，约占总数量的六成，而语料中的名词又包括一般名词、常见或著名人名、品牌名三类。其中一般名词较常见，兹不赘述。

①人名。嵌入英文人名的比例达到了 12.5%。包括两类人名：一类是名人人名，如 Bosh（篮球运动员波什）；一类则是常用英文名字，如 John 等。

②品牌名。著名品牌名称是人们所熟知的对象，因而也成了网民们进行谐音镶嵌创作时的热门选材。涉及的品牌有“三星”“迪奥”“古驰”“维沃”等。如：

Samsung（三生）有幸、Dior（吊儿）郎当、笑到昏 Gucci（过去）、运筹 vivo（帷幄）。

（2）动词、形容词。镶嵌动词或形容词的语料在总数中合计约占三成。由于英语中存在着多样的语法范畴，尤其是时态、体、级等的变化，网友们在创造谐音镶嵌作品时，有时会根据需要选择英文词语的改造形式，以提高语音的相似性。其中“bigger（逼格）满满”中是利用了 big 的比较级，而“臣

burned bus（不得不死）”中的“burned”是为了适应“不得”的发音采用了“burn”的完成型。英文动词用例如：

lay（泪）流满面、贪生 pass（怕死）、通宵达 damn（旦）、祸不 dancing（单行）。

形容词用例如：

fun fun（泛泛）之交、小试 new（牛）刀、呼和 hot（浩特）、无 far（法）无天。

（三）“英文谐音镶嵌”的具体表现

基于搜集到的语料，我们可以归纳出目前网络上流行的“英文谐音镶嵌”现象具有以下表现。

素材为人熟知。中文是常见的四字词语、流行语等，英文为较为常见的、简单的英语词汇。

目的以调侃为主。由于这种语句的镶嵌创作目的主要是为了制造一定的幽默效果或宣泄一定的情绪，因而在一些语料中出现了格调不高的汉语词或英文词，如“bigger（逼格）满满”“占着茅坑 plus（不拉屎）”“gay（盖）世英雄”“无 fuck（话可）说”“无 shit（懈）可击”等。由于网络是一个开放的平台，为人们的交流提供了便捷，但另一方面也汇聚了较多的低俗、暴力的信息。

中英语音匹配度不高。事实上，很多英语谐音词与所替换的汉字本身发音相似性不高，时而多出杂音或少音，很多网友纯粹是为了模仿而进行生硬匹配。如在“bling bling 有礼”中，“bling”与汉字“彬”相比，不但多出了一个 /l/ 音，且用后鼻音对应前鼻音。“excel 而过”中，“excel”与“一笑”对应，也存在类似情况。所选英文与中文发音的相似性较差则会导致其还原度较低。

时而模拟方言口音。英文谐音镶嵌这一现象主要模仿的是普通话的声韵，但也有不少用例是模仿了汉语方言中的声、韵母发音，如表 4。

表 4　用英文模拟方言口音的语料

举例	me more cool	无 fuck 说	笑到 poor guy
方言口音	上海	福建	广东
原词	棉毛裤	无话可说	笑到扑街

方言口音的采用，有些是为了配合语言模因的结构而偶然创造出来的，

更多的则是网民们以此为乐，调侃某些方言区的讲话人 f、h 不分，n、l 不分，前后鼻音不分等。

中英文缺乏意义关联。由于网友在创造英文谐音镶嵌结构的过程中以发音相似为主要原则，因此绝大多数语料中英文词与所替换的汉字、词的意义没有关联，只有极小部分的英文词语会在某种程度上与网友想要传达的心情联系，如“holy high（好厉害）”中“holy”和“high”分别指“神圣的”和“高的”，与网友想要传达的意思十分相似；“三年高考，五年 morning（模拟）”中的“morning”表达为了高考而每天早起的含义，“心如 dog（刀割）”中的“dog”也能传达出言者心灰意冷的情态。但这种相对较为成功的谐音语例少之又少。

形式上常有中文词语割裂现象。在英文谐音镶嵌语料中，英文与汉语的对应关系主要有三类。第一类是用一个英文词替换一个汉字，如“铺天 gay（盖）地”“sun（丧）心病狂”“无可 phone（奉）告”“蓝 soul 香菇”等；第二类是用一个英文词替换一个中文词或词组，如“废寝 once（忘食）”“咸鱼 fashion（翻身）”“vans（万事）如意”“关你 peace（屁事）”等；第三类也是最为常见的用例，是用一个英文词替换数个汉字，而英文词所对应的汉字串构不成词语，因而将原来的中文词语形式撕裂，如“谈 cellphone（笑风）生”“有 bear（备而）来”“不 fully（服来）战”“倾 panda（盆大）雨”，在这些形式中，被英文词替换的两个汉字分属于前后的词语。

四、谐音镶嵌流行的原因及发展趋势

（一）流行原因

谐音镶嵌语言现象流行的原因包括网络、公众人物、大众的外语水平、社会心理等几个方面。

（1）网络交际的高速便捷。互联网的迅速发展，将人们带入了真正的信息时代，在开放、便捷的网络环境中人们通过微博、微信等社交媒体自由地发表言论，这也使得多种多样的语言现象层出不穷。从模因论的视角来看，在 papi 酱以模因宿主的身份在微博上分享了“半 tour（途而）废”这一个形式后，网友们作为传播模因的主体便开始创造带有自身意图的类似语言结构，而随着信息通过模仿不断复制，并在网络上迅速地传播，语言模因也就形成了。

（2）公众人物的光环效应。公众人物的言行往往更容易引起人们的跟风模仿，在文章的开头我们提到的两位微博博主均有着几千万的关注者，所以微博一经发出便收获了惊人的浏览量以及评论数，心理学中将这种现象称为“光环效应”。如果第一个模因宿主是公众人物，那么接下来的复制传播也会更具优势。

（3）大众外语水平的普遍提高。用外语给汉语注音是该语言现象中的主要模因，这与大众外语水平的提高以至跨文化交际的深入有着重要的联系。随着国家教育的发展，当前懂得英语的人越来越多，“双言双语”甚至“多言多语”的语言生活状态已经初步形成。这也使得人们在日常交流中会不同程度地接触和使用外语，尤其在外企、合资企业等工作的人员，会有较多的机会使用夹杂外语词汇的语句进行交流。网络用户以青少年为主，只要受过中等教育，识别或使用一些一般的英文单词并不困难。

（4）求新求异的社会心理。年轻人是使用通信软件、社交媒体的主力军，他们的语言极为活泼，表达也更加自由。年轻人一般都具有一定的英语水平，所以在网络上也会追求语言的新颖形式，很容易跟风、模仿网络流行语，所以一旦有公众人物使用了某种新颖的形式，年轻人很容易追随使用或对其进行改造、创新。

（二）前景预测

英文谐音镶嵌具有多产性，正是由于该语言现象的形象性和易于模仿的特点得到了网友们的共鸣，英文谐音镶嵌一般不会增加音节，具有一定的简洁性，给人以新颖的语言体验，因而有人在网络上将其做成表情包，如“无fuck说”“厉害了word哥”“必须的word弟”等均以漫画人物加文字的形式，使微信用户在聊天时可以直接发送这种图片用以表达自己的情绪。

“word哥”是英文谐音镶嵌最为成功的案例，其原型及其变体不仅在网络上流行，还在新闻报刊、日常生活中得以大量运用，这主要受益于其原句载体“厉害了我的哥”的较强的表义功能，使得大众在表达赞赏、佩服、感叹等情绪时可以借用或根据需要加以改造变形。

此外还有部分的新闻标题为了吸引读者的眼球，也会采用这种方式，例如：

Book 思议！中广核竟然连续四届蝉联这个奖（搜狐新闻 2017.6.23）

厉害了 word 快递小哥！一眼识破有人寄毒品（新浪新闻 2017.7.19）

然而，谐音镶嵌形式的不足也显而易见。

（1）输入不便。在网络交际中，人们力求语言输入方便快捷，这就意味着大量类似于“有 bear 来”“谈 cellphone 生”“Tony 带水”等形式中被英文单词撕裂后剩余的不成词中文语言片段会降低打字输入的效率。在使用英文谐音镶嵌形式时，需要先输入整体的中文语句，然后再将其中某个或某几个汉字删掉替换成英文单词，这样就会大大减缓输入的速度，远不及直接输入中文便捷。因而常依托现成的表情包等形式进行传播。

（2）解读受限。在搜集到的语料中，我们发现了一些网民选择以法语或日语作为外语镶嵌物进行谐音创造，如果其受众恰好是没有学习过法语或日语的人，那么该语言形式就难以得到解读、模仿和传播了。绝大多数的谐音镶嵌形式都选择了英文词作为外语镶嵌物，这正是因为英语在网民中具有较高的普及度。

虽然创造者的语言掌握情况决定了所创造出的语言结构是由哪两种语言镶嵌而成的，然而阅读者的外语水平也不可忽视。由于受众年龄、语言习得情况的不确定性，语言创新者无法保证受众能够理解自己想要传达的信息，如果受众的外语水平远不及创新者，那么交际则难以进行，“会心一笑”的幽默效果也就无法产生。

（3）表义有限。英文谐音镶嵌的现象具有偶发性、随意性，大多数语言产品是个人在网络跟帖中的即兴创作，是网民出于进行新鲜的语言体验而进行的幽默化表达。因而用英文谐音镶嵌方式创造出来的语句大多数并没有特定的使用语境，表义有限，也没有较强的交际功能，所以除少数典型的代表之外（如“word 哥”），很难得以大范围的传播。由于大部分英文谐音镶嵌现象是选取了人们熟知的汉语语句尤其是成语、熟语等进行改造创作，而成语、熟语在日常生活中的知晓度虽高，但使用度却逐渐走低，其适用面也相对较为狭窄，远远不如“我的”二字使用广泛，因而能像“word 哥”流行起来的只是极少数。

五、结语

构成简单、便于模仿且具有较高的能产性，在即时的网络交际中能给阅读者带来新颖、幽默的效果，这是将外语原词插入汉语语句中[5]达成谐音镶嵌效果的优势所在；然而，由于要求交际者要有一定的外语背景，造成其受众有限，加之使用语境模糊、英文配词随意、适用范围不广等是这种语言产品的不足。

在谐音镶嵌现象大量流行后，有人选择跟风、模仿，也有不少人持批判的态度。从模因论的角度看，语言模因的复制、模仿及传播都是没有预定目标的行为，模因的兴盛并非是固定的，强势的语言现象也会转弱，因此这只是一种自然的交替过程。谐音镶嵌这一语言现象，很可能在较长一段时间内会作为一种流行构式在网络交际中存在，但是其中哪些语句能脱颖而出成为网络流行语或进入日常交际中，尚需时间的检验。

参考文献：

[1] 熊雪婷 . 论网络语言里中英文语码转换的原因 [J]. 三峡大学学报（人文社会科学版），2013（2）:84-86.

[2] 程迎新 . 论网络流行语中中英文混合语的语码转换现象 [J]. 六盘水师范学院学报，2016（6）:34-37.

[3] 朱亚军 . 谐音策略与网语符号 [J]. 汉语学习，2008（4）:77-83.

[4] 张静 . 从“厉害了，我的哥”说起 [J]. 语文建设，2017（4）:64-66.

[5] 王辉，吴刚，杜韡，等 . 网络语言中的英语借词研究 [J]. 宁夏大学学报（人文社会科学版），2004（6）:94-97.

Research on the Phenomenon of "English Homophonic Mosaic" in Chinese Network Language

Lu Shuwei, Huang Jiahui

(*College of International Education, Zhejiang Normal University; International College for Chinese Studies, Nanjing Normal University*)

Abstract: The diversity of network communication platform has produced many new language phenomena."word 哥" as the representative of the continuous popular network words, induced Internet users to use other English words to replace Chinese, which called the Chinese-English inclusions mixed model, this phenomenon is different from the usual code conversion, But the use of Chinese characters or dialects similar to the pronunciation of English words to replace the Chinese sentence has been one or more Chinese characters, because the English words and the original meaning of the different words, which will achieve a certain humor, Westernization of the effect of its communication range to understand a certain English of the Chinese speaker network of Internet users, we call this language phenomenon "English homophonic mosaic". This paper explores the manifestation of the "English homophonic mosaic" and its causes, and predicts the development prospect of this linguistic phenomenon.

Key words: network language; English; homophonic mosaic

专业建设与人才培养

汉语国际教育专业文化人格的培育与发展

宣炳善

（浙江师范大学国际文化与教育学院）

摘　要：汉语国际教育专业是适应中华文化走出去的国家外交战略需要而发展起来的新兴特色专业，是以原有对外汉语专业为基础转型而来的。汉语国际教育在6年多的专业发展过程中，也逐渐形成了跨文化的专业文化特征。作为新兴特色专业，汉语国际教育需要培育并发展汉语国际教育的三重专业文化人格，即儒家意义上的君子文化人格、职业意义上的教师文化人格、法律意义上的公民文化人格，并与国际汉语教师的文化人格相契合，从而更好地适应语言与文化全球化竞争的现实。

关键词：汉语国际教育；专业文化人格；君子文化人格；教师文化人格；公民文化人格

一、引言

改革开放40年来，目前中国已是世界第二大经济体，但世界上学习汉语的人数还不能与英语学习者数量相提并论。语言学习的背后是一个国家实力强盛的标志，与英语相比，在国际上汉语仍然是弱势语言。汉语国际教育专业的设立是中国进一步扩大对外开放、提高国家软实力和实现和平发展的国家重要战略举措，而提高汉语与中华文化的国际竞争力也就是提高中国的

作者简介：宣炳善（1971—），男，浙江诸暨人，浙江师范大学国际学院副教授，历史地理学博士。

国际竞争力。因此，汉语国际教育既是教育专业，也是教育事业。

汉语国际教育作为适应时代需要的新兴特色专业，对国际汉语教师群体的综合素养也提出了更高的新时代要求。汉语国际教育专业急需培育并发展出适应全球化战略需要的专业文化人格，也就是培养具有儒家文化意义上的君子文化人格、职业意义上的教师文化人格、法律意义上的公民文化人格的具有跨文化人格的人才，从而更好地胜任当下日益复杂的汉语国际教育事业。

二、汉语国际教育的新兴专业特色

汉语国际教育专业的前身是对外汉语专业。1985 年，经国家教委批准，北京语言学院、北京外国语学院、上海外国语学院、华东师范大学 4 所大学开设国内第一批对外汉语专业。由于当时中国经济总量在全球所占比例较小，中国还没有融入全球市场化经济体系，来华留学生学习汉语的人数少，而且生源也不稳定，基于这一现实考虑，当时将对外汉语专业设定为非师范专业。对外汉语专业的非师范定位自 1985 年一直沿用至 2012 年。

2012 年，教育部发布的本科专业目录调整中将“对外汉语”专业改名为“汉语国际教育”，突出在海外孔子学院、孔子课堂的跨文化语境中进行汉语、汉字与中华文化教学的专业特征，实际上其已从非师范专业向师范专业转变。“汉语国际教育”这一概念在教育部本科专业目录设置的文件中是在 2012 年才第一次正式提出，因此它是一个适应新时代需求应对全球化挑战的国家战略型新兴专业，与原有对外汉语专业存在一定的专业差异。

原有的对外汉语专业的专业设置是在国内为留学生从事汉语教学的专业，中国教师并没有走出国门，这是被动式的教学方式，即等待留学生来中国留学，然后在国内的汉语语境中为留学生开展汉语教学，而且以语言教学为主，这种教学模式可以概括为“礼闻来学，不闻往教”模式，即被动式的汉语教学模式。但汉语国际教育专业则要求中国教师主动走出国门，主动为海外汉语学习者提供海外服务，主动寻找并巩固语言市场，这是在国外异文化语境中开展汉语教学，属于跨文化语境的语际实践，对从业者也提出了更高的综合人才的素质要求与专业要求。所以在汉语国际教育的新形势下，对原有国内对外汉语专业人才的非师范培养模式应重新反思，使之更好地适应汉语国际推广的国家战略。

随着中国对外交往的扩大和国际地位的提高，国外学习汉语的人数日益增加。在当前国际社会中，语言输出作为国家战略，是提高国家地位、扩大国家影响的一个重要途径。英美投入巨额资金，极力推动英语在全世界的普及；法国在全球设立文化中心，把推广法语作为抗衡英语、宣传法国文化的国家战略；德国则在全球设立歌德学院，已在 70 多个国家设立分部。所以在这一激烈的语言国际竞争的大形势下，汉语必然要走向国外，肩负起民族语言与中华文化传播的使命。

任何一种语言在国际间的传播，并不是由语言本身决定的，而是由该种语言使用人数的多少、所代表的文化的吸引力和生产力的先进性，以及在世界上的影响力决定的，也与该民族国家对推广本民族语言的意志、战略及举措密不可分。正是在这样的国际形势下，汉语国际教育作为一个具有国际战略的综合性教育事业，其内在功能必然是复合性的，既有语言传播功能，也有文化对外传播的国家战略功能。汉语成为全球化语言是中国的重大国家战略决策。目前全球 530 多家孔子学院与 1000 多所孔子课堂的设立已为这一目标的实现奠定汉语教学与中华文化传播的组织基础。

三、汉语国际教育专业面临的师范转型问题

目前汉语国际教育专业面临的最主要问题就是是否真正实现专业转型，即由原来的非师范专业转型为师范专业。目前大多数高校，由于就业与部门政策等多种利益因素的影响，只是将专业名称由“对外汉语”改为“汉语国际教育”，并没有将非师范专业转型为师范专业，这样就造成人才培养跟上不现实发展的新形势。由于人才培养方式也发生了根本的改变，专业文化人格结构也需要发生相应的改变。

原有的对外汉语专业，由于留学生生源不稳定，特别是 1997 年爆发的东南亚金融危机，大量东南亚地区的留学生回国，因此中国高校的留学生生源不稳定，导致专业定位为非师范。但是在 2010 年底，中国已成为世界第二大经济体，中国通过 30 多年的对外开放，国家实力增强，对国外留学生的吸

引力也逐渐增强，因此，继续延用原有的非师范的办学模式，已经不能适应时代发展的需要。而且原有的对外汉语专业在办学过程中，过于重视英语的学习，对外汉语专业实际上变成了第二英语专业，而对于汉语、汉字本体与中华传统文化的认识不足，也缺少教育学、心理学等相关学科的知识与实践，学习者很难成为一名优秀的国际汉语教师。原有对外汉语专业培养的学生多数从事的是与汉语教学无关的工作，因此形成人才培养的难题——一方面国际汉语师资紧缺，另一方面，又难以培养出合格或者优秀的国际汉语师资。目前国内部分高校汉语国际教育专业由于既得利益因素的驱动，仍然延续非师范的专业办学思路。在全球范围内，优秀的国际汉语师资十分紧缺，中国政府只能以孔子学院汉语志愿者方式派遣国际汉语师资。

自2004年以来，中国开始在全球设立孔子学院，初步尝试走出国门的语言与文化实践，并开始对外派遣汉语志愿者。2004年4月15日，国家汉办发布《国际汉语教师中国志愿者计划》，开始筹备国际汉语师资，并以汉语志愿者的形式对外派遣。2004年11月21日，全球第一家孔子学院在韩国建立，开展两国之间的语言文化交流项目，也揭开了汉语与中华文化在全球传播的序幕。但是目前国内相当一部分高校的汉语国际教育专业仍设置为非师范专业，学生对于教育学、心理学等相关师范特征的学科知识的学习与实践的机会很少，因此很难胜任在海外异文化语境的汉语教学、汉字教学与中华文化教学，汉语国际教育专业的师范转型难以真正落实。

四、汉语国际教育专业文化理念与跨文化人格的生成

社会组织在其发展过程中，均会形成一定的组织文化，组织的运作与发展，必须依靠组织文化的内在驱动，否则组织将无法可持续发展。高校有高校文化，企业有企业文化，而专业是人才培养的有效教学组织，教学组织在其教学活动过程中会形成相应的组织文化，也就是“专业文化”，专业文化特征的形成是一个专业取得良好人才培养效果的表现。在一定程度上说，专业文化也是高校文化的一部分，名牌高校往往拥有名牌专业，形成历史悠久的专业文化传统。但国内学术界对于专业文化方面的研究极少，因此“专业文化”概念的提出是基于对专业人才培养的相对较高的要求，汉语国际教育专

业之所以需要提出这一概念，主要是基于跨文化语境的双语人才培养的目标，即相对于原有的对外汉语专业的人才培养目标，汉语国际教育专业的人才培养目标，在综合文化素质与能力方面，有更高的要求。

汉语国际教育专业是一个跨学科专业，主要包括语言学、文字学、文化学、教育学、心理学、传播学六个学科的内容，所以必然要求学生广泛学习相关学科课程，从而提高自身整体素质。因此要建立一套符合新时代要求和专业特征，体系完善、结构优化、内容更新的专业课程体系，使学生具有复合型的知识结构。

为适应教育的国际化形势的需要，2007 年，孔子学院总部、国家汉办发布了《国际汉语教师标准》。2012 年，孔子学院总部、国家汉办又发布了《国际汉语教师标准》的修订版，也就是 2012 版，而正是这一年，对外汉语专业调整为汉语国际教育专业。这后面有国家战略意志的力量在推动。

新标准由汉语教学基础、汉语教学方法、教学组织与课堂管理、中华文化与跨文化交际和职业道德与专业发展五部分组成，构建了国际汉语教师的知识、能力和素质的基本框架，形成了较为完整、科学的国际汉语教师标准体系。[1] 这五个部分中，“教学组织”“职业道德与专业发展”部分最值得重视，因为重点提到了“教学组织与专业发展”的问题，说明已经开始涉及专业文化建设问题。

与 2007 年的老标准相比较，新标准更加突出国际汉语教师的教学组织与课堂管理、中华文化与跨文化交际的基本技能，更加注重学科基础、专业意识和职业修养，对于专业意识与职业修养方面的内容有较大幅度的修订。实际上，2012 新标准也是培育国际汉语教师跨文化人格的理论性引导与指南。

在 2012 新标准理念的指导下，浙江师范大学汉语国际教育的专业文化理念是立足中华传统文化，面向非洲地区 4 家孔子学院开展跨文化语境的汉语语际实践，培养具有扎实的汉语、英语双语基础和宽广的中外文化知识，注重对中国传统文化的文化认知与文化认同，具备跨文化交际和汉语国际教育能力，能够在海外孔子学院、孔子课堂、国内外中小学、语言培训机构等各类教育单位开展汉语教学与中华文化教学，适应汉语国际教育事业需要的复合型师资人才。浙江师范大学汉语国际教育专业人才以语言教学与文化教学并重、国际化与区域化并重、文化自主性意识与跨文化传播意识并重为国际汉语师资培养的三大核心，具有一定的专业文化特征。

五、汉语国际教育专业的三重专业文化人格

由于汉语国际教育专业与事业的实施主要依靠国际汉语师资，因此对于国际汉语师资的跨文化人格结构的研究，就成为当下十分重要的研究课题。而国际汉语师资培养的主要途径是通过汉语国际教育专业的专业培养，在专业文化的熏陶下，进一步培养具有专业文化人格的人才。在这个意义上，专业的专业文化人格与师资的教师文化人格是具有契合度的，也就是说，有什么样的专业文化人格，就会培养出什么样的专业人才。

在分析专业文化人格之前，首先需要分析“人格”的概念。

人格（Personality）是一个文化心理学概念。美国的人格心理学家高尔顿·乌伊拉德·奥尔波特（Gordon Willard Allport，1897—1967）认为，人格是个体内部身心系统的动力组织，体现人的行为和思想的独特性。瑞士心理学家卡尔·荣格（Carl Gustav Jung，1875—1961），也认为人类有集体无意识，这种集体无意识会演化成为文化人格，并形成不同的文化人格类型。现代人格心理学认为人格是个体内在行为上的倾向性，是不断变化的全体和综合，具有动力一致性和连续性，是人在社会化过程中形成的身心组织。[2]因此，我们可以发现，人格本身就与组织紧密关联，而专业作为教学组织，也会形成相应的组织人格。

另外，人格与性格也不相同。人格是指人们表现出来的外在行为，它区别于“性格”（Character）这一概念。人格往往与文化传统有关，而性格则与个体性有关。在这个意义上，人格的概念，更多是一个文化类型的集体性概念，与个体化的性格有所不同。

美国现代文化心理学家阿布拉姆·卡丁纳（Abram Kardiner，1891—1981），则提出了“基本人格结构”（Basic Personality Structure）的理论术语。基本人格结构是特定社会或团体的初级风俗在所属成员身上形成的共同的心理或行为丛的总和。卡丁纳也认为，人格不同于性格，性格是指同一风俗背景下个体人格的独特性，而人格指同一风俗中个体都具有的共同的文化特征。卡丁纳强调文化与人格的相互作用，重视文化对人格形成的作用，而且也重视人格对文化变迁的影响，认为人格是文化的产物，但也是文化的创造者。[3]

在文化人类学中，关于文化与人格的研究则多与民族性格或者国民性联

系在一起。由于生活在一定的地理环境中，制度、语言、生产方式、生活方式相同，一个民族或文化中大部分人的行为和心理会表现出一些共同特性，这些行为和心理特征就会形成民族性格，而不同民族的文化人格就具有文化差异性。“二战”结束后，美国文化人类学家露丝·本尼迪克特在其《菊与刀》一书中对日本民族性格进行了文化分析，指出日本民族的审美人格与武士道人格的文化人格的双重性。文化人格还可以指某一特定群体在文化现象、文化活动中表现出来的人格化特征，包括基本文化价值观念、文化态度、文化追求与审美趣味等。

笔者曾以中国当代新儒家梁漱溟为例，专题讨论文化人格的概念，强调作为文化主体的人格与文化传统之间存在对应关系，文化传统内化于一个人的人格结构之中。文化因人而传承，而人也因文化而传播，这是一个互动的过程。[4]

在心理学与人类学研究的基础上，针对汉语国际教育专业与国际汉语师资的文化人格结构问题，也存在卡丁纳所说的“基本人格结构”现象。由于汉语国际教育专业的跨文化教学的特征，因此，其专业文化人格具有一定的复杂性，从理论上呈现为儒家意义上的君子文化人格、职业意义上的教师文化人格、法律意义上的公民文化人格这三重文化人格结构，并形成汉语国际教育专业的基本文化人格结构，同时这一专业文化人格结构也是国际汉语师资的三重文化人格结构。在这个意义上，专业文化人格与国际汉语师资的教师文化人格是合二为一的整体，下面逐一分析汉语国际教育专业的三重文化人格结构的构成内容。

（一）儒家意义上的君子文化人格

中国培养的汉语师资，首先是基于传统的儒家文化语境。在儒家文化语境下的中国汉语师资，首先呈现的就是儒家意义上的君子人格。儒家对一个人的文化人格设计，从正面意义上来说，包括四个层次的文化人格境界，即“孝子”文化人格、“君子”文化人格、“大丈夫”文化人格、“圣人”文化人格。孝子文化人格是指人人都应达到的文化人格境界，人人都应做孝子。培养孝子文化人格，首先要做到对父母尽孝，即生养死葬与死后祭祀；君子文化人格是孔子大力提倡的道德修养境界，在《论语·雍也》中，孔子说：“女为君子儒，无为小人儒。”孔子本人是君子儒的典范，勤学好问，彬彬有礼，孔子要求学生做君子儒，这一传统应当继承；大丈夫文化人格是孟子提倡的文化人格，即“富贵不能淫，贫贱不能移，威武不能屈”的高尚境界；圣人文化人格则是道德修养的最高境界，是一个最为理想的道德文化人格。

在四个层面的儒家文化人格的设计中，孔子心目中的理想文化人格就是君子文化人格。因为孝子人人可做，并不具有难度，但做君子就有难度，君子首先要好学，其次要有仁义情怀。君子好学指君子应知书达礼，多才多艺，相对于国际汉语教师来说，对于专业的知识学习，也是如此，国际汉语教师首先需要广博的知识。从理论上说，合格的国际汉语师资要求教师具备丰富扎实的汉语言文字知识与外语知识、全面系统的中华文化知识，还应具备世界文化等多方面的基本知识素养，对海外学习者所在国的宗教、历史、风俗等内容，有一定的了解。国际汉语师资的培养应注重语言教学与文字教学技能及中华文化传播意识并重，培养具有全球化视野与对外文化传播意识的复合型人才。

除了知识的系统学习，孔子更重视君子的仁义与礼仪融合的思想。孔子以“仁”为核心,培养儒家君子的道德修养。孔子将“仁”作为人生理想境界，仁是所有善德的总称，是理想的道德规范。孔子坚持“仁”与“礼”相统一，致力于君子文化人格的塑造。仁是孔子德育思想的核心内容，但它只能通过各个方面来体现，难以独立存在。“克己复礼为仁”,“仁”是自我的身心调适，要求“仁”要达到礼的状态，“仁”必须通过“礼”实现自我，同时礼以仁为本质。达到“仁”的境界，就要做到“非礼勿视，非礼勿听，非礼勿言，非礼勿动”。礼是仁的前提，礼为仁服务。“礼”是塑造君子文化人格的行为要素之一，君子文化人格的表现在与人交往时应彬彬有礼，这样才能得到别人的尊敬，充分体现自己高尚的道德修养。在国外孔子学院的教学实践中，汉语志愿者与公派汉语教师，均应具有君子文化人格，展现中国的谦谦君子的儒家礼仪形象。

君子文化人格需要不断修习才能实现，君子有摆脱功利价值的道德标准。孔子认为“义”是人内心的道德准则,《论语·里仁》中说：“君子喻于义，小人喻于利。”重义轻利是君子的人格特征。君子以义为根本，行事合义则为之，违义则不为，君子有所为，有所不为。

另外，君子具有以天下为己任的博大情怀和历史使命感。《论语·泰伯》记载：“士不可以不弘毅，任重而道远，仁以为己任，不亦重乎，死而后已，不亦远乎。”国际汉语教师应具备这一伟大情怀与伟大格局，胸怀天下，志在天下。儒家的修身齐家治国平天下的价值观念，在海外孔子学院需要更好地弘扬，展现中国智慧与中国情怀。在这个意义上，汉语国际教育是伟大事业。

在当代，君子文化人格是知、情、意统一的人格境界。国际汉语教师具有广博的知识、美好的情感、坚定的意志，这是君子文化人格的基本内容。而孔子对君子文化人格的要求，就是“仁、义、礼、智、信”与“温、良、恭、俭、让”的有机统一。君子文化人格是国际汉语教师应当养成的基本文化人格，也是中国汉语师资的儒家文化人格。

（二）职业意义上的教师文化人格

2018 年 9 月 10 日，全国教育大会在北京召开，全国教育大会指出新时期教育工作的目标是凝聚人心、完善人格、开发人力、培育人才、造福人民，坚持以人为中心的教育发展目标。在全国教育大会上，“完善人格”作为新时期教育的核心目标被提出，因此，需要在不同的专业真正得到贯彻实施。但不幸的是，长期以来，中国的专业教育缺少专业文化人格的培育，忽略了“人格”培育在教育中的重要性。中国的专业教育更多的是单一的知识教育与能力教育，教育风格极为单一，这种教育模式需要一定程度的改革。而在当下中美贸易冲突的背景下，文化间的冲突实际上已经成为汉语国际教育事业发展过程中需要面对的一个外部因素，对于其文化人格的关注也相应提升。

在 2007 版与 2012 版的国际汉语教师标准中，都涉及了国际汉语教师作为一个职业所应具有的注重学科基础、专业意识和职业修养，对知识、能力与情怀均提出了一定的教师职业要求。国际汉语教师首先应具备学科的知识基础，如“文化与交际”模块标准中强调的对中国文化知识的掌握程度的要求。[1] 在中国文化知识标准中，对于中国文化的掌握与理解是比较全面的，如历史文化、思想文化、文学艺术、民俗文化、中国国情五个方面的中国文化知识体系，并具有相应的教学能力。除了知识性的教育，国际汉语教师也同样应具有立德树人的道德功能，从而体现全面的职业意义上的教师文化人格。

职业意义上的国际汉语教师文化人格应具备以下特征。

（1）好学修身，涵养道德。《论语》开篇就说“学而时习之，不亦乐乎？”一个反问句式，表达了儒家对学习的强烈肯定。君子乐学、爱学，以学为事业与职业的出发点。《论语》反复提到“君子不忧不惧”，突出君子的道德情怀。国际汉语教师应以“学而不厌，诲人不倦”自勉，真正热爱学习，不断调整知识结构，以提高自身专业素养，适应全球化竞争的汉语教学的新时代要求。

（2）民主平等，一视同仁。教师对待差生与优等生，均应一视同仁。有教无类，一视同仁，这也是孔子教学的方法。汉语课堂上的教与学过程并非教师居高临下，学生被动接受，而是师生进行知识交流与情感交往的过程。因此教学交往时刻体现着师生平等的民主的教学方式，多以启发式教学为主。国际汉语教师应当尊重各国学生的习俗和爱好，以学生为中心，避免国内课堂经常出现的“满堂灌”现象，与学生平等相处，允许学生指出错误甚至提出反对意见等等。

（3）礼仪风范，谦虚真诚。中国本是礼仪之邦，但自晚清民国以来，不幸礼崩乐坏，文化发生严重的断层，中国现在早已不是礼仪之邦。《论语·学而》记载：“礼之用，和为贵。先王之道，斯为美。小大由之，有所不行。知和而和，不以礼节之，亦不可行也。”礼仪的本质是突出当事人之间的和谐之道，和为贵，也是中华礼仪的风范，反对过于强调文明间冲突的观念。这是儒家哲学对君子的基本要求，国际汉语教师应怀着对教学的热忱，以礼为本，展现中国的礼仪。也就是说，汉语国际教育专业也是重建中国传统礼仪的专业，用礼仪规范生活，国际汉语教师向世人展现教师的传统礼仪，谦虚真诚热心地对待世界各地的汉语学习者。

（4）国际视野，勇于创新。国际汉语教师应培养具有国际视野的独立思考精神，应对教学过程中出现的国际新问题。随着中国体制改革的不断深化，中国迎来了第二次改革开放的新阶段。2019年科创板也将推出，创新将成为发展中国核心科技的新时代精神。国际汉语教师应当具有国际视野，对于经济全球化与文化全球化，有一定的洞察能力，并与时俱进，打破教条，大胆进行教学创新。由于汉语国际教育专业是一个国家战略性专业，因此，特别需要培养具有国际视野的人才，于是法律意义上的公民问题就成为题中之义。

（三）法律意义上的公民文化人格

海外孔子学院近年来得到快速发展。汉语国际教师主要在国外工作，因此需要入乡随俗，对当地的法律与风俗均有一定的了解，并能利用所在国的法律来维护自身的合法权益。这个过程，也是法律意义上的公民文化人格的培育过程。这一过程，在国内的汉语国际教育专业的实施过程中就可以展开，在专业课程中，积极培育公民文化人格，为将来在孔子学院等海外教育机构胜任各种国际情境下的海外教学工作做好准备。

公民文化人格是一个西方概念，而且是一个法律概念，对于中国人来说，这并不是中国人的传统，因此存在着一定意义上的中外文化人格的冲突。

以汉语为母语的中国汉语教师一直接受中国儒家礼仪文化的熏陶，即具有梁漱溟所说的以伦理代宗教的群体本位的文化人格特征，比如尊重父母，服从权威，注重集体利益，把个人欲求放在第二位，善于谦让等民族性格。西方意义上的公民参与意识、法律意识与倡导集体本位的中国传统文化有明显的文化差异。正是由于国际汉语教师不自觉地以这种群体本位的文化价值观去理解各国汉语学习者的思维，因此与汉语学习者之间的交流会困难重重，文化冲突也经常发生。汉语国际教师应当重视公民文化人格的培养，使儒家提倡的君子人格典范与西方的公民文化人格在自身人格结构中达到圆融共生，从而产生跨文化人格。文化人格是文化传统内化于人格结构，只有国际汉语教师身体力行，才能树立法律意义上的公民人格，对于国际汉语教师来说，这也是一个西方文化习得的过程，同时也是应对西方挑战的重要能力储备，只有知己知彼，才得最后制胜。

国际汉语教师除了具备上面所述的中国文化知识，也应具备跨文化的知识基础，如国际汉语教师标准的“文化与交际”模块标准中强调的对跨文化知识的掌握程度的要求。[1]

西方民主国家的民众的人格构成是以个体为核心的。在近代西方民主国家，法律对个人权利的规定甚至深入到人们的家庭生活中，以至夫妻之间、父母与子女之间都各自享有受法律保护不受对方干预的隐私权及个人财产权等等，因而这种个人本位精神成为西方法律体系和民主政治体制建立的重要理念，由此形成西方民主国家的公民文化人格，崇尚自由、平等和民主理念。

“公民文化”概念由美国行为主义政治学家加布里埃尔·阿尔蒙德(Gabriel A. Almond，1911—2002) 提出。阿尔蒙德对墨西哥、美国、英国、意大利、德国 5 个国家的政治文化进行了比较研究，在该书的第十五章，作者认为公民文化是民主制度稳定的基础，并在第九章分析了公民的能力、参与和政治的忠诚问题，指出了参与型方式对于公民文化形成的重要性，并强调参与型与服从型之间的平衡，即权利与义务之间的平衡。[5]

美国政治学家阿尔蒙德通过经验分析方式指出公民具有忠诚的政治参与意识。公民对于国家有强烈的责任感，对于国家的主流意识形态表示认同和理解，对于国家政治事务能够自觉、理性、制度化地参与，对于政府的工作给予信任、宽容和理解。在国际层面，则会积极配合国家的外交方针政策，体现公民的爱国主义特征，并在法律框架内行事。国际汉语教师应主动配合中国的语言文化的国际战略，实现中国的国家意志。

公民文化具有明显的法律意识，相信通过法律可以改变一个人的命运，这是和平解决问题的办法，依法办事，而不是暴力革命，因此，公民文化也是一种契约精神与法治精神。具备公民文化人格的人员其法律意识十分强烈，因为他们习惯于将国家大事跟自己的利益联系起来，并通过法律和制度解决各种人生问题。欧洲史学者陈乐民也指出，公民社会与日耳曼神圣罗马帝国的历史紧密联系在一起，日耳曼神圣罗马帝国是一个法制帝国，一个农民反对封建主，他不用反抗，而是找法庭。公民社会的基础是市民相信法治国家，而不是自己起头反抗社会。[6]这对于国际汉语教师具有重要启示意义，在国际上，当国际汉语教师处于不利形势时，应及时运用所在国的法律武器，维护自己在国际上的合法权益。

六、结语

陆俭明在论述对外汉语教师应有的职业意识时指出，对外汉语教师要树立很强的学科意识和学习、研究意识，还要树立自尊自重的意识。对外汉语教学不仅仅是汉语言文字教学，它必须走以汉语教学为基础的、开放性的兼容整合之路。[7]陆俭明所说的对外汉语教师就是后来国家战略层面的国际汉语教师的概念，他强调的是对外汉语教师的开放整合之路，因此，国际汉语教师的文化人格结构也是一个开放的系统，需要不断完善。

在当下经济全球化与文化全球化的世界中，语言与文化之间的交流越来越频繁，而汉语在与英语的国际竞争过程中，也需要汉语国际教育专业培养更多的能参与全球竞争的优秀人才，也就是具有三重文化人格的跨文化人才。儒家意义上的君子文化人格表现出具有仁义之心、知书达理、谦谦君子的儒家风范，而职业意义上的教师文化人格则表现出热爱教育事业、热爱学生、平等对待学生的教学风格，摆脱国内传统语文课堂以教师为中心的局面，进行公正、平等和民主的教学。法律意义上的公民文化人格则需要学会入乡随俗，具备法律意识，在国际层面，维护国家形象，维护自身合法权益，从而成为一个国际公民。

融合君子文化人格和公民文化人格特征的国际汉语教师的理想文化人格，最终是以教师为核心与中介的，同时，三重人格结构也处于不断发展变化之中。在不同时期不同阶段，国际汉语教师文化人格有不同的表现层面，而国际汉语教师文化人格的发展需要汉语国际教育专业文化人格的支持与前期的培育。

儒家君子文化人格是中国儒家留给我们的宝贵文化财富，而加深对西方民主国家公民文化的了解，促进传统的君子文化人格与现代的公民文化人格的共融共生，构建兼容并包的汉语国际教师多层次文化人格结构，是未来汉语国际教育事业需要持续研究的重要课题。关于在海外孔子学院具体的国际汉语教师文化人格的实践及其跨文化人格冲突的案例分析，笔者将另文讨论。

参考文献：

[1] 孔子学院总部，国家汉办．国际汉语教师标准（中英双语版）[M]. 北京：外语教学与研究出版社，2015：2–86.

[2] 陈仲庚，张雨新．人格心理学 [M]. 沈阳：辽宁人民出版社，1986：50.

[3] 叶浩生．心理学理论精粹 [M]. 福州：福建教育出版社，2000：11–14.

[4] 宣炳善．梁漱溟的文化人格结构及其境界圆融——评《这个世界会好吗：梁漱溟晚年口述》[J]．社会科学论坛（学术评论卷），2007（9）：91–105.

[5] 加布里埃尔·阿尔蒙德，西德尼·维巴．公民文化：五个国家的政治态度和民主制 [M]. 张明澍，译．北京：商务印书馆，2014.

[6] 陈乐民，史傅德．对话欧洲：公民社会与启蒙精神 [M]. 北京：生活·读书·新知三联书店，2009:8–10.

[7] 陆俭明．汉语教员应有的意识 [J]．世界汉语教学，2005（5）:60–64.

The Cultivation and Development of the Major Cultural Personality of Globalization of Chinese Language

Xuan Bingshan

(*College of International Education, Zhejiang Normal University*)

Abstract : The new major of Globalization of Chinese Language based on the old major Teaching Chinese as a Foreign Language is the major to adjust to the new situation of disseminating Chinese language and Chinese culture all over the world. After 5 years of the new major development , the three layers of cultural personalities were gradually formed .They are :Gentleman cultural personality in the field of Confucianism; Teacher cultural personality in the field of teaching career ; Civil cultural personality in the field of law . Major cultural personality and teacher cultural personality , both of them are combined together and become the one entity to meet the challenge of the trend of economic and cultural globalization.

Key words: Globalization of Chinese Language ; major cultural personality; gentleman cultural personality; teacher cultural personality; civil cultural personality

汉语国际教育硕士专业课程设置满意度调查研究

——以浙江省 X 大学为例

唐永宝，王碧华

（浙江师范大学国际文化与教育学院）

摘　要：本文通过对浙江省 X 大学汉语国际教育硕士专业课程设置满意度进行问卷调查与访谈，发现该校在课程设置的实施过程中还存在课时太短、课时集中、班级人数较多、课程实用性不强、课程理论与实践分布不均等问题，同时对此提出建议，也为以后的汉硕课程设置的修订提供参考依据。

关键词：汉语国际教育硕士；课程设置；人才培养

汉语国际教育硕士专业（以下称 MTCSOL 或汉硕）作为一个新兴专业，其培养目标是培养“高层次、应用型、复合型”的国际人才。课程设置是人才培养方案的核心，课程设置是否合理直接决定了培养的学生能否符合时代的发展和社会的需求，关系到汉语国际推广的师资队伍建设。李泉（2009）认为一支专业化、高水平的国际汉语教师队伍是学科建设的关键所在，也是推进汉语国际化的一项根本任务。[1]106 作为第二批开设汉语国际教育硕士专业的院校之一，浙江省 X 大学在《全日制汉语国际教育硕士专业学位研究生指导性培养方案》指导下，结合自身的办学特点、师资力量等因素制订了具体的培养方案，从 2009 年设立至今，已逐渐摸索出了具有地方特色的培养模

基金项目：中国学位与研究生教育学会项目“面向非洲的汉语国际教育师资培养与建设研究”（编号：HGJ201714）的阶段性研究成果。

作者简介：唐永宝（1970—），男，安徽合肥人，浙江师范大学国际文化与教育学院副教授，文学硕士；王碧华（1993—），女，广东湛江人，浙江师范大学国际文化与教育学院硕士研究生。

式，培养出一批批优秀的对外汉语人才。

随着时间的推移、形势的变化，汉语国际教育硕士专业原有的培养模式渐渐不能满足新形势变化的要求，作为人才培养目标得以实现的关键——课程设置亟须调整。李国慧（2014）认为，建设汉语国际教育硕士专业的核心问题是不断调整课程体系建设、优化课程设置。[2]2018年初，全国汉语国际教育专业学位研究生教育指导委员会提出了对现行的汉语国际教育硕士培养方案进行修订的征求意见。鉴于此种情况，我们对浙江省X大学汉硕研究生（中国学生）进行问卷调查和抽样访谈，调查问卷于2018年2月发布，截至2018年5月，回收问卷124份，有效问卷为124份，其中2017级50份，2014级、2015级、2016级共74份。希望能通过调查了解学生对现有课程的态度和看法，并在此基础上为汉硕课程设置的修订提供参考依据。

一、调查结果与分析

（一）必修课程调查统计与分析

浙江省X大学MTCSOL专业学位“必修课程”模块包括学位公共课和学位核心课两部分。

1. 学位公共课

该校汉硕课程开设了政治、外语1、外语2三门公共课。其中外语1主要是公共英语，外语2开设了法语、葡萄牙语等。

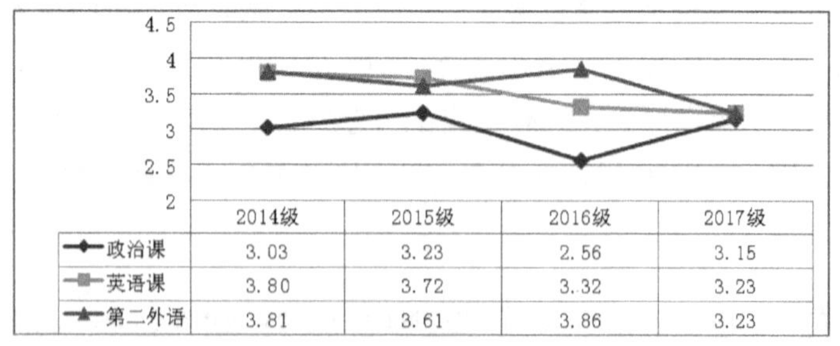

	2014级	2015级	2016级	2017级
政治课	3.03	3.23	2.56	3.15
英语课	3.80	3.72	3.32	3.23
第二外语	3.81	3.61	3.86	3.23

图1　近4年不同年级学生对公共课满意度统计图

图 1 显示，学生对政治课的总体评价一般，2015 级学生对政治课这门课程满意度的评分最高，2016 级最低。近 4 年学生对英语课满意度逐年降低，2014 级学生的满意度平均分最高，2017 级最低。四个年级学生对第二外语这门课的评分，其趋势呈波动走向，2016 级学生的评分最高，2017 级评分最低。

外语公共课教学内容应根据学生的需求提高针对性。根据我们的调查，29.03%（36 人）的学生在入学前具有大学 4 级英语水平，62.9%（78 人）的学生达到大学 6 级，达到专业 4 级的学生占 4.84%（6 人），达到专业 8 级的学生占 8.06%（10 人），雅思 6.0 以上的学生占 1.61%（2 人）。可见大部分学生都具备较好的英语基础。有学生表示虽然已学习英语多年，但所学英语是应试英语或“哑巴”英语，很少真正运用英语交流，运用能力并不强。英语对该专业的学生非常重要，大部分教师要经常使用英语作为课堂媒介语。朱永生（2007）指出：外语课程的重点应在于培养交际能力，其中听说能力的培养则是重中之重。[3] 因此，英语课可将本科知识体系和研究生知识体系有效融合，增强课程实用性。

图 2 显示，认为英语课应该增加日常口语的交际练习、中国文化内容的英语表达教学、课堂教学用语的教学的学生分别占 69.35%、61.29% 和 58.87%，认为应该减少课时的学生仅占 8.87%。

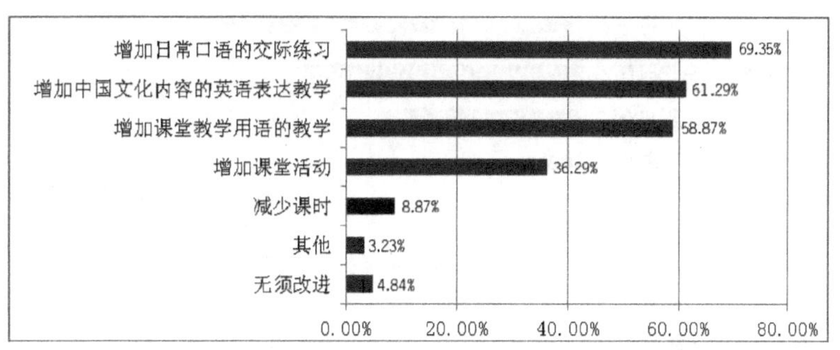

图 2　英语课需要改进的地方

在问及“入学前学习过的第二外语”时，有 32.26% 的学生表示自己没有学过第二外语，27.42% 的学生表示学过日语，17.74% 的学生表示学过法语，少部分学生学过韩语、泰语等。在入学前学过第二外语的学生中，57.80% 的学生第二外语仅有初级水平，30.40% 的学生达到日常交流的水平，9.8% 的学生达到熟练运用第二外语的水平，2% 的学生能够熟练掌握第二外语，如图 3 所示。可见，入学前学生的第二外语能力偏弱，能熟练掌握第二外语的学生人数不多。

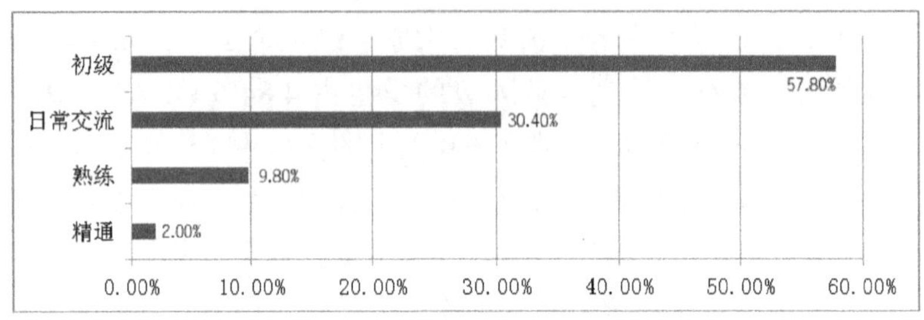

图 3　入学前第二外语的水平

如图 4，目前该校开设的第二外语有法语和葡语。通过和学生交流，我们发现第二外语存在较多问题。80.65% 的学生认为应该更注重日常用语的教学；61.29% 的学生认为应该增加课堂活动，提高趣味性；只有 3.23% 的学生认为无须改进。

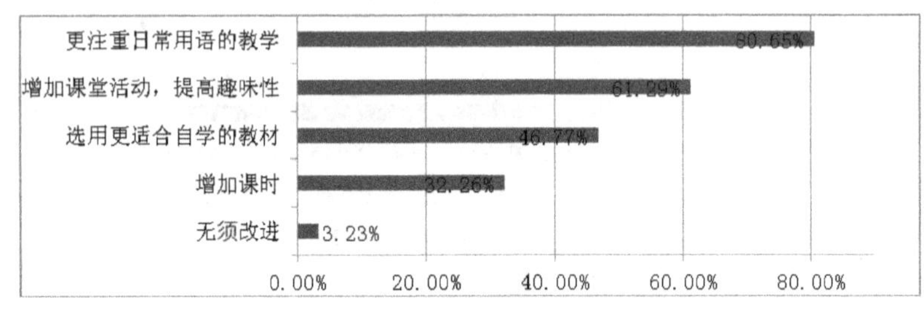

图 4　第二外语教学中需要改进的地方

2. 学位核心课

该校汉硕专业共开设 9 门学位核心课。图 5 显示，学生对学位核心课的满意度相对较高，总体满意度平均值为 4.13，满意度最高的为汉语技能教学观察与实践。

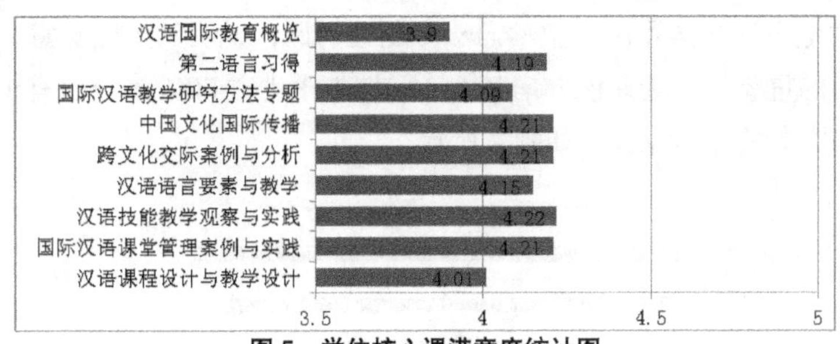

图 5　学位核心课满意度统计图

在问及“现有的核心课程中，是否有必要加大某门课的比重”时，学生认为应该加大比重的前 5 门课程是汉语课程设计与教学设计、国际汉语课堂管理案例与实践、汉语技能教学观察与实践、跨文化交际案例与分析、汉语语言要素与教学。绝大部分学生认为不需要删减某类课程，小部分学生认为有必要删减“汉语国际教育概览”这门课。如图 6 所示。

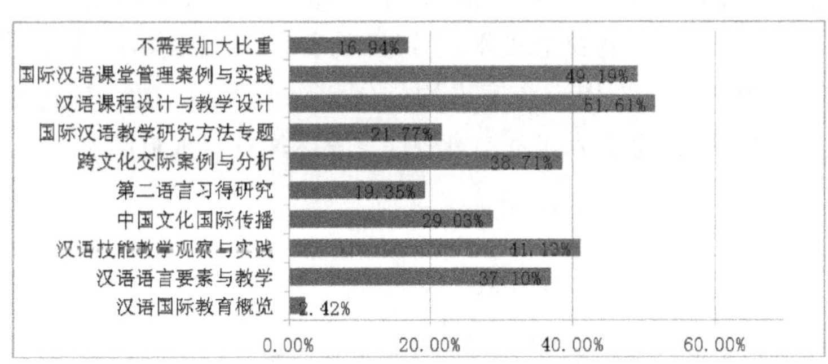

图 6　是否有必要加大某门课程的比重

（二）选修课程调查统计与分析

该校汉硕专业选修课程主要分为三个方向，分别是：汉语教学、文化与传播、教育与教学管理。

1.“汉语教学方向”调查统计与分析

根据该校 2015 年修订的培养方案，汉语教学方向开设的课程有 4 门：国别汉语教材研究与编写、汉语测试与评估、专门用途汉语教学、国际汉语教学语法专题。在“汉语教学方向的课程都可供选择”的理想状态下，超过一半的学生会选择国际汉语教学语法专题这门课，说明学生能够意识到汉语语法学习的重要性。选择该方向其他3门课的学生占40%多，也有少数学生不愿选该方向的任何课程。如图7所示。

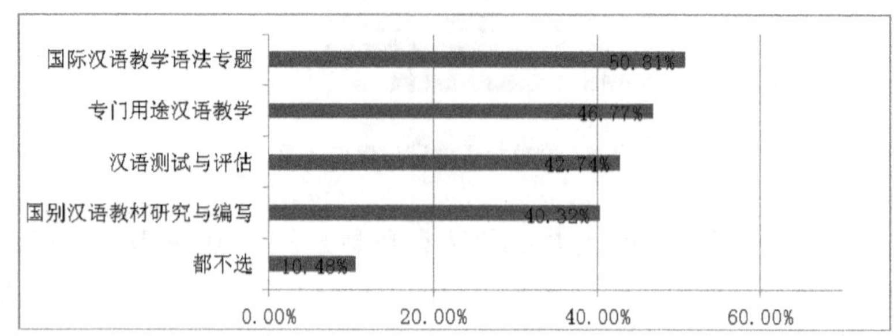

图7　可供学生选择的汉语教学类课程

国别汉语教材研究与编写这门课程在2016级中开设过，学生对该门课程的满意度平均分是3.95。专门用途汉语课在2015级、2016级、2017级中均有开设，2016级的学生满意度平均分最高。国际汉语教学语法专题在2016级和2017级中开设，学生满意度平均分分别为4.11和3.72。通过对比，我们发现专门用途汉语课总体评价相对较低。具体统计数据见图8。

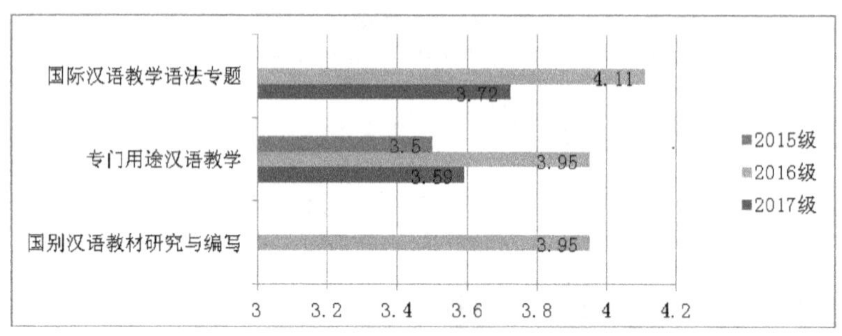

图8　学生对汉语教学方向课程的满意度统计图

汉语国际教育硕士的培养应当采用知识和方法并重的教学理念，即知识类课程与教学方法、教学技能训练类课程并重，具体课程的教学实施也要知识和方法并重，这样才可能更有利于教学技能的形成。李泉（2009）认为大讲、多讲方法和技巧的教学理念不足取，教学方法和教学技能的培养要根据海外汉语教学的实际情况，并考虑实用性问题。[1]112 学生在听课时倾向于接受具有实用性的内容，他们希望能在课堂中学到更多对自己有实际帮助的知识和技能，这样的内容能引起他们的兴趣，课堂教学也更加高效化。

2.“文化与传播方向”调查统计与分析

根据该校2015年修订的培养方案，“文化与传播方向”开设的课程有4门：非洲国家文化与习俗、中华文化专题、外译中国经典选读、中华才艺及其教学。

在“文化与传播方向的课程都可供选择”的理想状态下，绝大部分学生都会选择中华文化专题和中华才艺及其教学两门课，接近一半的学生会选择非洲国家文化与习俗、外译中国经典选读这两门课，说明文化习俗类和才艺类的课程很受学生的欢迎，学生对这些课程的期待很高。

在实际课程安排中，外译中国经典选读仅在2016级中开设过，满意度平均分为3.95；非洲国家文化与习俗在2015级、2016级、2017级中均有开设，对该门课程的满意度最高的年级是2017级；中华文化专题在2015级、2016级、2017级中均有开设，满意度最高的是2017级，最低的是2016级。2016级的学生对中华传统才艺及其教学的满意度最高。具体统计数据见图9。

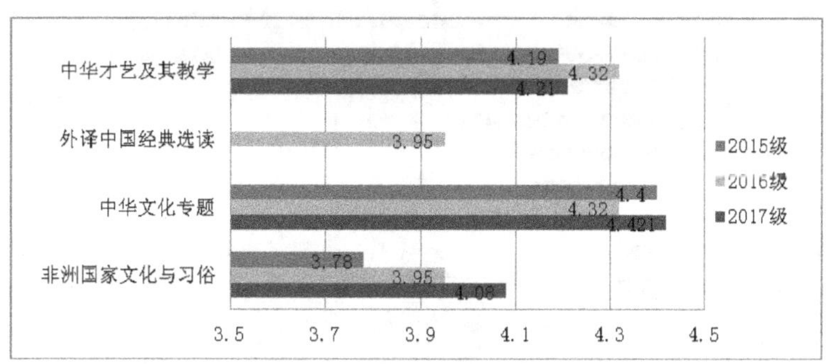

图9　学生对文化与传播方向课程的满意度统计图

在调查“学生实习前掌握的才艺”时，汉硕学生掌握的前3门才艺分别是剪纸、书法和中国结。在实习过程中，外国学生喜爱的4门中华才艺是中文歌、太极拳和武术、剪纸、书法。通过访谈，我们得知乐器也是深受汉硕专业学生欢迎的才艺，一名有乐器才艺的汉硕学生反映当她在海外教授学生吹葫芦丝时，外国学生的反应非常热烈。而对比图10和图11可以发现，才艺的需求和学生实际掌握的才艺并不完全一致，因此在开设才艺课的种类时可以结合学生的需求。

张和生、鲁俐（2006）认为：语言与文化有着共生、相属、相依的密切关系。语言的理解包含着文化的理解，语言的理解需要文化的理解。[4] 国际汉语教师肩负着汉语国际推广的责任，在汉语教学时，若辅以文化教学，能提高学生的学习效率，加深学生对语言的理解。

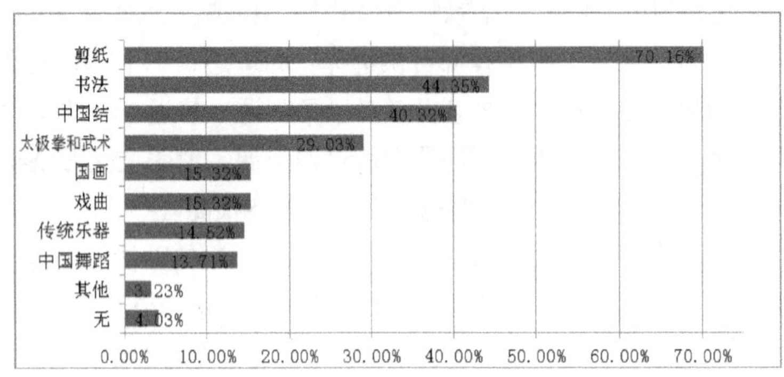

图 10　汉硕生实习前掌握的中国传统文化才艺统计图

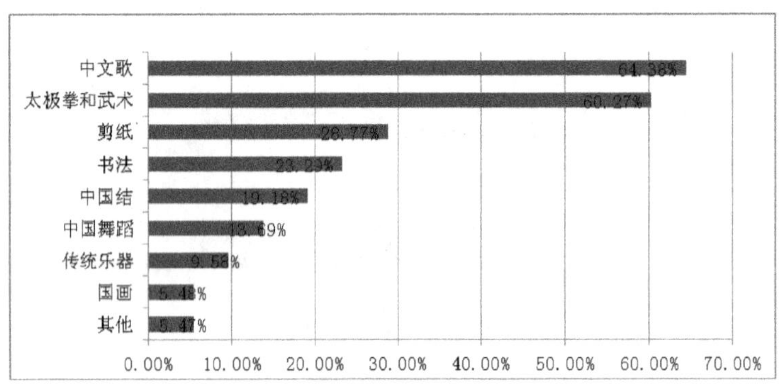

图 11　教学中学生喜爱的中华才艺统计图

3. “教育与教学管理方向”调查统计与分析

根据该校 2015 年修订的培养方案，“教育与教学管理方向”开设 4 门课程：汉语教育技术及教学资源利用、国别汉语教育与传播政策、国际汉语教师发展、海外中小学生汉语课堂教学指南。

在“教育与教学管理方向的课程都可供选择”的理想状态下，分别有 65.32% 和 53.23% 学生会选择海外中小学汉语课堂教学指南和汉语教育技术及教学资源利用这两门课，说明学生对这两门课的期望值很高。也有近半数的学生会选择国际汉语教师发展和国别语言教育与传播政策这两门课，只有少数学生不选该模块的任何课程。

在实际的课程安排中，国别语言教育与传播政策、国际汉语教师发展这两门课程没有开设。汉语教育技术及教学资源利用、海外中小学生汉语课堂教学指南在 2015 级、2016 级、2017 级学生中均有开设。对“汉语教育技术及教学资源利用”这门课，不同年级满意度差别较大，2016 级最高，满意度为 5，2017 级最低，满意度为 3.56。“海外中小学汉语课堂教学指南”课程满意度均在 4 以上。

关于“是否有必要增加选修课”，大部分学生认为有必要在现有选修课程的基础上再增加选修课的数量。学生希望增加的选修课程主要是：国际关系与中外礼仪、偏误分析、近义词辨析、外语教育心理学、国别与地域文化等。

（三）“教学实习”调查统计与分析

该校汉硕的教学实习分为助教见习、微格教学、实地实习三部分。

在问及“助教见习是否有不合理的地方”时，28.46% 的学生认为助教见习时个人讲课机会少；26.83% 的学生认为助教工作手册内容太多；16.26% 的学生认为助教工作内容烦琐、零碎；12.2% 的学生认为助教见习时间太长；也有 14.63% 的学生认为助教见习安排得合理。

在进行访谈时，有老师表示助教工作确实存在一些问题，例如：助教工作只安排在第一学期，时间较短，而且很集中；而第二学期没安排助教，给老师的工作带来一些不便。

关于微格教学的满意度调查，25.2% 的学生认为微格教学偏形式化；20.33% 的学生认为微格教学的操作性不强，效果不大；8.94% 的学生认为实际试讲时间较短；认为试讲时间较长和认为实际试讲机会不多的学生人数相同，占 8.13%。汉语国际教育硕士专业强调应用性，因此在课程设置时应重视实践环节，增加学生实践的机会，提高见习质量。

在问及“实习中遇到的问题”时，57.53% 的学生认为自己缺乏课堂教学方法；34.25% 的学生认为难以适应文化差异；认为教学环境简陋和认为自己不能很好维持课堂教学秩序的学生人数一样，占 30.14%；还有个别学生遇到了其他困难，例如语言交流问题、外方不重视汉语教学、学生学习积极性低等问题。具体统计数据见图 12。

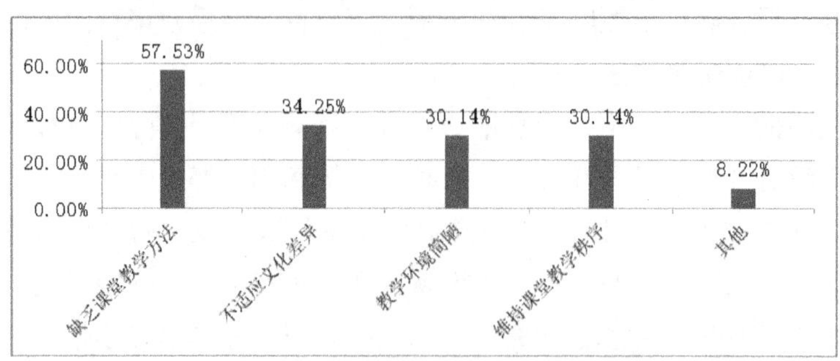

图12　学生在实习中遇到的问题

（四）课程设置总体满意度调查统计

调查显示，该校有12.1%的学生对MTCSOL课程设置非常满意，56.45%学生比较满意，29.84%学生认为一般，1.61%学生比较不满意。我们对学生认为课程设置一般和不满意的数据做了相关统计，如图13所示。

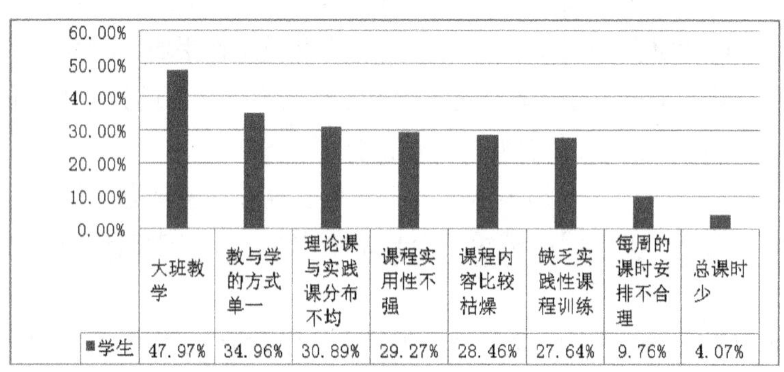

	大班教学	教与学的方式单一	理论课与实践课分布不均	课程实用性不强	课程内容比较枯燥	缺乏实践性课程训练	每周的课时安排不合理	总课时少
■学生	47.97%	34.96%	30.89%	29.27%	28.46%	27.64%	9.76%	4.07%

图13　不满意原因数据统计表

从图13可以看出，学生对课程设置不满意的原因是大班教学，教与学的方式单一，理论课与实践课分布不均，课程实用性不强，课程内容比较枯燥，缺乏实践性课程训练，每周课时安排不合理，总课时少。

二、课程设置建议

通过问卷调查，大部分学生对该校汉硕课程设置是比较满意的，部分学生认为课程一般。田艳（2012）认为课程设置直接影响研究生知识面的广度、深度和研究能力的高低以及能否顺利实现培养目标的要求。[5]结合数据统计结果和访谈情况，我们认为该校汉硕专业在课程设置的细节上还可以进一步优化，以培养出更加优秀的汉语人才。

（一）增设语言学类课程

汉硕专业的课程设置应结合理论与实践，注重培养学生汉语基础知识。通过调查该校的汉硕课程，我们认为在现有的课程体系中，选修课和汉语语言学类的课程偏少，因此我们建议结合导师的研究专长和实际情况，增加语言类选修课的种类和比重，例如增加偏误分析、汉字文化、近义词辨析、语言研究方法论等课程，让学生根据自己的实际需求选择自己需要的课程，这样既能使学生分流，实现小班教学，又能达到因材施教的效果。

（二）丰富文化类课程

汉硕专业的文化类课程主要包含两类课：知识类文化课和才艺类文化课。该校目前设置的知识类文化课中，尚缺少与地域相关的文化类课程。冯丽萍（2008）认为汉硕人才的培养不仅要以培养目标为导向，还要以培养教学技能和文化传播能力为中心，突出应用特色。[6]因此我们建议利用丰富的地域文化资源，适当增加地域文化知识类课程。

通过前文调查我们了解到该校所开设的才艺类课程和学生实际的需求并不一致。孙绮（2011）指出，文化与语言相辅相成。[7]才艺技能的掌握需要长期的学习，学生难以在短时间里熟练掌握至少一门才艺的精华。因此才艺课的开设不应只是让学生浅尝辄止，而是应该让学生深入学习并掌握其中要领，这样才能在进行汉语教学的时候为汉语教师提供更大的便利。我们建议增加才艺课的课时总量和种类，如增设太极拳和武术、书法、乐器（葫芦丝）等课程，丰富学习内容，给学生提供更多的选择。同时，继续开展每周末的才艺兴趣课，鼓励更多有才艺的学生担任小老师，在全专业营造出坚持学习才艺的氛围。只有坚持走特色办学之路，才能在实现指导性培养目标的基础上，着力培养学生的中华文化才艺，使每位学生都具有一项中华文化才艺特长。

（三）加强论文写作指导及外语交际训练

图 14 显示，学术科研能力和外语能力是学生认为自己最缺乏的两大能力。在完成学位论文遇到的困难调查中，有 76.61% 的学生认为自己缺乏研究方向，理论基础和研究能力不足。我们建议加强论文写作指导，提高学生论文写作的质量及学术科研能力。

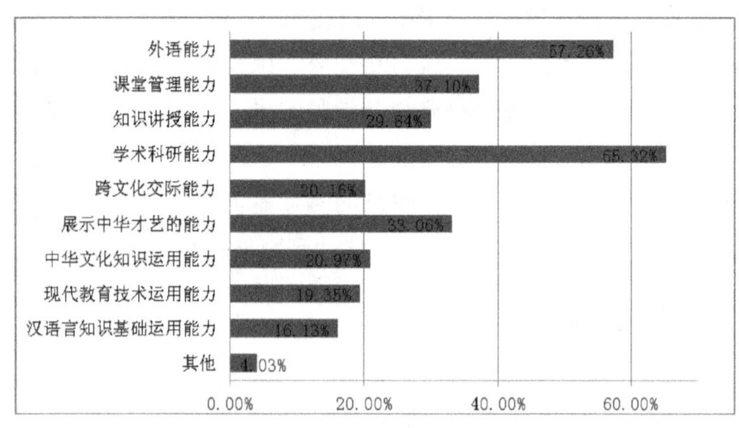

图 14　学生认为自己缺乏的能力

外语课程的核心目标是培养学生的交际能力尤其是听说能力，在培养过程中，要时刻注重将学生的外语听说能力培养放在首位。英语是全球通用语言，掌握一口流利标准的英语将对海外交际带来极大的便利。我们认为应增加中国文化内容的英语表达和课堂教学用语的教学，增加日常口语的交际练习。周有光（1992）认为生活层次、工作层次和文学层次是学习英语的三个层次。这三个层次的基本指标是：能够自由交谈，看报，写信；能演讲，阅读专业文件，发表专业论文；能写，更要写得美。[8] 国际汉语教师的英语水平满足第一个层次即可。

该校培养方案中明确指出重点培养面向非洲地区汉语教学、文化交流的专门人才，该校培养的汉语国际教育硕士主要派往非洲地区担任汉语志愿者，部分派往坦桑尼亚地区实习的学生反映，受当地人英语水平限制，他们用英语进行课堂交流和日常交流比较困难。因此，第二外语应开设派出地区的常用语课程，如斯瓦西里语。同时还应增加小语种的总课时数，将小语种的课程贯穿于学生在校学习的整个阶段。

（四）提升教学实习质量

通过前文的调查，助教见习主要存在个人讲课机会少、见习总时长较短、见习时间集中的问题，因此建议对学生进行分组，均匀分配每位组员的见习时间，将见习时间由原来的一个学期延长为两个学期，这样学生不仅能辅助教师授课，也能通过见习积累课堂教学经验。同时设立助教见习考核评价机制，在学生见习结束之后，对学生见习进行考评总结。

微格教学的目的是为学生提供体验教学对象、教学内容、教学方法和教学效果的机会，发现自己在理论知识和教学能力上的不足。针对该校微格教学时间过于集中、课堂理想化等问题，我们建议将微格教学转到助教见习的课堂上，即到助教见习的班级授课，使学生体验到在真实教学环境中的课堂教学，为以后的实习积累教学经验。

该校每年实习人数较多，实习学生遍及亚、非、欧、美等地区，不同地区的实习环境、条件各不相同，实习生的工作量和工作条件等也存在较大差异，除了需要依靠学生自身调整心态，还需要培养单位加强与实习单位的联系，创设更好的实习条件。此外，针对实习学生普遍缺乏课堂教学方法的问题，我们建议增加课堂教学方法类课程的比重，提升学生教学实习的质量。

三、结语

在当代中国扩大和深化对外开放的背景下，“汉语热”持续升温，汉语学习人数的剧增对师资力量提出了更高的要求，汉硕专业的发展面临着机遇与挑战。能否培养适应新形势的汉语教师、实现人才培养的目标，课程设置得是否合理起着关键性的作用。蒋小棣（2009）认为如果课程设置得合理，受训教师的教学知识将更完备，其教学能力将更有利于达到预期的水平。[9]因此，我们应在把握汉语国际教育硕士专业的学科定位基础上，立足实践，把握契机，合理开设课程，培养出更多优秀的汉硕师资。

参考文献：

[1] 李泉 . 汉语国际教育硕士培养目标与教学理念探讨 [J]. 语言文字应用，2009（3）:105–112.

[2] 李国慧 . 汉语国际教育硕士课程体系构架 [J]. 语文教学通讯（学术刊），2014（2）:13–15.

[3] 朱永生 . 有关汉语国际教育硕士专业课程设置与教学实习的几点设想 [J]. 云南师范大学学报（对外汉语教学与研究版），2007（6）:14–15.

[4] 张和生，鲁俐 . 再论对外汉语教师的素质培养 [J]. 语言文字应用，2006（S2）:163–167.

[5] 田艳 . 基于英国 MTESOL 课程体系对汉语国际教育硕士课程设置的思考 [J]. 世界汉语教学，2012（2）:276–288.

[6] 冯丽萍 . 国际汉语教育人才培养论丛 [M]. 北京 : 北京大学出版社，2008:77.

[7] 孙绮 . 来华留学生“中国人日常生活文化”课程设置刍议 [M]. 北京 ：北京语言大学出版社，2011.

[8] 周有光 . 应用语言学的三大应用 [J]. 语言文字应用，1992（1）:3–11.

[9] 蒋小棣 . 汉语教育课程研究 [M]. 北京 ：世界图书出版公司北京公司，2009:8–9.

Survey on Curriculum Setup Satisfaction for MTCSOL: The Example of One University in Zhejiang Province

Tang Yongbao　Wang Bihua

(*College of International Education*, *Zhejiang Normal University*)

Abstract: Through the questionnaire and interview on the satisfaction degree of curriculum design of Master of Chinese International Education in Zhejiang X University, this paper finds that there are still some problems in the implementation of curriculum design in this university, such as too short class hours, concentrated class hours, large class size, weak practicability of the curriculum, uneven distribution of curriculum theory and practice, and puts forward some suggestions for this, as well as for the revision of the curriculum design of MTCSOL in the future.

Keywords: MTCSOL; curriculum setup; talent training

喀麦隆本土汉语教师职后专业发展的组织支持与现实困境

郑　崧，姆邦希·多瑞斯·纳安

（浙江师范大学国际文化与教育学院；浙江师范大学教师教育学院）

摘　要：教师专业发展离不开组织的外部支持与保障。喀麦隆本土汉语教师职后专业发展的组织环境尚处于培育之中，现有支持系统主要由喀麦隆中等教育部汉语教育督导、雅温得第二大学孔子学院和喀麦隆汉语教师协会这三个组织构成。三者尚未建立伙伴协作关系，在推进喀麦隆本土汉语教师职后专业发展上各自面临着困境，因此难以为喀麦隆本土汉语教师提供有效的跟踪培训。突破困境，提高本土汉语教师在职培训的有效性，有赖于加强组织与制度建设，并建立伙伴协作式在职培训机制，在此基础上构建与本土汉语教师专业发展阶段相适应的培训体系。

关键词：喀麦隆本土汉语教师；职后专业发展；组织支持；现实困境；策略

汉语国际教育师资的本土化和专业化是汉语国际教育事业可持续发展的基础与根本。教师专业发展一方面离不开个人的教学实践与教学反思，另一方面离不开组织的外部支持与保障，这包括创设学习型组织，完善教师

基金项目：教育部人文社会科学研究规划基金项目“非洲孔子学院奖学金项目评估研究”（编号：17YJA880108）成果。

作者简介：郑崧（1973—），男，浙江省金华人，浙江师范大学国际文化与教育学院副教授，博士；姆邦希·多瑞斯·纳安（1986—），女，喀麦隆人，浙江师范大学教师教育学院比较教育专业17级硕士研究生。

专业发展评价制度，建立教师专业发展支持系统，组建教师专业发展学习社群等。[1]2012年，喀麦隆第一批本土培养的汉语教师毕业于马鲁阿大学高等师范学院，同年汉语被纳入喀麦隆国民教育体系，公立中学开设汉语课程。可以说，喀麦隆本土汉语教师正在成为喀麦隆汉语推广的主力军。有研究者认为，喀麦隆本国培养模式下的本土汉语教师职前培养现已初步形成体系，但入职后的教师培训还没有形成体系。[2]确实，喀麦隆的汉语教学与汉语教师教育均刚刚起步，本土汉语教师专业发展的组织环境尚处于培育之中，教师专业发展学习型组织、教师专业发展评价制度、教师专业发展支持体系等仍有待建设与完善。因此，在马鲁阿大学高等师范学院初步建立起多层次的汉语教师培养体系之后，喀麦隆本土汉语教师职后专业发展将成为一个更为突出的问题。本文以组织支持体系为切入点，分析当前支持喀麦隆本土汉语教师职后专业发展所面临的现实困境。

一、喀麦隆本土汉语教师职后专业发展支持系统

当前，喀麦隆本土汉语教师职后专业发展的支持系统主要由喀麦隆中等教育部汉语教育督导、雅温得第二大学孔子学院和喀麦隆汉语教师协会这三个组织构成。

被纳入国民教育体系的汉语教学目前主要是在喀麦隆的公立中学实施，与此相关的事务由喀麦隆中等教育部主管。按照喀麦隆中等教育部组织条例，中学教师专业发展属于教育督导的职责。根据条例，中学开设的每一科目都要有3～4名国家教育督导（National Pedagogic Inspector），相应地，每个省（喀麦隆共有10个省）也应该有至少3名地区教育督导（Regional Pedagogic Inspector），教育督导的职责包括巡视各地的学校，对学科教师进行跟踪并予以指导，定期组织学科教学研讨会，促进学科教师的专业发展等。

喀麦隆公立中学开设了德语、西班牙语、阿拉伯语、意大利语、汉语等五个属于选修课程的外语科目。其中德语和西班牙语的国家教育督导和地区教育督导人数符合要求，阿拉伯语共有2名国家教育督导和5名地区教育督导，意大利语有1名国家教育督导和2名地区教育督导，而汉语只有1名国家教育督导。不同语言科目教育督导人数存在差异，与该语言教育在中学的

普及程度和普及时间有关。西班牙语和德语都是在20世纪60年代开始在喀麦隆的中学开设的，迄今已有50多年的历史。汉语最为年轻，只有7年的时间。因为被纳入国民教育体系时间长短不一，因此这些外语科目在全国中学里的普及程度也不一致，其中西班牙语和德语教学已覆盖全国中学，而阿拉伯语、意大利语、汉语则只是在部分中学开展教学。

相应地，喀麦隆各科教师教育的时间以及教师个人的成长经历也长短不一。而这又直接影响到各级教育督导人员的产生以及配置。就国家教育督导和地区教育督导的任职资质而言，地区教育督导必须要有10年的学科教学经历，而要成为一名国家教育督导，则必须要有15—20年的学科教育经历。正是因为如此，目前喀麦隆中学各语言科目国家教育督导与地区教育督导的人数存在明显的差异。相对而言，汉语被纳入国民教育体系的时间最短，中学汉语教师队伍最为年轻，人数最少。因此，如果严格按照相关规定执行的话，是难以从喀麦隆本土汉语教师中产生地区教育督导的，更不用说产生国家教育督导。

在喀麦隆汉语教师本土化与专业化的发展中，孔子学院起着不可替代的作用。2007年，在发展10年的喀麦隆汉语培训中心的基础上，喀麦隆雅温得第二大学与浙江师范大学合作创办了孔子学院。2008年，雅温得第二大学孔子学院与马鲁阿大学签订协议，在马鲁阿大学高等师范学院开设汉语师范专业，培养本土汉语教师。2009年，喀麦隆马鲁阿大学高等师范学院招收了首批三年制的汉语师范专业学生，2012年第一批14名学生顺利毕业，其中10人被政府分配到各公立中学担任汉语教师，4人到中国留学深造。2014年，马鲁阿大学高等师范学院开设“3+2”汉语师范专业模式，即在三年制汉语师范专业（一级）基础上开设两年制的汉语师范专业（二级）。从汉语师范专业（一级）毕业的学生被授予本科学位，有资格在中学一、二、三年级从事汉语教学；从汉语师范专业（二级）毕业的学生被授予硕士学位，有资格在中学四、五、六年级从事汉语教学。迄今为止，先后有近250名本土汉语教师从马鲁阿大学高等师范学院毕业，并在近90所公立中学开展汉语教学。可以说，从马鲁阿大学高等师范学院汉语师范专业创立以来，雅温得第二大学孔子学院为喀麦隆本土汉语教师的培养提供了全方位的、必不可少的支持。

与此同时，孔子学院也在为喀麦隆本土汉语教师的在职培训提供服务，促进他们的专业发展。2012年，在第一批喀麦隆本土汉语教师入职前，孔子学院在本部为他们提供了为期 10 天的培训，培训的内容主要是如何运用好第一部本土汉语教材《你好喀麦隆》。近些年，孔子学院几乎每年都会利用暑假时间组织研讨班，为喀麦隆本土汉语教师提供了提高汉语教学与中国文化传播能力的宝贵机会。与此同时，雅温得第二大学孔子学院还利用孔子学院总部的项目资金，选送优秀本土汉语教师赴中国高校参加研修。浙江师范大学孔子学院非洲研修中心从 2016 年开始，每年暑期开设喀麦隆本土汉语教师培训班，每一期 30 人左右，目前已培训近 100 名喀麦隆本土汉语教师。

随着喀麦隆本土汉语教师人数的增加以及本土汉语教师专业发展自主意识的增强，他们于 2017 年 8 月 18 日创建了自己的专业协会——喀麦隆汉语教师协会。协会目前没有固定的活动场所，只是利用智能手机聊天工具 whatsapp 与社交网络服务工具 facebook 进行成员之间的交流与联络，因此它实际上是一个虚拟团体。尽管如此，喀麦隆汉语教师协会有着成为喀麦隆本土教师的学习共同体和学习社群的可能性。协会现有会员 140 多人，这意味着并不是所有喀麦隆本土汉语教师都加入了这一协会。部分教师没有加入协会的主要原因是没有智能手机，或者是因为工作地点偏远，手机无法接入网络。协会有一个负责日常管理的执行委员会,但是部分成员被认为处于“睡眠”状态，因为他们没有积极主动地参与协会的管理事务。在协会主席看来，协会处于松散状态的原因是成员分散在全国各地，再加上教师工资低，协会没有活动经费，因此集中开会存在困难。根据协会的工作设想，未来协会应努力实现自身的合法化（使协会成为一个官方机构），并在全国 10 个省全部设立分会，分会承担本地区汉语教师专业发展的部分职责。喀麦隆汉语教师协会成立以后，积极参与汉语教师的专业发展活动。2018 年 7 月 30 日至 8 月 3 日，协会与雅温得第二大学孔子学院、喀麦隆中等教育部共同承办了喀麦隆本土汉语教师的培训。

二、喀麦隆本土汉语教师职后专业发展面临的现实困境

喀麦隆中等教育部汉语教育督导、雅温得第二大学孔子学院和喀麦隆汉语教师协会这三个主要外部支持组织性质不同，在喀麦隆本土汉语教师职后专业发展中发挥的作用和面对的问题也各不相同。

如前所述，喀麦隆中等教育部国家教育督导负责中学教师专业发展事务，当然国家教育督导还承担许多其他工作和任务，也正是因为如此，中学开设的每一科目都应设立3—4名国家教育督导，同时在每个省设立至少3名地区教育督导，协助国家教育督导开展相关的工作。就组织建设而言，喀麦隆汉语教师专业发展处境不利，因为喀麦隆中学汉语目前只有1名国家教育督导，省级没有地区教育督导，以至于在一些省，对汉语教师的督导之责被移交给了德语或西班牙语地区教育督导。因此，部分喀麦隆本土汉语教师对于自身的专业发展前景是悲观的。一名本土汉语教师这样说道："我不知道有任何我现在可以真正谈及的专业发展，因为我们没有地区教育督导。没人来跟踪教师，因为没人做这项工作。在其他地方，其他语言的教育督导对汉语教师进行评价，我接受一名德语教育督导的评价，他承认他不理解我所讲的。对于专业发展，本土汉语教师现在真的毫无例外，唯有冒着失去公务员资格的风险到中国继续深造。"[3]

尽管本土汉语教师专业发展对于喀麦隆汉语教育的可持续发展至关重要，但是喀麦隆中学汉语国家教育督导承认没有能力有效推进汉语教师专业发展，她认为阻碍她完成这项工作存在两方面原因，一是财政困难，二是没有任何团队成员可以协助她开展工作。无论是组织教师专业发展活动，还是到地方巡视中学汉语教师的工作，都需要经费支撑，而且随着开展汉语教学的中学以及本土汉语教师数量的增加，所需经费水涨船高。然而，喀麦隆中等教育部没有提供相应的经费。这名汉语国家教育督导这样解释道："我是负责继续培训，或者要时不时去检查教师如何工作的，但是我不可能用自己的薪水去做这些事情。财政问题在教师继续培训中被证明是一个严重的问题。即使教师工作中有创新，我也不能实地观察他们是如何实现的，汉语教学发展迅速，我难以独自应对。"[4]喀麦隆中等教育部财政资源有限，而在争夺资源的竞争中，汉语无法与西班牙语、德语这些具有悠久教学传统的科目抗衡，更不可能与法语、英语、数学等科目争夺资源。而从管理的角度来说，喀麦隆中等教育部一直没有任命新的教育督导，因此汉语国家教育督导缺少团队，独自一人实在难以应对各项工作。此外，在这名汉语国家教育督导看来，喀麦隆中等教育部与雅温得第二大学孔子学院之间在本土汉语教师专业发展上尚未建立清晰的伙伴关系，这导致她本人在履职时存在诸多困惑。

雅温得第二大学孔子学院在喀麦隆本土汉语教师培养以及专业发展上发

挥着不可替代的作用。不过，对于孔子学院在喀麦隆汉语推广以及喀麦隆本土汉语教师专业发展中扮演的角色,孔子学院本身与喀麦隆的利益相关者（包括汉语国家教育督导、本土汉语教师）的看法并不完全一致。大多数喀麦隆利益相关者希望孔子学院能够通过提供财政支持、教学资料、基础设施以及组织专业发展项目，更为有力地推进喀麦隆各级教育的汉语推广。但孔子学院认为，在促进喀麦隆汉语推广，包括本土汉语教师专业发展上，喀麦隆政府应该发挥主要作用，孔子学院的角色是本土汉语教师的指导者，孔子学院“帮助他们提高汉语水平，而中等教育部负责改善他们的教学环境”[5]。但是从现实来看，如果雅温得第二大学孔子学院缺席喀麦隆本土汉语教师专业发展的话，那么喀麦隆中等教育部是难以有所作为的。

通过在喀麦隆组织本土汉语教师研讨班和在中国组织喀麦隆本土汉语教师暑期培训班，以及组织教学技能竞赛、提供中国政府奖学金等形式，雅温得第二大学孔子学院以及中方相关部门与机构都在力所能及的范围内促进喀麦隆本土汉语教师的专业发展。不过，孔子学院的工作也面临着一系列的挑战。从调查结果来看，喀麦隆本土汉语教师有着强烈的寻求专业发展的动机，他们感谢孔子学院组织旨在促进喀麦隆本土汉语教师能力提升的培训，但同时他们也认为这一培训存在诸多不足。就培训内容而言，有本土汉语教师认为，孔子学院组织的在职培训不够充分，因为它是“静态的而非渐进的”；还有本土汉语教师认为，孔子学院组织的在职培训内容与发展本土汉语教师专业能力的目标不符，因为很多培训内容实际上是在“兜售中国形象”而不是提升本土汉语教师专业水平，解决实际教学问题。[6] 对此，中等教育部汉语国家教育督导也对孔子学院组织的在职培训持保留态度。同时，因为孔子学院组织的本土教师培训主要安排在雅温得、杜阿拉、马鲁阿等中心城市，这使得那些在偏远地区工作的本土汉语教师有种因为没有地区教育督导而被科层制度遗弃的感觉。不过，在本土汉语教师专业发展的责任上，大部分喀麦隆本土汉语教师认为，中等教育部，而不是孔子学院，应负主要责任。[7]

至于喀麦隆汉语教师协会，如前所述，目前它实际上仍是一个虚拟团体，尽管在未来本土汉语专业发展中可以发挥的作用令人期待，但其现状决定了当前它能发挥的作用是有限的。

三、对未来喀麦隆本土汉语教师在职培训的思考

喀麦隆本土汉语教师迫切需要通过继续培训实现专业发展，因为绝大部分本土汉语教师在上岗之前仅有3—5年的正规汉语教育经历，而且在接受正规汉语教育期间，大部分时间也都用在汉语知识的学习上，在汉语教学能力的训练上时间投入很少，在入职初期又没有具有丰富经验的教师来传帮带，一切靠自己摸索。即使是他们的汉语水平，三年制汉语师范专业毕业的汉语教师大多数也只是通过HSK三级，五年制的毕业生一般通过HSK四级或五级。美国学者古斯基（T. R. Guskey）在《评估专业发展》一书中指出，教师专业发展是一种为了加强教师的专业知识、技能及态度所规划的一系列活动，进而改善学生的学习。教师专业发展有三个特性：一是它是一个深思熟虑的、由清晰目标引领的过程；二是它是一个持续学习并接受专业训练的动态过程；三是无论是对教师个人来说还是对组织来说，它都是一个系统的变革过程。[8] 鉴于当前喀麦隆本土汉语教师职后培训组织支持存在严重缺失，与此相关的各组织机构面临着不同的现实困境，因此为了进一步推动喀麦隆本土汉语教师在职培训，相关组织机构应该努力将以下对策付诸实践。

（一）加强本土汉语教师专业发展的组织与制度建设

当前喀麦隆本土汉语教师主要分布于喀麦隆公立中学，因此喀麦隆中等教育部是本土汉语教师专业发展的直接和首要责任者。强化本土汉语教师专业发展组织支持，喀麦隆中等教育部当前首先要解决的是国家与地区汉语教育督导严重缺编的问题。两年前，为了解决阿拉伯语、意大利语和汉语这些科目督导人数不足的问题，喀麦隆中等教育部负责外语教育部门的领导曾致信部长，建议将教育督导任职资质中的至少具有10年学科教育经历的规定调整为7年，以便能够产生更多的教育督导后备人选，解决地区教育督导职位长期空缺的问题。只有解决了这个问题，国家教育督导才能够在地区教育督导的协助下全面开展各项工作。然而，这一吁请一直未得到回应和落实。而不解决这一问题，喀麦隆汉语教育督导职位的空缺状况仍将持续数年。创设学习型组织、完善教师专业发展评价制度、建立教师专业发展支持系统、组建教师专业发展学习社群等事关本土汉语教师专业发展的组织与制度建设都

无从谈起，就连最基本的对本土汉语教师的跟踪与指导也无法落实。如果国家与地区汉语教育督导严重缺编问题在现行制度下无法马上得到解决，那么喀麦隆中等教育部国家汉语教育督导应支持和指导喀麦隆汉语教师协会的建设，在信息收集与组织动员等方面充分发挥其作用。

（二）建立长效的跟踪培训协同合作机制

教师教育的实践转向要求教师培训更多地关注教师实践和长期提升。这就需要培训者更多地了解培训对象的实际教学情况，长期地跟踪了解教师教学的改善，并及时给予指导与帮助。因此，跟踪培训的重要性就越来越受到关注。而有效的跟踪培训需要在各利益相关者之间建立良好的协作伙伴关系。在这种关系中，伙伴之间通过共享资源来实现共同商定的目标。如前所述，在喀麦隆本土汉语教师的职后专业发展中，喀麦隆中等教育部汉语教育督导、雅温得第二大学孔子学院、喀麦隆汉语教师协会均参与其中，然而当前三者虽有合作，但其关系还不算不上真正的伙伴协作。喀麦隆本土汉语教师专业发展主要责任者——中等教育部汉语教育督导缺乏实施跟踪指导与组织培训的能力；作为当前主要的培训者——雅温得第二大学孔子学院因为与中小学的隔离，而对中学汉语教师的实际教学情况与实际需求缺乏了解；作为专业团体的喀麦隆汉语教师协会则因缺乏资源与合法性而难以在信息收集与培训组织等方面发挥应有的作用。三方合作缺乏有效性导致现有的汉语教师在职培训在培训活动的计划性、培训内容的针对性、培训对象的覆盖面以及支持组织责任的清晰性等方面都存在问题。建立有效的伙伴协作有助于增进培训的目的性、计划性、长期性和专业性。当然，这并不容易。协作式的跟踪培训是一项复杂的系统工程，“除各方参与人员需要提升自己的能力和改善态度等内在努力外，应借助伙伴协作的形式，激发协作发展的动力，突破现有的协作文化缺失的障碍和传统教师培训体制机制，建立长效的跟踪培训协作机制”[9]。只有在喀麦隆中等教育部汉语教育督导、雅温得第二大学孔子学院、喀麦隆汉语教师协会、马鲁瓦大学高等师范学院以及汉语教师之间建立多方联动的、长效的合作协同机制，才能保证喀麦隆本土汉语教师在职培训的质量和跟踪培训的顺利实施。

（三）构建与专业发展阶段相适应的培训体系

“教师在一定年龄阶段和专业发展阶段会反映出一些典型的心理、认识与能力等方面的特点，这些典型特点的出现，标志着教师专业发展质的变化，体现出其中的阶段性。”[10] 对此，国内外学者从不同角度来研究教师专业发展阶段，也提出了各种不同的观点。但不论哪一种观点，共识是在不同的发展阶段，教师面临的专业发展问题不同，其专业发展的需求亦不同。绝大部分喀麦隆本土汉语教师从事汉语教学不到 7 年，在整个职业发展生涯中，如傅树京的看法，他们仍处于适应与探索阶段，并逐步开始步入建立阶段，但还远未达到成熟与平和阶段[11]，或者如美国学者柏林纳（David C. Berliner）的看法，他们仍处于新手或高阶新手阶段，开始逐步胜任自己的工作，但还未达到能手和专家阶段。[12] 对于这些新手教师来说，专业知识、课堂教学与管理能力的欠缺是最为突出的。因此，必须构建与新手教师专业发展相适应的培训体系。换言之，要根据这些汉语教师专业发展特点确定培训内容与方式，满足他们的需要。与此同时，要保证前后培训阶段的衔接，保证培训目标与要求是螺旋式上升，而非静止不变的。

越来越多的国家像喀麦隆一样，将汉语纳入本国的国民教育体系中，本土汉语教师也逐渐成为这些国家汉语推广的主力。在这种情形下，有效的、高质量的本土汉语教师专业发展是提高这些国家汉语课堂教学质量、保证汉语推广可持续发展的关键。各国家影响教师专业发展的组织与制度环境有其特殊性，我们需要加强研究，探索中方相关组织机构与外方组织机构建立伙伴协作的方式，在力所能及的范围内为其他国家本土汉语教师提供有效的在职培训，促进他们的专业发展。

参考文献：

[1] 李娜 . 高校教师专业发展过程中组织支持的缺失与应对 [J]. 现代教育管理，2016（8）:79–83.

[2] 常亚南 . 喀麦隆本土汉语教师专业发展调查分析 [D]. 金华：浙江师范大学，2017.

[3] MBANGSI，DORIS NAIN.Professional Development of Local Chinese Language Teachers in Cameroon [D]. 金华：浙江师范大学，2019：52–94.

[4] MBANGSI，DORIS NAIN.Professional Development of Local Chinese Language Teachers in Cameroon [D]. 金华：浙江师范大学，2019：52-94.

[5] MBANGSI，DORIS NAIN.Professional Development of Local Chinese Language Teachers in Cameroon [D]. 金华：浙江师范大学，2019：52-94.

[6] MBANGSI，DORIS NAIN.Professional Development of Local Chinese Language Teachers in Cameroon [D]. 金华：浙江师范大学，2019：52-94.

[7] MBANGSI，DORIS NAIN.Professional Development of Local Chinese Language Teachers in Cameroon [D]. 金华：浙江师范大学，2019：52-94.

[8] T.R.Guskey.Evaluating Professional Development[M]. Thousand Oaks，California：Corwin，1995.

[9] 宋岭，许泽想 . 基于伙伴协作的跟踪培训：理念、困境与实践策略 [J]. 教育理论与实践 . 2019（4）:47.

[10] 傅树京 . 构建与教师专业发展阶段相适应的培训模式 [J]. 教育理论与实践 . 2003（6）:39-43.

[11] 傅树京 . 构建与教师专业发展阶段相适应的培训模式 [J]. 教育理论与实践 . 2003（6）:39-43.

[12] David C. Berliner.The Development of Expertise in Pedagogy[R]. American Association of Colleges for Teacher Education，1988. https://files.eric.ed.gov/fulltext/ED298122.pdf.

Organizational Support and Practical Dilemma of Professional Development of Local Chinese Teachers in Cameroon

Zheng Song, Mbangsi Doris Nain

(*College of International Education, Zhejiang Normal University* ; *College of Teacher Education, Zhejiang Noramal Univeristy*)

Abstract: Teacher professional development is inseparable from the support and guarantee of external organization.The organizational environment for professional development of local Chinese language teachers in Cameroon is still in the process of cultivation. The existing support system is mainly composed of three organizations, namely, the pedagogic inspector of Chinese language of the Ministry of Secondary Education of Cameroon, Confucius institute of Yaounde University II and The Chinese Teacher's Association of Cameroon.They are facing different difficulties in promoting the in-service professional development of local Cameroonian Chinese teachers. They have not established partner collaboration, so it is difficult to provide effective follow-up training for local Cameroonian Chinese teachers.To break through the dilemma and improve the effectiveness of local Chinese language teachers' in-service training depends on strengthening the construction of organization and system, and establishing the in-service training mechanism of partner collaboration. On this basis, a training system suitable for the professional development stage of local Chinese language teachers is constructed.

Key words: local Cameroonian Chinese teacher; in-service professional development; organizational support; practical dilemma; strategies

莫桑比克初级汉语学习者学习习惯的调查及教学建议

张　瀛，冯　琦

［浙江师范大学国际文化与教育学院；瞬联软件科技（北京）有限公司］

摘　要：论文首先运用问卷调查法，从课前、课堂、复习、作业及自主学习这五个方面对莫桑比克初级汉语学习者的学习习惯进行了总体分析，然后将学习者按照年龄以及学习类型分类并对比分析其学习习惯的差异性。在此基础上，结合平时观察以及对学习者的进一步访谈，对莫桑比克汉语教学提出一些建议：①课前习惯方面：树立榜样，注重引导监督。②课堂习惯方面：改善教学，提高教学效率。③复习习惯方面：各司其职，丰富复习方式。④作业习惯方面：学生为本，端正作业态度。⑤自主学习习惯方面：因地制宜，创新学习途径。

关键词：莫桑比克；初级汉语学习者；学习习惯；教学建议

一、引言

随着中国和莫桑比克日益频繁的合作与交流，会说汉语已成为该国年轻人求职的一大优势。虽然学生有较强的学习动机，但一些不良的学习习惯影

基金项目：全国教育科学规划教育部重点课题“汉语国际推广背景下对外汉语教科书的域外适切性研究”（编号：DDA140205）阶段性研究成果。

作者简介：张瀛（1971—），女，黑龙江省齐齐哈尔市人，浙江师范大学国际文化与教育学院副教授，硕士；冯琦（1993—），女，河南焦作人，瞬联软件科技（北京）有限公司，硕士。

响了汉语学习的效果。这种现象引起了笔者的思考：学生在学习汉语时究竟有着怎样的学习习惯？不同年龄、不同类型的学习者汉语学习习惯是否有差异？学习者产生这些学习习惯的原因又是什么？通过对学习习惯的调查，会对汉语教学有哪些启示？

目前关于学生学习习惯的研究成果非常丰富，但研究内容多集中在对国内不同学科学生的学习习惯进行调查和分析，或者是从学习习惯的概念、测量、分类、重要性及培养这五个方面进行探讨。针对海外汉语学习者学习习惯的研究较少，而对非洲汉语学习者学习习惯的研究更是少有涉及。因此，本文以莫桑比克初级汉语学习者为研究对象，调查分析其汉语学习习惯，并根据调查结果在教学方面提出一些改进策略。希望本研究能为汉语教学在莫桑比克的发展提供一些可参考的数据以及可借鉴的方法。

二、研究设计

（一）调查对象

本文的调查对象包括莫桑比克蒙德拉内大学孔子学院和贝拉赞比西大学教学点的初级汉语学习者。共发放问卷53份，收回有效问卷50份（具体数据见表1）。同时笔者抽取了8位初级汉语学习者进行访谈，其中：20岁以下、21~34岁以及35岁以上分别是3位、3位、2位；中学生、大学生以及社会人士分别是3位、3位、2位。

表1　调查对象情况统计

调查对象情况		人数	百分比
年龄	20岁以下	21	42%
	21~34岁	18	36%
	35岁以上	11	22%
类型	中学生	21	42%
	大学生	15	30%
	社会人士	14	28%

（二）调查设计

调查目的一是了解莫桑比克初级汉语学习者学习习惯的总体情况，二是按照学习者年龄和学习类型分类并对比分析其学习习惯的差异性。问卷设计主要参考了严优琴（2011）[1] 对问卷的编制方法，同时还参考了李亚（2016）[2] 以及李晓丽（2008）[3] 对学生学习习惯的维度划分。笔者结合莫桑比克汉语学习者的实际情况，设计与汉语学习习惯相关的问题，最终形成了《莫桑比克初级汉语学习者学习习惯调查问卷》。问卷翻译成葡萄牙语，便于调查对象填写。调查数据录入后，由 Microsoft Excel 2010 电子表格系统进行分析。

在对问卷进行统计分析之后，笔者又从预习、课堂表现、复习、作业以及课后学习汉语途径等方面确定了访谈提纲，进一步了解学生汉语学习习惯的形成及其原因。

三、调查结果分析

（一）初级汉语学习者学习习惯的总体分析

1. 课前习惯的分析

预习习惯方面，一半的学生课前不预习。经进一步了解，没有汉语课本，是不预习的一个最主要原因。能够坚持每次预习的人数只有 8%。经常预习以及偶尔预习的人数分别占 24% 和 18%。笔者也调查了学生对预习的看法，其中 82% 的学生认为“课前预习很重要”，但是也有 18% 的学生认为“预习很麻烦”“不知道老师下节课讲什么内容，所以不预习”“无所谓，只要上课认真听讲就行”。

关于预习方式的调查只针对有预习习惯的 25 名学生。从数据上看，虽然学生有预习的习惯，但是只有 18% 的学生比较认真，会做笔记并把不懂的地方圈出做标记。14% 的学生仅将新的内容读几遍，不能达到很好的预习效果。其余 68% 学生的预习方式敷衍了事，根本达不到效果。总体来说，虽然学生赞同课前预习这样的学习方式，但完成情况并不理想。由于使用的汉语教材只有英语翻译，而英语较好的学生也只有小部分，大部分学生只会说一点或者一点也不会。这样就增加了学生理解的难度，容易使其产生畏难心理。因此，大部分人只能做到简单地看一下新课的内容。

在课前等待方面，从调查数据上看，近一半学生的习惯很好，在课前都可以准备好上课的工具，然后看着自己的笔记等待上课。这与笔者平时的观察以及和其他任课老师交流的情况相符。此外，还有16%的学生会问老师一些关于汉语的知识，一般这样的学生性格都很外向，善于表达，渴望了解更多的知识。

2. 课堂习惯的分析

笔记习惯方面，88%的学生选择记笔记，10%偶尔记笔记，只有2%不做笔记。由于条件有限，教材在当地的价格又比较昂贵，上课时使用教材的当地学生寥寥无几，因此很多学生都是将课堂上老师所讲的内容记到笔记本上，以方便课后复习。也正因为如此，当地学生在做笔记方面普遍表现很好，学生也习惯了做笔记的学习方式。

听讲习惯方面，从调查数据可以看出，70%的学生在汉语课上都能认真听讲。大部分选择学习汉语的学生都是因为对汉语感兴趣。而其他30%的学生在听讲时就不够认真，这说明还有一小部分学生认真听讲的意识不够强，因此教师在课堂中更应注意提醒那些游离于课堂外的学生，让这些学生认识到自己不良的学习习惯。

3. 复习习惯的分析

30%的学生“每次都会复习”，36%的学生选择“有时间的话就复习”，而这其中也包括了不复习的可能性，因此结合另外两个选项“如果听懂了就不复习”以及“不用自己复习”综合来看，学生在学习汉语时，课后复习的情况不是很好。笔者和其他教师也曾经讨论过这个问题，课堂上所教的内容，学生都说听懂了，但是再上课提问时，几乎全部忘记了，教师又要花费大量时间去复习，导致课堂效率很低。

4. 作业习惯的分析

学生做作业的情况不理想。38%的学生是根据自己的意愿去完成的，态度不够端正。还有10%的学生虽然也写了作业，但是却不按照老师要求写，不是少写漏写就是写成其他内容。24%的学生写完不检查，作业质量不高。认真完成的只占28%。

5. 自主学习习惯的分析

学生对课后主动学习汉语的看法比较消极，82% 的人认为课后主动学习汉语“没有必要或作用不大”。因为汉语对学生来说只是一门兴趣课，课堂以外几乎用不到汉语。同时又因为条件有限、语言障碍等，学生学习汉语的最主要途径还是在课堂上。

在课后汉语学习途径方面，52% 的学生只凭借课堂笔记。而在查阅汉语学习资料方面，虽然有 48% 的学生通过网络寻找，但仍有 52% 的学生因为条件限制没有更好的查阅途径。总体来说，学生课后主动学习汉语的习惯还有待改善。在课后学习汉语的方式上，选择“朗读”的人数最多，其次是“对话”，而选择“书写”的人数最少。

从总体上看，学生对待课后自主学习不够重视，同时在学习汉语以及查阅汉语资料的途径选择方面也受条件限制。

（二）不同汉语学习者学习习惯的对比分析

1. 不同年龄学习者学习习惯的分析

（1）课堂学习习惯方面。记笔记方式方面，35 岁以上的学习者 73% 倾向“一字不落地抄到本子上”，选择这一选项的年轻人中 20 岁以下的占 48%，21 ~ 34 岁之间的占 44%。虽然这一习惯可以保证课后根据详细的笔记进行复习，但是学生做笔记比较慢，会占用课堂时间，从而降低了课堂效率。此外，28% 的 20 岁以下学习者和 39% 的 21 ~ 34 岁的学习者更喜欢“自己总结，将看到的以及听到的关键知识记下来”，说明这部分学生在学习汉语过程中有独立思考的学习习惯，这有利于学生更好地提高汉语水平。

课堂活动方面，没有轮到自己时，学生的表现也有很大差异。选择“只是看其他人做游戏”的人中 35 岁以上所占比例最多，同时也是最容易“看几组之后就不看了”，而且在“认真看并观察有没有错误”时比例为 0。主要原因在于学生年龄偏大，跟同班其他学生相比，他们会觉得游戏比较幼稚，而且反应也没有其他学生快，其精力、记忆力以及观察能力都相对较弱，所以在游戏环节才会表现得过于懈怠。

在课上“其他同学回答问题时”，35 岁以下的学习者表现较好，会“在心里默默思考答案”或“认真听并思考对错”。35 岁以上的学习者更偏向抄板书，其中一部分原因是他们年龄较大，在做笔记方面相对较慢。同时在每个年龄段也都有少部分学生什么也不做。这样的习惯不利于学生的学习，教师在教学过程中要注意提醒学生认真听其他学生的回答。在“其他同学回答不出来老师提的问题时”，大多数学生的做法是“知道答案就说，不知道就不说”。18% 的 35 岁以上学习者喜欢“和别人讨论”，但是在“无论对错都会说”这一选项中则为 0。因为学习者年龄较大，所以与其他年轻的学习者相比，内心会有更多顾虑，也喜欢询问别人。教师在教学中要善于引导学生说出答案，培养学生敢于尝试的习惯。而 35 岁以下学习者则不喜欢和别人讨论，说明这个年龄段的学生更加喜欢自己思考问题。

（2）复习习惯方面。20 岁以下的学习者在“复习重点难点”的选项中所占比例最高，35 岁以上的学习者在“所有的都复习”的选项中所占比例最高。因为年龄较大，接受能力相对较差，因此想要复习得更加全面。在“随便看一下”这一选项中 35 岁以上学习者人数也最多，同时这一群体没有人选择“复习自己不会的知识”。除了 35 岁以上的学习者，其他两个年龄段也有不少学生在复习时“随便看一下”，这说明部分学生对复习不够重视，没有一个好的复习方法。

在知识总结方面，“每一课学完后进行总结”的选项中 35 岁以上学习者所占人数最多（36%），同时又是选择“不总结”人数最多的群体（46%）。35 岁以下的学习者习惯“有时间的话再总结”或“考试前总结”，此外，1/3 的人没有总结习惯，少部分人会选择“每一课学完后进行总结”。

（3）作业完成情况。21 ~ 34 岁的学生作业完成情况较好，45% 的人作业写完之后会认真检查一遍。43% 的 20 岁以下的学生会把老师布置的作业完成，但不会认真检查，这一方面因为态度不认真，另一方面学生作业比较多，汉语课不是主课，得不到重视。73% 的 35 岁以上的学习者则是“想写就写”，其中很大一部分原因是年龄较大，再加上其他事情，因此没有足够的精力完成作业。除此以外，不理解老师的作业要求也是学生没有完成作业的原因之一。

（4）学习方法交流方面。分析显示，35 岁以上的学生更习惯向学习好的学生询问，因为年龄较大，反应有点慢，再加上有的人只会一点英语，所以更倾向询问学习好的学生。而 20 岁以下的学生习惯互相分享，因为学生年龄层较低，比较喜欢交流展现自己。21 ～ 34 岁的学生则不习惯向别人询问，也不和别人交流。

2. 不同类型的汉语学习者学习习惯的分析

笔者根据莫桑比克的实际教育情况，将汉语学习者分成三个类型：中学生、大学生以及社会人士。因为经济条件有限，一部分中学生和大学生都是在工作之后有了足够的经济能力才开始上学，因此一些学生的年龄比较偏大，而在社会人士中，也有年龄偏小的学生，这也是笔者将学习者进行分类的原因。

（1）课堂习惯方面。86% 的大学生和 62% 的中学生有问题时会在课上或下课后请教老师。社会人士则较少提出问题。课堂上，其他同学回答问题出错时，大学生选择“立即纠错”和“老师问了之后再纠错”的比例为 87%，中学生占 52%，而社会人士只占 36%，64% 的社会人士只是等待老师纠错或无所谓。这是因为大学生和中学生接受能力较强，反应较快，也更适应学校的学习环境，而社会人士因为平时在校学习时间短，这些方面相对较弱。

（2）复习方式对比。社会人士比较习惯老师带领复习，大学生在选择“老师带领复习，自己也复习”选项中所占的人数最多，中学生在“和同学一起复习”选项中人数最多。这是因为社会人士课外学习时间有限，因此更倾向老师带领复习。而大学生独立学习能力较强，可以在老师复习的基础上再进行巩固。中学生年龄较小，和同学一起复习更加轻松。

（3）作业时间对比。60% 的大学生习惯回家后立即做作业，另外 40% 选择“上课前做完”。50% 的社会人士习惯有时间的话再写，这也意味着他们并不是每次都能完成作业，主要原因是没有足够的精力。中学生选择“回家后立即做作业”和“上课前做完”的占 52%，其余 48% 选择“有时间的话再写”或“所有事情做完后再写”。

（4）自主学习习惯对比。88% 的大学生在运用学过的汉语知识时习惯跟同学练习，中学生不仅习惯跟同学练习，也习惯和老师交流、与家人分享。社会人士则习惯“只在课堂上说汉语”。大学生喜欢交流和分享，能够结合所学知识在日常生活中进行运用。中学生大部分年龄较小，性格活泼外向，敢于用汉语交流。而社会人士接受能力比较弱，生活中也没有时间去运用，这也是造成三者差异的原因。

此外，80% 的大学生课后学习汉语的时间比较自由和随意。中学生在“晚上睡觉前学习”选项中所占比例最多。社会人士则习惯早上或者在所有事情都忙完之后再学习，因为他们学习的时间相对来说不够宽裕，只能在自己空闲的时间去学习，然而这其中也包括没有空闲时间的可能性。

（三）学习习惯的形成及原因分析

课前习惯方面，大多数人表示不能预习的主要原因是“没有课本、没有时间、要照顾家庭以及做其他科目的作业”。

课堂习惯方面，第一，学生总体对待抄板书的态度很积极，但是学生没有利用抄板书的时间去记忆的习惯，如果学生可以利用好上课的时间，那么在学习汉语的过程中会得到事半功倍的效果。第二，由于记笔记的速度不一样，提前做完笔记的学生也会有不同的表现：多数学生表示自己一般会“等待”，个别学生会“检查有没有抄错，然后进行记忆或者复习”。第三，课堂纪律方面，在笔者访谈的8个学生中，只有两个学生表示“从未被点过名”，其他学生都有过因为课堂上走神而被老师点名的情况。而他们走神的原因一方面是因为“讲到听不懂的地方就不想听了、坐得时间久了有点累、自制力比较差”，另一方面则是因为“老师讲的内容太无聊，没有兴趣”。

复习习惯方面，所有被访者都很赞同复习这样的学习习惯。笔者进一步询问学生是否每次都会复习，只有一个学生表示“是”，其他学生表示不能每次都复习的主要原因是“没有时间，我还有其他课程及事情要做”，也有学生认为“自己太懒，不想复习”、

“老师讲的没听懂，所以就不想复习。”这也是汉语课教学内容重复率较高的原因。

作业习惯方面，学生表示一方面是因为自己没有理解老师所布置的作业，而且没有更多的时间做汉语作业；另一方面是因为自己对汉语不够重视，觉得不写也没关系。

自主学习习惯方面，第一，笔者对学生“是否会在课堂以外的时间说汉语”进行了解，多数学生表示“不常说，即使和同学说，也只是说一点简单的词语或者句子”；个别学生表示“去中国超市或者看到中国人时，会尝试着说几句学过的汉语”。学生认为除了课堂以外，学过的汉语几乎没有可以练习的机会，这样会使学生觉得学习汉语作用并不大，这也是学生不能坚持学习汉语的原因之一。第二,笔者对“是否在课堂以外主动看中国电影”进行访谈，大部分学生表示“很喜欢李连杰、李小龙和成龙，非常喜欢中国功夫”，但是问及自己是否会主动看中国电影的时候，只有少部分学生表示会看。这一方面是因为网络不发达，没有途径可以看，另一方面很多电影没有葡语版本，

只有中英版本，这就使那些英语不太好的学生降低了看电影的积极性。第三，关于学生“是否主动查找过和汉语相关的书籍或者资料”,大部分学生表示“没有查找过”，主要是因为莫桑比克本地关于汉语的书籍非常少，没有途径可以查，只有个别学生会通过网络或者手机 APP 进行查找以及翻译。第四，关于学习汉语的计划，有的学生表示目前的小计划就是“每天都尽量学习一点汉语，即使是复习课堂笔记”；有的学生表示自己的汉语学习计划就是“学好汉语，申请到奖学金，然后去中国学习其他专业”，或者“从事翻译工作，去中国旅游”；也有学生表示“自己没有什么特别的学习计划，每次都是等到忙完了其他事情之后，有时间的话再学习汉语”。

四、教学建议

（一）树立榜样，注重引导监督

一是发挥榜样的作用。只有改变思想，才能改变行为。[4] 虽然在调查学生对待预习的看法时，几乎所有人都认为预习很重要，但是实际上做到每次都坚持预习的人却寥寥无几。这说明空洞的说教没有得到学生的认可，只有学生亲自实践才会认识到预习的重要性。教师可以在班级里寻找主动预习、成绩优异的学生做榜样，并且要多表扬和鼓励其他学生，从而激发他们预习的主动性和积极性。

二是及时指导学生预习。经过调查以及平时观察笔者发现，很多学生的预习就是看一下要讲什么内容即可，这样的做法也只是一个形式而已。因此在布置预习内容时，要明确具体的预习目标，比如：告诉学生在预习过程中要把最基本的词语以及课文读熟，要把不理解的词语或者句子做好标记等。

三是结合实际，为学生准备预习材料。调查发现，学生不预习的原因之一是没有教材。因此，在条件允许的情况下，教师可以提前为学生准备好预习材料。如果班级人数过多，也可以进行分组，一个小组发放一份打印材料。另外，为了方便学生理解，还可以把课本上的翻译打印出来，让懂英语的学生帮助其他学生理解，利于学生间互帮互助。老师也可以对教材内容做简化处理，多给学生例句和解释，降低学生理解难度。

四是检查督促双管齐下。学生对预习的兴趣会随着时间的推移而逐渐降低，久而久之就会厌烦甚至放弃，所以要加强对学生预习的检查和督促。在汉语课堂上，教师可以在每节课的开始对学生的预习情况进行检测，对预习工作做得较好的学生给予表扬和鼓励，使其获得成就感。同时将预习检测的分数计入平时成绩，以引起学生对预习的重视。

（二）改善教学，提高学习效率

一是明确板书重点，合理分配时间。由于没有教材以及 PPT，所以笔记成为学生最主要的学习资料。笔者在调查中发现很多学生尤其是 35 岁以上的学习者习惯将板书一字不落地抄写，而个别学生做笔记比较慢，即使班级人数不多，做笔记的过程也占用了不少时间。因此，建议教师在上课时告知学生板书重点，并留给学生固定的时间抄板书，这样可以避免一些学生在老师讲课时忙着做笔记。除此以外，教师也要合理利用空余时间，让提前做完笔记的学生准备接下来的教学任务，并提醒学生一边抄写一边记忆。

二是提问方式多样化，化被动为主动。调查结果显示：35 岁以上的学习者在其他人回答不出问题时因为害怕答错而不敢回答；社会人士在纠错时表现得不够主动。教师可以采取多样化的提问方式。比如，其他人回答不出问题时，鼓励 35 岁以上的学习者尝试回答；在纠错环节，教师先不要立即说出答案，可以根据班级实际人数和情况，将学生进行分组并集体讨论，看哪组发现和纠正的偏误准确，让学生有竞争意识；或者将班级里学生的名字写在纸条上，随机抽取学生回答问题，这样可以使学生集中注意力。除此之外，课堂游戏环节，教师要挑选没有做游戏的学生回答问题，如果班级里有年龄较大的学习者，可以让他们组织游戏，全程参与。

三是精心准备，以身作则，及时鼓励。学生上课分心走神与教师的教学也有一定关系，因此要精心设计每一节课，通过新颖有趣的教学内容来吸引学生。另外，教师也要根据实际的课堂教学创设出新的教学情境，并且要从自身做起，不能懈怠，每一节课都要像第一次上课一样充满活力。除此之外，还要及时鼓励中学生以及社会人士提出问题，比如在班级里进行“提问标兵”的评选，鼓励学生发现问题，激发学习兴趣。

（三）各司其职，丰富复习形式

一是“聊天式”复习。考虑到学生平时没有时间以及没有条件与教师交流，教师可以根据学生实际情况，组织学生每次上课前或者下课后进行 15 分钟左右的“聊天式”复习，即在轻松的聊天环境下复习学过的知识，这样的复习可以不用那么系统，可以是最新的知识，也可以是学过的旧知识，目的就是让学生加深印象。这样长时间的复习，久而久之就能不用思考，脱口而出。

二是“合作式”复习。由于社会人士接受能力相对较慢，所以习惯老师带领复习，因此教师可以和学生之间进行“合作”，即教师带领学生系统而有序地复习，明确复习重点，同时鼓励生生之间的“合作”，教师可以将不同学习成绩的学生进行分组，相互帮助，共同进步。比如：听写内容的复习，在订正过后，小组各成员之间互相帮助检查。因为在调查过程中发现女生在这方面的习惯要比男生好，为了防止学生之间相互包庇，可以安排女生负责，再由老师进行抽查。

三是教师总结为主，学生总结为辅。前文提到 20 岁以下和 35 岁以上的学习者不注重对知识进行总结，因此教师要定期进行总结，如果有条件，可以整理并打印出来。此外，鼓励学生在老师总结的基础上进行补充。

（四）以学生为本，端正作业态度

一是明确作业要求。教师在布置作业的时候要明确说明内容和要求，确保每一位学生都能理解。除此之外，教师要及时批改并反馈给学生，如果有时间，让学生当场订正。

二是因人而异，优化作业形式。教师应根据不同学生的能力及实际情况，尊重个体发展，设计一些不同层次的作业，使每个学生都能保质保量地完成作业。比如：在学习拼音的时候，发音不好的学生只需要练习发音即可，发音好的学生就要锻炼听音辨音以及书写的能力。汉字的书写也可以因人而异，如果学生基础好，可以锻炼学生写一些较难的汉字，如果基础差，就只需要掌握基本的汉字即可。此外，可以增加实践性较强的作业，比如做调查访谈，或与自己国家的文化和社会现象做对比等，课上用汉语汇报，从而增加作业的趣味性、实用性和交际性，把语言与学生的社会生活环境紧密联系起来，促进语言知识的迁移和应用，学以致用，解决学生“学习汉语能做什么”的困惑，使学生获得成就感。

三是落实到个人，保证“质”和“量”。20岁以下和35岁以上的学习者对待作业的态度不够认真，主要表现为“写完作业不认真检查”以及“想写就写”这两个方面。针对这些问题，教师除了要表扬那些认真完成作业的学生，还要对没有认真完成作业的学生进行记录。因为每个班级的学生人数并不是很多，所以教师完全有能力落实到个人，同时要提醒学生按要求完成作业。

（五）因地制宜，创新学习途径

一是建立“汉语”图书馆。由于莫桑比克几乎没有关于汉语知识的书籍和资料，同时网络不发达，所以学生在课后没有途径学习汉语。虽然笔者所在的教学点很小，但是依旧有很多书籍资料。因此，教师可以带一些汉语书籍和资料以建立一个小型的汉语图书馆。而前文的调查结果也表明，学生课后习惯以“朗读”和“对话”的形式学习汉语，因此汉语图书馆刚好可以满足学生的需求。教师也可以根据学生水平布置一些有趣、实用的阅读材料，让学生写读后感，或讨论、分析一些具有趣味性、挑战性的话题，从而为学生提供课后学习的途径。

二是组织汉语学习“茶话会”。笔者在调查中发现21—34岁的学习者不爱和其他人交流学习方法，教师可以定期组织一次有关汉语学习的“茶话会”。在自愿参加的基础上，教师可以挑选一些汉语学习好的学生分享自己的学习方法，帮助其他学生答疑，还可以向老师了解有关中国的文化知识。如果汉语教师所在的教学点没有条件组织大型的文化活动，那么班级里小型的“茶话会”就是传播中国文化的最佳机会。

三是努力创设真实的语言环境。一些学生尤其是社会人士除了在课堂上和同学练习说汉语以外，很难有机会和中国人进行真正意义上的交流，学生没有成就感，时间久了就会中途放弃汉语学习。因此，教师可以一学期组织一次学生与中国人面对面交流的机会。比如：可以组织学生去中国超市体验实际购物时的场景，教师也可以利用自己的人脉关系，组织学生与当地中国公司或企业中的中国人进行汉语交流。

四是先定一个能达到的小目标。在新学期开始的时候，教师可以组织学生写下自己在这学期要实现的小目标。比如每次作业都认真完成，每节课都积极回答问题，每次课都不迟到，学会写多少个汉字，学会唱一首完整的中文歌等和汉语相关的小目标。如果有自己的汉语教室，可以把目标贴在教室的墙上来提醒学生。教师要对每个学生的小目标做好记录，到了学期结束的时候对实现自己目标的学生进行表扬和奖励。

五、结语

著名教育家叶圣陶说："教育就是培养习惯。"作为一名海外汉语教师，不仅要教授汉语和传播中华文化，还要善于观察，及时和学生沟通，灵活调整教学和管理策略，培养学生良好的学习习惯，从而提高学习效果，增强学生汉语学习的自信心。

参考文献：

[1] 严优琴 . 初中生学习习惯量表的编制及相关研究 [D]. 上海：华东师范大学，2011.

[2] 李亚 . 印尼小学生汉语学习习惯的调查研究——以印尼崇高基督教学校为例 [D]. 广州：广东外语外贸大学，2016.

[3] 李晓丽 . 小学生学习习惯的调查 [D]. 重庆：西南大学，2008.

[4] 李冬梅 . 盘锦市小学高年级学生学习习惯调查研究 [D]. 沈阳：辽宁师范大学，2011.

Survey and Teaching Suggestions on Learning Habits of Primary Chinese Learners in Mozambique

Zhang Ying, Feng Qi

[*College of International Education, Zhejiang Normal University* ; *CleNet Technologies (Beijing) Co., Ltd.*]

Abstract: Firstly, the paper analyzes the learning habits of primary Chinese learners in Mozambique, which from five aspects of pre-class, class, review, homework and self-learning by questionnaire. Secondly, analyze the learners who are classified according to their age, learning types, and learning habits. On this basis of above, there are some suggestions on Chinese teaching in Mozambique, which are based on the usual observation and further interview with learners. ①Pre-class habits: set an example, pay attention to guide and supervision. ②Class habits: improve teaching and teaching efficiency. ③Review habits: each performs its own functions, enrich the form of review. ④Homework habits: students-oriented and improve the attitude of homework. ⑤Self-learning habits: adapt to local conditions and innovate learning approaches.

Key words: Mozambique; primary Chinese learners; learning habits; teaching suggestions

《汉语国际教育研究》(第5辑)征稿启事

《汉语国际教育研究》由浙江师范大学国际文化与教育学院组织编纂，每年一辑。《汉语国际教育研究》以促进汉语国际教育专业与学科可持续发展为目标，为从事汉语国际教育相关的教学与管理研究者提供学术研讨和理论创新平台。稿件一经出版即赠样书1～2本，第5辑征稿截至日期为2020年6月30日。竭诚欢迎国内外专家、学者、研究生惠赐佳稿。

《汉语国际教育研究》主要栏目设置：

第二语言习得研究、汉语与汉语教学研究、文学与文化传播研究、国别化汉语教育研究、孔子学院建设研究、非洲社会文化研究、华人华侨研究等。

来稿注意事项：

(1)字数：来稿字数以8 000字左右为宜，重大学术问题的论文篇幅可不受此限。

(2)篇名：篇名应简明、具体、确切，能概括文章的特定内容，符合编制题录、索引和检索的有关原则，一般不超过20个字。

(3)作者署名：作者署名置于篇名下方。

(4)作者单位：作者应标明其工作单位全称(应写到所在院系或研究所)，加圆括号置于作者署名下方。如：(浙江师范大学 国际文化与教育学院)。

(5)摘要：摘要应能客观地反映论文主要内容的信息，具有独立性和自含性，一般不超过300字。

(6)关键词：关键词3～5个，关键词之间用分号分隔。

(7)作者简介：依次为作者姓名、出生年、性别、籍贯、职称、学位。作者简介以脚注形式标注于文章首页页脚。

(8)基金项目：标明基金项目名称及项目编号，以脚注形式标注于作者简介上方。

(9)正文：文内标题力求简短、明确，题末一般不用标点符号。层次一般不超过4级，依次用“一、→(一)→1.→(1)”表示。表格采用三线表编制，应有表序和表题，表序和表题置于表格上方，表注则置于表格下方，表内数字要对齐；插图要标明图序、图题，置图下方。引文一定要核对原文，做到准确无误。

(10)注释：凡对文章篇名、作者及文内某一特定内容所作的必要的解释或说明为注释。用“①、②、③、④……”编号，置于正文之后。

(11)参考文献：用于说明引文的出处，用“[1]、[2]、[3]……”编号，置于参考文献之后；参考文献序号应与正文中序号对应，多次引用同一文献，在文内文献引用上标同一序号并标明页码。各种参考文献的类型，根据GB/T7714-2005《文后参考文献著录规则》执行。有关参考文献示例如下：

①专著：[序号]主要责任者.文献题名[M].出版地：出版社，出版年：页码.

②期刊文章：[序号]主要责任者.文献题名[J].刊名，年，卷(期)：起止页码.

③报纸文章：[序号]主要责任者.文献题名[N].报纸名，出版日期(版次).

④外文版专著、期刊、论文集、报纸等，用原文标注各项，切忌中文与外文混用。

(12)英文题名、英文作者署名及工作单位、英文摘要、英文关键词，与中文一一对应，置于参考文献之后。

《汉语国际教育研究》联系方式：

(1)通讯地址：浙江省金华市婺城区浙江师范大学国际学院《汉语国际教育研究》编委会(邮编：321004)

(2)联系电话：0579－82298780、82298782

(3)投稿邮箱：hygjjyyj@zjnu.cn

《汉语国际教育研究》编委会

2019年7月26日